"十二五"
普通高等教育本科
國家級規劃教材

中國大學資源共享課
配套教材

古代漢語

（第二版）下

王寧 主編

中国教育出版传媒集团
高等教育出版社·北京

内容提要

本書第一版曾獲首屆全國教材建設獎全國优秀教材二等獎。

本書爲漢語言文學專業基礎理論課兼工具課的“古代漢語”教材，分上下兩册。本册是下册，爲精選的古代漢語文選，提供以先秦兩漢爲主的示範性文章，分今注與古注兩大部分。本次修訂，增加了十餘篇經典文獻進入課文，還以二維碼的形式鏈接了對課後思考題的解析。

本書是爲中文專業本科古代漢語基礎課編寫的，也可以用作新聞傳播、編輯、文秘、中醫等相關專業的基礎課教材。

图书在版编目（CIP）数据

古代汉语.下 / 王宁主编. -- 2版. -- 北京 ： 高等教育出版社，2024.2(2025.3重印)
ISBN 978-7-04-061561-6

Ⅰ. ①古… Ⅱ. ①王… Ⅲ. ①古汉语-高等学校-教材 Ⅳ.①H109.2

中国国家版本馆CIP数据核字（2024）第022651号

古代漢語
Gudai Hanyu

策劃編輯 賈高操　責任編輯 賈高操　封面設計 張志奇 楊偉露
版式設計 杜微言　責任校對 胡美萍　責任印制 張益豪

出版發行 高等教育出版社
社　　址 北京市西城區德外大街4號
郵政編碼 100120
印　　刷 河北鵬盛賢印刷有限公司
開　　本 787mm×960mm 1/16
印　　張 16.25
字　　數 210 千字
購書熱綫 010-58581118
咨詢電話 400-810-0598
網　　址 http://www.hep.edu.cn
　　　　 http://www.hep.com.cn
網上訂購 http://www.hepmall.com.cn
　　　　 http://www.hepmall.com
　　　　 http://www.hepmall.cn
版　　次 2012 年 8 月第 1 版
　　　　 2024 年 2 月第 2 版
印　　次 2025 年 3 月第 4 次印刷
定　　價 33.00元

物 料 號 61561-00

目録

第一單元

第一課　《詩經》五首

關　　雎[①]

關關雎鳩[②]，在河之洲[③]。窈窕淑女[④]，君子好逑[⑤]。

參差荇菜[⑥]，左右流之[⑦]。窈窕淑女，寤寐求之[⑧]。

求之不得，寤寐思服[⑨]。悠哉悠哉[⑩]，輾轉反側[⑪]。

---

① 本篇選自《詩經·國風·周南》。《詩經》是我國第一部詩歌總集，分爲《風》《雅》《頌》。重要的注本有《十三經注疏》中的《毛詩正義》、朱熹的《詩集傳》等。《詩經》多用第一句詩中的幾個字作篇名。周南：西周初年周公和召公分陝而治，周公統治東方諸侯，《周南》是在周公統治下的南方的民歌。《關雎》是《詩經》的第一篇，是一首情歌，描寫一個男子對一位女子的思慕和追求。

② 關關：象聲詞，鳥的和鳴聲。雎（jū）鳩：水鳥名。相傳這種鳥情意專一，經常雙飛雙宿，分開時也不和其他異性共棲，因此詩中用雎鳩來起興。

③ 洲：水中的陸地。

④ 窈窕（yǎotiǎo）：疊韻聯綿詞，美好的樣子，指外在的美。淑：善良，指內在的美。

⑤ 君子：古代對男子的美稱。逑（qiú）：配偶。鳩、洲、逑，押幽部。

⑥ 參差（cēncī）：雙聲聯綿詞，長短不齊的樣子。荇（xìng）菜：水生植物，根生水底，葉浮水面，嫩葉可食。

⑦ 左右流之：向左向右地尋取它。流，求取。王念孫認爲是“摎”的借字。《廣雅·釋言》：“摎，捋也。”

⑧ 寤（wù）：睡醒。寐（mèi）：睡着。流、求，押幽部。

⑨ 思服：同義連用，想念。服，想。

⑩ 悠：思念深長的樣子。

⑪ 輾轉：轉動。反側：翻來覆去。得、服、側，押職部。

参差荇菜，左右采之。窈窕淑女，琴瑟友之[①]。

参差荇菜，左右芼之[②]。窈窕淑女，鐘鼓樂之[③]。

七月[④]

七月流火[⑤]，九月授衣[⑥]。一之日觱發[⑦]，二之日栗烈[⑧]。無衣無褐[⑨]，何以卒歲[⑩]？三之日于耜[⑪]，四之日舉趾[⑫]。同我婦子[⑬]，饁彼南畝[⑭]，田畯至喜[⑮]。

---

① 琴瑟：古代的撥弦樂器，琴五弦或七弦，瑟多爲二十五弦，在堂上演奏。采、友，押之部。

② 芼（mào）：選擇。

③ 鐘鼓：古代樂器，在庭上演奏。樂：動詞使動用法，使……快樂。芼、樂，押宵部（樂讀去聲）。

④ 本篇選自《詩經·豳（bīn）風·七月》。這首詩描寫了上古時代農業社會一年四季時令流轉及農民勞作生活的場景。

⑤ 七月：夏曆七月。流：下行。火：星宿名，大火星，即心宿二。大火星於周代夏曆六月出現於正南天空，位置最高。七月則向西方天空偏下運動。

⑥ 授衣：將製作冬衣的工作交予婦女。火、衣押微部。

⑦ 一之日：周曆一月的日子，對應夏曆十一月。下文“二之日”即夏曆十二月，“三之日”即夏曆一月，“四之日”即夏曆二月。夏曆三月不作“五之日”，而稱爲“春”。四月至十月則沿用夏曆。觱發（bìbō）：雙聲連綿詞。象寒風觸物之聲。

⑧ 栗烈：栗，“凓”的借字。《説文·仌部》：“凓，寒也。”栗烈，即嚴寒凛冽。

⑨ 褐：原指麻布編的襪子，這裏泛指粗布的衣服。《説文·衣部》：“褐，編枲韈。一曰粗衣。”

⑩ 卒歲：過完這一年。發、烈、褐、歲，押月部。

⑪ 于：爲。這裏指修理。

⑫ 趾：脚，“止”的分化字。舉趾：舉足下地，進行耕種。

⑬ 同：偕同。我：農夫自稱。婦子：婦女和小孩子。

⑭ 饁（yè）：送飯。南畝：這裏泛指田地。

⑮ 田畯（jùn）：管理田地的農官。喜：喜悦。耜、趾、子、畝、喜，押之部。

七月流火，九月授衣。春日載陽[①]，有鳴倉庚[②]。女執懿筐[③]，遵彼微行[④]，爰求柔桑[⑤]。春日遲遲[⑥]，采蘩祁祁[⑦]。女心傷悲，殆及公子同歸[⑧]。

七月流火，八月萑葦[⑨]。蠶月條桑[⑩]，取彼斧斨[⑪]，以伐遠揚[⑫]，猗彼女桑[⑬]。七月鳴鵙[⑭]，八月載績[⑮]。載玄載黄[⑯]，我朱孔陽[⑰]，爲

---

① 春：指夏曆三月。載：開始。陽：天氣和暖。

② 有：句首助詞，無意義。倉庚：鳥名，即黄鶯。

③ 懿筐：深筐。《小爾雅·廣詁》："懿，深也。"

④ 遵：沿着。行：路。甲骨文作𠀐，象兩大道相交之形，本義爲道路。此處用本義。微行：小路。

⑤ 爰：兼詞，相當於"於是"。柔桑：嫩桑葉。陽、庚、筐、行、桑，押陽部。

⑥ 遲遲：舒緩悠長的樣子，這裏指白晝長且溫暖。

⑦ 蘩：草名，即白蒿。用蘩水洗蠶子，可使其易出。一説蘩可以飼養幼蠶。祁祁：衆多的樣子，這裏指採蘩的女子衆多。遲、祁，押脂部。

⑧ 殆：副詞，將要。王引之《經傳釋詞》卷六："殆者，幾也，近也，將然之詞也。"殆及公子同歸：將要與公子一同回到家去。悲、歸，押微部。

⑨ 萑（huán）：荻，是葦的一種。葦：蘆葦。萑葦，名詞用作動詞，萑葦生長。火、葦，押微部。

⑩ 蠶月：養蠶的月份，即夏曆三月。條桑：斬取桑樹的枝條，預備採摘桑葉。

⑪ 斨（qiāng）：方孔的斧子。

⑫ 遠揚：長而高揚，這裏指長得過長而高揚的枝條。

⑬ 猗："掎"的借字，改讀jǐ，牽引。女桑：柔桑。古代以"女"代稱小的東西，如小墻稱之爲"女墻"。桑、斨、揚、桑，押陽部。

⑭ 鵙（jú）：伯勞鳥。

⑮ 載：開始。績：把麻搓成線。載績：開始紡麻線，預備織布用。鵙、績，押錫部。

⑯ 載：句中語氣詞，無意義。玄：黑中帶紅的顔色，名詞用作動詞，染成玄色。黄：名詞用作動詞，染成黄色。

⑰ 朱：深紅色。孔：副詞，非常。陽：鮮明。

公子裳[①]。

四月秀葽[②]，五月鳴蜩[③]。八月其穫[④]，十月隕蘀[⑤]。一之日于貉[⑥]，取彼狐貍[⑦]，爲公子裘[⑧]。二之日其同[⑨]，載纘武功[⑩]。言私其豵[⑪]，獻豜于公[⑫]。

五月斯螽動股[⑬]，六月莎雞振羽[⑭]。七月在野，八月在宇[⑮]，九月在户[⑯]，十月蟋蟀入我床下。穹窒熏鼠[⑰]，塞向墐户[⑱]。嗟我婦子，曰

① 裳：下衣。黄、陽、裳，押陽部。

② 秀：開花。葽（yāo）：一種草本植物，即遠志。

③ 蜩（tiáo）：蟬。葽，宵部；蜩，幽部；宵幽合韻。

④ 其：副詞，將要。穫：收穫。

⑤ 隕：落下。蘀（tuò）：草木脱落的皮或葉。

⑥ 于：動詞，往。貉（hé）：一種野獸，像狐狸而尾巴比較短，名詞用作動詞，這裏指獵取貉。穫、蘀、貉，押鐸部。

⑦ 狐：狐狸。貍：野貓。

⑧ 貍、裘，押之部。

⑨ 同：會合衆人。

⑩ 載：句首語氣詞，無意義。纘（zuǎn）：繼續。武功：指田獵之事。

⑪ 言：句首助詞，無意義。私：形容詞用作動詞，私人擁有。豵（zōng）：六個月的豬。一説一歲的豬。這裏泛指小豬。

⑫ 豜（jiān）：三歲的豬，這裏泛指大豬。公：公家，這裏指統治者。同、功、豵、公，押東部。

⑬ 斯螽（zhōng）：昆蟲名，即螽斯。股：大腿。斯螽依靠翅膀摩擦發聲，古人誤以爲是以腿摩擦。

⑭ 莎（suō）雞：蟲名，即紡織娘。振羽：振動翅膀發聲。

⑮ 宇：屋檐邊。《説文・宀部》："宇，屋邊也。"這裏指屋檐下。

⑯ 户：門。

⑰ 穹："窮"的借字，窮究，這裏指找遍所有鼠穴。窒：阻塞。

⑱ 向：朝北的窗户。《説文・宀部》："向，北出牖也。"此處用本義。冬天堵塞向北的窗户，以防寒風侵襲。墐（jǐn）：塗，這裏指將泥塗到門上以禦寒。

爲改歲[①]，入此室處[②]。

六月食鬱及薁[③]，七月亨葵及菽[④]。八月剥棗[⑤]，十月穫稻。爲此春酒[⑥]，以介眉壽[⑦]。七月食瓜，八月斷壺[⑧]，九月叔苴[⑨]。采荼薪樗[⑩]，食我農夫[⑪]。

九月築場圃[⑫]，十月納禾稼[⑬]。黍稷重穋[⑭]，禾麻菽麥[⑮]。嗟我農

---

① 曰：句首語氣詞。爲：是。改歲：更改年歲，即過年。周曆以十一月爲歲首，十月爲歲末，故稱。

② 處：居住。股、羽、野、宇、户、下、鼠、户、處，押魚部。

③ 鬱（yù）：李的一種，果實可食。薁（yù）：蘡薁，一種野葡萄。

④ 亨（pēng）：煮。後分化作“烹”。葵：蔬菜名。菽：大豆。薁、菽，押覺部。

⑤ 剥：“扑”的借字，改讀pū，敲打。剥棗：指用長棍等工具將棗子打下來。

⑥ 春酒：一種冬釀春熟的酒。

⑦ 介：助。眉壽：人老之後眉毛會變得修長，故稱長壽爲眉壽。棗、稻、酒、壽，押幽部。

⑧ 斷：折斷，這裏指採摘。壺：葫蘆。

⑨ 叔：拾取。《説文・又部》：“叔，拾也。”此處用本義。苴：麻子，可食。

⑩ 荼：苦菜。薪：名詞用作動詞，拿……燒柴。樗（chū）：木名，即臭椿。

⑪ 食（sì）：給……吃。瓜、壺、苴、樗、夫，押魚部。

⑫ 場：打穀場。圃：菜圃。築場圃：築場於圃。毛亨傳：“春夏爲圃，秋冬爲場。”鄭玄箋：“場圃同地。自物生之時，耕治之以種菜茹。至物盡成熟，築堅以爲場。”

⑬ 納：收藏。圃、稼，押魚部。

⑭ 重（tóng）：早種晚熟的穀子。穋（lù）：“稑”的異體字，晚種早熟的穀子。

⑮ 禾：粟。穋，覺部；麥，職部；覺職合韻。

夫，我稼既同[①]，上入執宫功[②]。晝爾于茅[③]，宵爾索綯[④]。亟其乘屋[⑤]，其始播百穀[⑥]。

二之日鑿冰冲冲[⑦]，三之日納于凌陰[⑧]。四之日其蚤[⑨]，獻羔祭韭[⑩]。九月肅霜[⑪]，十月滌場[⑫]。朋酒斯饗[⑬]，曰殺羔羊。躋彼公堂[⑭]，稱彼兕觥[⑮]，萬壽無疆[⑯]！

---

① 同：集中，收攏。這裏指農民把收穫的穀物收攏起來歸倉。

② 上入：指從田野返回都邑的房屋中。毛亨傳："入爲上，出爲下。"執：操持，從事。宫：室，這裏指居住的房屋。《爾雅·釋宫》："宫謂之室，室謂之宫。"功：工作。"宫功"即室内的工作。同、功，押東部。

③ 于：往。茅：名詞用作動詞，採取茅草。

④ 宵：夜。索：糾、絞，這裏指將採來的茅草搓成繩子。綯（táo）：繩子。茅、綯，押幽部。

⑤ 亟：急。乘：登。乘屋：這裏指登上屋頂進行修理。

⑥ 其始：歲始，即春初。屋、穀，押屋部。

⑦ 冲冲：象鑿冰的聲音。

⑧ 凌陰：冰窖。古人冬天採冰，送入冰窖保存，以待來年使用。《周禮·天官·凌人》："凌人掌冰正，歲十有二月，令斬冰。"冲，陰，押侵部。

⑨ 蚤："早"的借字，早朝，這裏指打開冰窖後的祭祀。

⑩ 獻羔祭韭：獻上羔羊和韭菜，對司寒之神進行祭祀。蚤、韭，押幽部。

⑪ 肅霜：雙聲連綿詞，又寫作"肅爽"，天高氣爽的樣子。

⑫ 滌場：雙聲連綿詞，又寫作"滌蕩"，清肅蕭瑟的樣子。"肅霜""滌場"二詞的解釋，參見王國維《觀堂集林·肅霜滌場説》。

⑬ 朋酒：兩壺酒。毛亨傳："兩樽曰朋。"饗：鄉人在一起喝酒。《説文·食部》："饗，鄉人飲酒也。"

⑭ 躋：登。公堂：公家的廳堂。

⑮ 稱：舉。兕觥：古代用犀牛角製作的酒器。

⑯ 無疆：無界限。萬壽無疆：萬世長存，没有界限。爲古人祭祀時常用語。霜、場、饗、羊、堂、觥、疆，押陽部。

鹿鳴[①]

呦呦鹿鳴[②]，食野之苹[③]。我有嘉賓，鼓瑟吹笙[④]。吹笙鼓簧[⑤]，承筐是將[⑥]。人之好我[⑦]，示我周行[⑧]。

呦呦鹿鳴，食野之蒿。我有嘉賓，德音孔昭[⑨]。視民不恌[⑩]，君子是則是傚[⑪]。我有旨酒[⑫]，嘉賓式燕以敖[⑬]。

呦呦鹿鳴，食野之芩[⑭]。我有嘉賓，鼓瑟鼓琴。鼓瑟鼓琴，和樂

---

① 本篇選自《詩經·小雅·鹿鳴之什》。本篇是《小雅》的第一篇，詩中描述的是國君宴飲群臣嘉賓并贈予幣帛，使群臣歡愉的情形。

② 呦呦（yōuyōu）：鹿鳴的聲音。

③ 苹：草名，即藾蒿，可食。

④ 鼓：動詞，敲擊、彈奏（樂器）。

⑤ 簧：簧片，樂器中的薄金屬片，通過振動可以使笙發聲。

⑥ 承筐是將：賓語前置，“承筐”作“將”的前置賓語，用代詞“是”複指。承，受，指容受。筐，古代用來裝幣帛等贈予群臣嘉賓禮物的竹筐。將，奉獻、贈予。這句話的大意是贈予（賓客）用筐盛着的幣帛等禮物。

⑦ 好：喜愛，親善，動詞，讀作hào。

⑧ 示：指示。周行：大路，引申指爲政之道。鳴、苹、笙，押耕部；簧、將、行，押陽部。

⑨ 德音：美好的聲譽。孔：副詞，很。昭：明亮，顯耀。

⑩ 視：“示”的借字，以事或物示人。恌（tiāo）：“佻”的異體字，輕薄，苟且。

⑪ 君子：古代貴族男子的通稱。是：代詞，這。則：效法。傚：仿效，效法，同“效”。

⑫ 旨：味美。

⑬ 式：語氣詞，無實義。燕：“宴”的借字，宴飲。以：連詞，而。敖：遊玩，後作“遨”。蒿、昭、恌、傚、敖，押宵部。

⑭ 芩（qín）：草名。

且湛[1]。我有旨酒，以燕樂嘉賓之心[2]。

常　棣[3]

常棣之華[4]，鄂不韡韡[5]。凡今之人，莫如兄弟[6]。

死喪之威[7]，兄弟孔懷[8]。原隰裒矣[9]，兄弟求矣[10]。

脊令在原[11]，兄弟急難。每有良朋[12]，況也永歎[13]。

兄弟鬩于牆[14]，外御其務[15]。每有良朋，烝也無戎[16]。

喪亂既平，既安且寧。雖有兄弟，不如友生[17]。

---

① 湛："媅"的借字，改讀dān，喜樂。
② 芩、琴、湛、心，押侵部。
③ 本篇選自《詩經·小雅·鹿鳴之什》。本詩旨在歌頌倡導兄弟友愛之情。
④ 常棣：木名，也作唐棣。
⑤ 鄂："萼"的借字，花萼。不："丕"的借字，改讀pī，非常。韡韡（wěiwěi）：鮮明茂盛的樣子。
⑥ 韡、弟，微脂合韻。
⑦ 威：畏懼，可怕。
⑧ 懷：思念。
⑨ 原：高平之地。隰（xí）：低濕之地。裒（póu）：聚集。
⑩ 威、懷，押微部；裒、求，押幽部。
⑪ 脊令：水鳥。後作"鶺鴒"。脊令本爲水鳥，今處原野，比喻兄弟急難。
⑫ 每：連詞，雖然。
⑬ 況：更加。永：長。原、難、歎，押元部。
⑭ 鬩（xì）：相争，争吵。《説文·鬥部》："鬩，恒訟也。《詩》云：兄弟鬩于墻。从鬥，从兒。兒，善訟者也。"
⑮ 御：後分化爲"禦"，抵抗，抵擋。務："侮"的借字，改讀wǔ，欺凌，欺侮。
⑯ 烝：長久。戎：相助。務、戎，侯冬合韻。
⑰ 友生：朋友。生，語氣詞，無實義。平、寧、生，押耕部。

儐爾籩豆[①]，飲酒之飫[②]。兄弟既具[③]，和樂且孺[④]。

妻子好合，如鼓瑟琴。兄弟既翕[⑤]，和樂且湛[⑥]。

宜爾室家，樂爾妻帑[⑦]。是究是圖[⑧]，亶其然乎[⑨]?

玄　鳥[⑩]

天命玄鳥，降而生商，宅殷土芒芒[⑪]。古帝命武湯[⑫]，正域彼四方[⑬]。

方命厥后[⑭]，奄有九有[⑮]。商之先后[⑯]，受命不殆[⑰]，在武王孫

① 儐（bìn）：陳列。籩豆：古代祭祀和宴會時常用的兩種禮器。“籩”是古代用以盛放乾食品的竹器，形如豆。“豆”是古代盛肉器，高足有蓋，多爲陶製，也有用青銅或木製成。

② 飫（yù）：宴飲同姓的私宴。

③ 具：俱全，完備。這裏指都聚集到一起。

④ 孺：親近。豆、具、孺與飫相押，侯宵合韻。

⑤ 翕：和好。

⑥ 合、翕，押緝部；琴、湛，押侵部。

⑦ 帑：“孥”的借字，讀nú，子女。

⑧ 是究是圖：賓語前置。代詞“是”作賓語，置於動詞“究”“圖”前。是，指代上文所说的道理。究，深思，鉆研。圖，思慮，謀劃。

⑨ 亶（dǎn）：真實。家、帑、圖、乎，押魚部。

⑩ 本篇選自《詩經·商頌》。本詩是祭祀殷高宗武丁的頌歌。玄鳥：燕子。傳説有娀氏之女簡狄吞燕卵而懷孕生契，契建商。

⑪ 宅：居住。芒芒：廣大的樣子。

⑫ 古帝：上天，天帝。武湯：成湯。湯號曰武。

⑬ 正域：修正封疆。商、芒、湯、方，押陽部。

⑭ 方：遍及。厥：指示代詞，相當於“其”。后：上古稱君主，這裏指諸侯。

⑮ 奄：擁有。九有：九州。有，“域”的借字，疆域。

⑯ 后：帝王，君主。

⑰ 殆：懈怠。

子[①]。武王孫子，武丁靡不勝[②]。

龍旂十乘[③]，大糦是承[④]。邦畿千里[⑤]，維民所止[⑥]，肇域彼四海[⑦]。

四海來假[⑧]，來假祁祁[⑨]。景員維河[⑩]。殷受命咸宜，百禄是何[⑪]。

擴展閲讀

一、《關雎》毛詩小序

“是以《關雎》樂得淑女，以配君子，憂在進賢，不淫其色。哀窈窕，思賢才，而無傷善之心焉，是《關雎》之義也。”

---

① 在武王孫子：原爲“在武丁孫子。武丁孫子，武王靡不勝”。按王念孫之説，“武丁”爲武王之誤。下“武王”則爲“武丁”。據王説改。

② 武丁：商湯第十代孫，廟號高宗，爲商朝中興之主。勝：勝任。有、殆、子，之部；勝，蒸部。之蒸合韻。

③ 龍旂（qí）：畫有兩龍盤結的旗幟。乘（shèng）：古代一車四馬爲一乘。

④ 大糦（chì）是承：賓語前置，“大糦”作“承”的前置賓語，用代詞“是”複指。糦，“饎”的異體字，黍稷等用作祭祀的粢盛。承，捧，這裏指進獻。《説文・手部》：“承，奉也，受也。从手，从卪，从収。”此處用本義。

⑤ 邦畿：封疆，疆界。

⑥ 止：停留。這裏指的是居住。

⑦ 肇域彼四海：大意是開闢疆域以至於四海。肇，“兆”的借字，兆域即疆域。一説：“肇”，“肁”的借字，開闢。乘、承，押蒸部；里、止、海，押之部。

⑧ 假：“各”的借字，到達。

⑨ 祁祁（qíqí）：衆多的樣子。

⑩ 景員維河：大意是幅員廣大，四周都是黄河。景，廣大。員，幅員。

⑪ 何：承受，擔任。後分化作“荷”。祁，脂部；河、宜、何，歌部。脂歌合韻。

閱讀提示：

《詩經》經過整理後成爲儒家經典，在每一首的前面，都出現了一篇講述主題的"小序"。請讀一下《關雎》的小序，你認爲這首民歌的主題真的像小序説的那樣講的是"后妃之德"嗎？它的主題應當是什麽？對同一首民歌有不同的理解，在詞句的解釋上會不會失去客觀性？

二、《上海博物館藏戰國楚竹書・孔子詩論》"鹿鳴簡"（第23簡）

原件掃描如下：

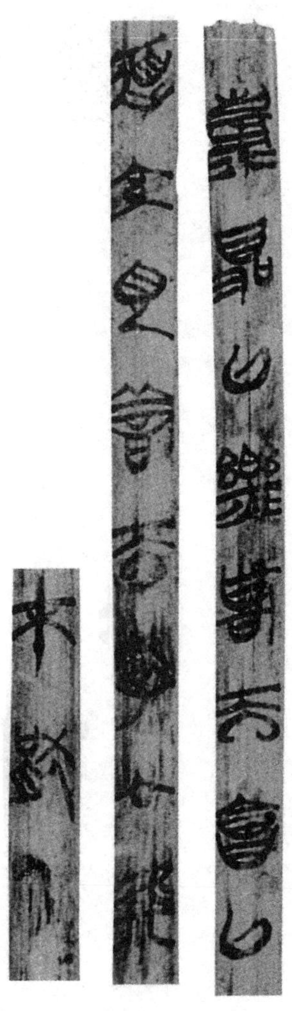

閲讀提示：

（1）第23簡的釋文是："《鹿鳴》以樂，始而會以道交，見善而教（學），冬（終）乎不厭人[①]。"逐字辨認原件上的字，看看簡帛文字與現代楷書在字形和字用上有什麼區别。

（2）《鹿鳴》簡文是如何評論《鹿鳴》这首詩的？與你對這首詩的理解一樣嗎？

① 厭：壓抑，嫌惡。

第二課 《楚辭》四首

東 皇 太 一[①]

吉日兮辰良[②]，穆將愉兮上皇[③]。

撫長劍兮玉珥[④]，璆鏘鳴兮琳琅[⑤]。

瑤席兮玉瑱[⑥]， 盍將把兮瓊芳[⑦]。

---

① 本篇選自《楚辭·九歌》。《楚辭》是騷體類文章的總集，西漢劉向輯。楚辭是戰國末期楚國人屈原在當地民間歌謠的基礎上加工而成的一種詩歌體裁。《楚辭》注家注本很多，比較重要的有東漢王逸《楚辭章句》、宋洪興祖《楚辭補注》、宋朱熹《楚辭集注》等。《九歌》原是楚國民間祭歌，屈原作了潤色和加工，共十一篇：《東皇太一》《雲中君》《湘君》《湘夫人》《大司命》《少司命》《東君》《河伯》《山鬼》《國殤》《禮魂》。東皇太一是《九歌》中最高的天神，本篇是屈原對他的頌歌，全詩主要描述了祭禮儀式和祭神場面。東皇：類似於後代的“太皇”，是最高的天帝。太一：含有宇宙之端始的意思。一説，太一爲星名，天之尊神，因祭祀在楚東，故配以東帝，又名東皇。

② 辰良：即良辰，好的時間。這裏指挑選一個好的祭祀日子。

③ 穆：肅穆，恭敬。將：將要。愉：動詞使動用法，使……愉悦。上皇：即天神東皇太一。

④ 撫：握持。玉珥（ěr）：玉製的劍鼻。珥，劍鼻，劍柄末端似兩耳的突出部分。這裏的動作發出者是主持祭祀儀式的靈巫。

⑤ 璆鏘（qiúqiāng）鳴兮琳琅：（靈巫）舞動起來，身上的琳琅美玉相互碰擊，發出鏘鏘的和鳴聲。璆、鏘，玉飾相撞擊的聲音。琳、琅，美玉名。

⑥ 瑤席：美玉所做的墊席。瑱：“鎮”的借字，讀作zhèn，古代壓住坐席四角的器具，多用玉製。

⑦ 盍（hé）：何不。將把：同義連用，拿着，握持。瓊芳：美玉般的芬芳之物。

蕙肴蒸兮蘭藉[①]，奠桂酒兮椒漿[②]。

揚枹兮拊鼓[③]，疏緩節兮安歌[④]，陳竽瑟兮浩倡[⑤]。

靈偃蹇兮姣服[⑥]，芳菲菲兮滿堂[⑦]。

五音紛兮繁會[⑧]，君欣欣兮樂康[⑨]。

涉 江[⑩]

余幼好此奇服兮[⑪]，年既老而不衰[⑫]。

---

① 蕙、蘭：泛指芳潔香美，下文“桂”“椒”同此。肴：指熟肉食。蒸：古代祭祀時將牲體節解後升於俎上。藉（jiè）：祭祀時用以陳列祭品的草墊。

② 奠：祭，向鬼神獻上祭品。漿：一種帶酸味的飲料。《周禮・天官・酒正》：“辨四飲之物，一曰清，二曰醫，三曰漿，四曰酏。”

③ 揚：舉起。枹（fú）：鼓槌。拊（fǔ）：輕擊。這裏指敲鼓。

④ 疏緩節：擊鼓放慢節拍。疏，疏緩。緩節，節拍緩而不促。安歌：這裏指悠揚地唱歌。安，徐緩。

⑤ 陳：陳列。浩：大，形容樂歌之聲大作，聲音宏闊。倡：歌舞作樂。《說文・人部》：“倡，樂也。”此處用本義。

⑥ 偃蹇（yǎnjiǎn）：疊韻聯綿詞，跳舞時屈伸自如、婀娜多姿的樣子。姣服：這裏指盛服。姣，好。

⑦ 芳：芬芳。菲菲：香氣馥郁。

⑧ 五音：中國古代音樂的音階宫、商、角、徵、羽，這裏泛指音樂。紛：衆，盛。繁會：交錯匯聚，這裏指各種各樣的樂聲錯雜在一起。

⑨ 君：指東皇太一。欣欣：歡樂的樣子。康：安康。此詩押陽部。

⑩ 本篇選自《楚辭・九章》。《九章》是漢人根據屈原一生不同時代所作文章編輯而成，共九篇：《惜誦》《涉江》《哀郢》《抽思》《懷沙》《思美人》《惜往日》《橘頌》《悲回風》。本文作於屈原第二次被放逐之時，記述了詩人從陵陽渡江入洞庭，過枉陼、辰陽再入溆浦的經歷，流露出忠而被疏、背井離鄉的悲痛，卻依然堅持自己的政治理想，痛斥當時統治集團的腐敗。

⑪ 奇服：奇偉之服，以示自己的志向與衆不同。

⑫ 衰：衰減，減退。

帶長鋏之陸離兮①，冠切雲之崔嵬②。

被明月兮珮寶璐③，世溷濁而莫余知兮④，吾方高馳而不顧⑤。

駕青虬兮驂白螭⑥，吾與重華遊兮瑤之圃⑦。

登崑崙兮食玉英⑧，與天地兮同壽，與日月兮同光⑨。

哀南夷之莫吾知兮⑩，旦余濟乎江湘⑪。

乘鄂渚而反顧兮⑫，欸秋冬之緒風⑬。

步余馬兮山皋⑭，邸余車兮方林⑮。

---

① 長鋏：劍名。陸離：（長劍）低昂的樣子。

② 切雲：接近雲，形容極高。切，接近。崔嵬（cuīwéi）：疊韻聯綿詞，高聳的樣子。哀、嵬，押微部。

③ 被（pī）：覆蓋，後作“披”，這裏指佩戴。明月：這裏指明珠。珮：“佩”的異體字，佩戴。璐：美玉名。江有誥《楚辭韻讀》認爲“被明月兮珮寶璐”前脱漏一句，可備一説。

④ 溷（hùn）濁：混亂。莫余知：没有誰理解我。莫，否定性無定代詞，没有誰。否定句中，代詞賓語一般置於動詞前面，故“莫余知”相當於“莫知余”。

⑤ 顧：回頭看。《説文・頁部》：“顧，還視也。”此處用本義。

⑥ 虬（qiú）：古代傳説中有角的龍。驂（cān）：駕馭。螭（chī）：古代傳説中無角的龍。

⑦ 重華：舜名。瑤之圃：盛產美玉的花園。知，支部；螭，歌部。支歌合韻。

⑧ 玉英：玉之精華。

⑨ 同光：一本作“齊光”。

⑩ 南夷：這裏指溆浦以西的民族。莫吾知：義同“莫余知”。

⑪ 旦：清晨。濟：渡江。江湘：長江和湘江。英、光、湘，押陽部。

⑫ 乘：登。鄂渚：地名，相傳在今湖北。

⑬ 欸（āi）：歎息。緒風：餘風。

⑭ 山皋：山岡。皋，“皐”的異體字，高地。

⑮ 邸（dǐ）：停。方林：地名。風、林，押侵部。

乘舲船余上沅兮[①]，齊吴榜以擊汰[②]。

船容與而不進兮[③]，淹回水而疑滯[④]。

朝發枉陼兮[⑤]，夕宿辰陽[⑥]。

苟余心其端直兮[⑦]，雖僻遠之何傷[⑧]！

入漵浦余儃佪兮[⑨]，迷不知吾所如[⑩]。

深林杳以冥冥兮[⑪]，猨狖之所居[⑫]。

山峻高以蔽日兮，下幽晦以多雨。

霰雪紛其無垠兮[⑬]，雲霏霏而承宇[⑭]。

哀吾生之無樂兮，幽獨處乎山中。

吾不能變心而從俗兮，固將愁苦而終窮[⑮]。

---

① 舲（líng）船：有窗的小船。上：溯流而上。沅：水名。

② 齊：一齊，行動一致。這裏指並舉。吴榜（bàng）：大槳。吴，大。《方言》卷十三："吴，大也。"榜，船槳，划船的工具。汰：水波。

③ 容與：雙聲聯綿詞，徘徊猶豫的樣子。

④ 淹回水而疑滯：（船）徘徊在回旋的水中停滯不前。淹，停留。回水，回旋的水。疑，即凝，讀作níng，止息，後寫作"凝"。汰、滯，押月部。

⑤ 枉陼：地名。

⑥ 辰陽：地名。

⑦ 苟：如果。端：正。

⑧ 傷：損害。陽、傷，押陽部。

⑨ 漵（xù）浦：水名，源出湖南漵浦縣，流入沅江。儃佪（chánhuí）：聯綿詞，徘徊。

⑩ 如：前往。

⑪ 杳：幽暗。冥冥：幽昧昏暗。

⑫ 猨："猿"的異體字。狖（yòu）：長尾猿。

⑬ 霰（xiàn）：雪珠。紛：繁多。垠：邊際。

⑭ 雲霏霏而承宇：雲氣濃厚，屋宇沉没在雲氣中，與天相連。霏霏，雲氣沉重的樣子。承，承托。宇，屋檐。如、居、雨、宇，押魚部。

⑮ 窮：困厄。中、窮，押冬部。

接輿髡首兮[①]，桑扈臝行[②]。忠不必用兮，賢不必以[③]。

伍子逢殃兮[④]，比干葅醢[⑤]。

與前世而皆然兮，吾又何怨乎今之人！

余將董道而不豫兮[⑥]，固將重昏而終身[⑦]。

亂曰[⑧]：鸞鳥鳳皇[⑨]，日以遠兮[⑩]。

燕雀烏鵲[⑪]，巢堂壇兮[⑫]。

露申辛夷[⑬]，死林薄兮[⑭]。

---

① 接輿：人名，春秋時期楚國隱士。髡（kūn）首：剃頭髮。相傳接輿剃去頭髮，避世不出仕。

② 桑扈：人名，古代隱士。臝："裸"的異體字。桑扈用裸體行走表達对世俗的嫉憤。

③ 以：動詞，用，任用。

④ 伍子：伍子胥，春秋時期吴國賢臣。逢殃：遇到災禍。伍子胥向吴王夫差進諫伐越，夫差不聽，遂賜劍而使其自殺，後吴國終爲越國所滅，故言"逢殃"。

⑤ 葅醢（zūhǎi）：古代把人剁成肉醬的酷刑。以上三句爲交句韻：行、殃押陽部，以、醢押之部。

⑥ 董道：堅守正道。董，守正。

⑦ 人、身，押真部。

⑧ 亂：詩、賦結束時概括主題的結尾，也是音樂的收尾。漢代王逸《楚辭章句》："亂，理也。所以發理詞指，總撮其要也。"宋代洪興祖《楚辭補注》："凡作篇章既成，撮其大要以爲亂辭也。""亂者，總理一賦之終；重者，情志未申，更作賦也。"

⑨ 鸞鳥鳳皇：祥瑞之鳥。比喻賢才。鳳皇即鳳凰。

⑩ 日：名詞作狀語，一天天。以：連詞，連接狀語和謂語中心詞。

⑪ 燕雀烏鵲：比喻讒佞小人。

⑫ 巢堂壇：在朝堂之上營造窩巢，比喻姦佞小人的肆無忌憚。巢，名詞用作動詞，築巢。堂，殿堂。壇，祭壇。远、壇，押元部。

⑬ 露申：香木名。辛夷：香木名。

⑭ 林薄：草木叢生的地方。

腥臊並御[1]，芳不得薄兮[2]。

陰陽易位[3]，時不當兮。

懷信侘傺[4]，忽乎吾將行兮[5]。

離　騷[6]

帝高陽之苗裔兮[7]，朕皇考曰伯庸[8]。

攝提貞于孟陬兮[9]，惟庚寅吾以降[10]。

皇覽揆余初度兮[11]，肇錫余以嘉名[12]。

名余曰正則兮，字余曰靈均[13]。

---

① 腥臊：惡臭之物。御：進，這裏指逼近。

② 薄：逼近。薄、薄，押鐸部。

③ 陰：比喻臣子。陽：比喻君主。此句指楚國君弱臣强的混亂現實。

④ 侘傺（chàchì）：雙聲聯綿詞，失意的樣子。

⑤ 當、行，押陽部。

⑥ 本篇選自《楚辭·離騷》。離，"罹"的借字，遭。騷，憂愁。離騷指遭到憂愁，《離騷》抒發了屈原憂國憂民、不肯與世沉浮的精神，也借香草美人，道出了詩人政治理想不能實現的苦悶。

⑦ 高陽：古帝顓頊之號。裔：本義爲衣服的末邊，《説文》："裔，衣裾也。"引申指後代。楚之始祖熊繹，爲顓頊之後，事周成王，封於楚。傳國至楚武王熊通，生子瑕，受封於屈，遂以屈爲氏。

⑧ 朕：我。皇：大。考：死去的父親。伯庸：屈原父親之字。

⑨ 攝提：攝提格的簡稱，寅年的别名，《爾雅·釋天》："大歲在寅曰攝提格。"貞：當。孟：始。陬（zōu）：正月，《爾雅·釋天》："正月爲陬。"夏曆正月是寅月，孟陬指孟春正月。

⑩ 庚寅：指庚寅日。降：降生。庸、降，東冬合韻。

⑪ 皇：皇考的簡稱。覽：觀察。揆：測度。度：時節。

⑫ 肇：始。錫："賜"的借字，賞賜、賜予。嘉：美好。

⑬ 名余曰正則兮，字余曰靈均：屈原名平，字原，"正則"指"平"，"靈均"指"原"。名、均，耕真合韻。

紛吾既有此内美兮[①]，又重之以脩能[②]。

扈江離與辟芷兮[③]，紉秋蘭以爲佩[④]。

汩余若將不及兮[⑤]，恐年歲之不吾與。

朝搴阰之木蘭兮[⑥]，夕攬洲之宿莽[⑦]。

日月忽其不淹兮[⑧]，春與秋其代序[⑨]。

惟草木之零落兮[⑩]，恐美人之遲暮[⑪]。

不撫壯而棄穢兮[⑫]，何不改乎此度？

乘騏驥以馳騁兮，來吾道夫先路[⑬]。

昔三后之純粹兮[⑭]，固衆芳之所在[⑮]。

---

① 紛：盛多的様子。内美：内在的美。

② 重（chóng）：加上。脩能：優秀的才能。

③ 扈：披，王逸："楚人名被爲扈。"江離：香草名。辟芷：生長在幽静之處的白芷。辟（pì），偏僻，幽僻，後分化作"僻"。芷，白芷，香草名。

④ 紉：連接，聯綴。秋蘭：秋天開花的蘭花。佩：佩帶在身上的飾品。能、佩，押之部。

⑤ 汩（yù）：水流疾速的様子。

⑥ 搴（qiān）：拔取，《説文》作"攐"，《手部》："攐，拔取也。南楚語。"阰（pí）：山名，洪興祖《楚辭補注》："阰，山在楚南。"木蘭：香樹名。

⑦ 攬：采。洲：水中的小島。宿莽：冬生不死的草。

⑧ 忽：快速的様子。淹：久留。

⑨ 代序：代謝、變遷。代，更遞。序，次序。與、莽、序，押魚部。

⑩ 惟：思念。零落：凋落。王逸《楚辭章句》："草曰零，木曰落。"

⑪ 美人：喻楚懷王。遲暮：指年紀大。遲，晚。暮，傍晚。

⑫ 撫：持。棄穢：除去穢惡的行爲。

⑬ 道（dǎo）：引導、指引，後分化作"導"。暮、度、路，押鐸部。

⑭ 三后：三位國君，指禹、湯、文王。純粹：指德行美好。純，絲不雜。粹，本義爲米不雜。《説文·米部》："粹，不雜也。"

⑮ 衆芳：喻衆多的賢人。

雜申椒與菌桂兮①，豈維紉夫蕙茝②？
彼堯舜之耿介兮③，既遵道而得路。
何桀紂之猖披兮④，夫唯捷徑以窘步⑤。
惟夫黨人之偷樂兮⑥，路幽昧以險隘。
豈余身之憚殃兮，恐皇輿之敗績⑦。
忽奔走以先後兮⑧，及前王之踵武⑨。
荃不察余之中情兮⑩，反信讒而齌怒⑪。
余固知謇謇之爲患兮⑫，忍而不能舍也⑬。

---

① 申椒：申地的花椒。一説申，重也，申椒指重疊叢簇的花椒。菌桂：香木名，一説肉桂。申椒、菌桂，亦喻群賢。
② 蕙茝（zhǐ）：都是香草，這裏也是喻群賢。在、茝，押之部。
③ 耿介：光明正大的樣子。耿，光明。介，大。
④ 猖披：穿衣而不繫帶的樣子，比喻狂亂。
⑤ 捷徑：斜出的小道。《説文·彳部》："徑，步道也。"窘步：走投無路。窘，窮迫。路、步，押鐸部。
⑥ 黨人：指當時結黨營私包圍在楚懷王左右的小人。黨，朋黨，貶義。偷：苟且。
⑦ 皇輿：比喻國家。皇，君。輿，車。敗績：潰敗，指國家傾危。隘、績，押錫部。
⑧ 忽：快速的樣子。先後：走在前面，走在後面，指效力左右。洪興祖《楚辭補註》："相導前後曰先後。"
⑨ 踵：腳後跟，《説文》作"歱"。《止部》："歱，跟也。"一説作動詞，王逸《楚辭章句》："踵，繼也。"武：足跡。
⑩ 荃（quán）：香草名，喻懷王。中情：內心。
⑪ 齌（jì）怒：疾怒，馬上惱怒起來。齌，疾速。
⑫ 謇謇（jiǎnjiǎn）：忠貞的樣子。
⑬ 舍：停止，這裏指停止而不進言。

指九天以爲正兮[①]，夫唯靈脩之故也[②]。

曰黄昏以爲期兮，羌中道而改路[③]。

初既與余成言兮[④]，後悔遁而有他[⑤]。

余既不難夫離别兮，傷靈脩之數化[⑥]。

余既滋蘭之九畹兮[⑦]，又樹蕙之百畝。

畦留夷與揭車兮[⑧]，雜杜衡與芳芷[⑨]。

冀枝葉之峻茂兮[⑩]，願竢時乎吾將刈[⑪]。

雖萎絶其亦何傷兮[⑫]，哀衆芳之蕪穢[⑬]。

衆皆競進以貪婪兮，憑不猒乎求索[⑭]。

---

① 九天：指八方之天與中央之天。王逸《楚辭章句》："九天，謂中央八方也。"

② 靈脩：指有神明遠見之德的人，指懷王。靈，神。脩，遠。

③ 羌：語氣詞。洪興祖説，此句爲後人所增。武、怒、舍、故，押魚部。

④ 成言：説定、約定。

⑤ 悔遁：反悔改變。遁，變遷。《文選》五臣注："遁，移也。"一説遁，隱匿。王逸《楚辭章句》："遁，隱也。""（懷王）後用讒言，中道悔恨，隱匿其情，而有他志也。"

⑥ 數（shuò）：屢次。化：變化。路、他、化，鐸歌合韻。

⑦ 滋：栽種。畹（wǎn）：十二畝。

⑧ 畦（qí）：五十畝，這裏名詞用作動詞，種一畦。留夷、揭車：香草名。

⑨ 杜衡：香草名。芷：即"茝"。畝、芷，押之部。

⑩ 冀：希望。峻：高大，《説文·山部》："峻，高也。"

⑪ 竢（sì）：等待。《説文·立部》："竢，待也。"刈：收割。《説文·丿部》："乂，芟艸也。""刈，乂或从刀。"

⑫ 萎：枯萎。絶：凋落。

⑬ 蕪穢：荒蕪雜亂，喻群賢與小人同流合污。刈、穢，押月部。

⑭ 憑：滿。王逸《楚辭章句》："楚人名滿曰憑。"這裏是説衆人所貪求的已經滿了。

羌內恕己以量人兮[①]，各興心而嫉妒[②]。

忽馳騖以追逐兮[③]，非余心之所急。

老冉冉其將至兮[④]，恐脩名之不立[⑤]。

朝飲木蘭之墜露兮，夕餐秋菊之落英[⑥]。

苟余情其信姱以練要兮[⑦]，長顑頷亦何傷[⑧]。

擥木根以結茝兮[⑨]，貫薜荔之落蕊[⑩]。

矯菌桂以紉蕙兮[⑪]，索胡繩之纚纚[⑫]。

謇吾法夫前脩兮[⑬]，非世俗之所服[⑭]。

雖不周於今之人兮[⑮]，願依彭咸之遺則[⑯]。

長太息以掩涕兮[⑰]，哀民生之多艱。

---

① 恕：寬恕。量：度（duó）。羌內恕己以量人兮，是説原諒自己，揣度别人。

② 嫉、妒，押鐸部。

③ 馳騖：奔馳。《説文·馬部》："馳，大驅也。""騖，亂馳也。"

④ 冉冉（rǎnrǎn）：漸漸的樣子。

⑤ 脩：美。急、立，押緝部。

⑥ 英：花。

⑦ 信：確實。姱（kuā）：美好。練要：擇要道而行。練，選。要，要道。一説練要爲精練要約，見戴震《屈原賦注》。

⑧ 顑頷（kǎnhàn）：餓得面黄飢瘦的樣子，《説文》作"顑顲"，《頁部》："顑，飯不飽，面黄起行也。"英、傷，押陽部。

⑨ 擥（lǎn）："攬"的異體字，持。

⑩ 薜荔（bìlì）：香草名。

⑪ 矯：舉。

⑫ 索：繩子，這裏是名詞用作動詞，搓成繩子。胡繩：香草名。纚纚（xǐxǐ）：繩子又長又好的樣子。蕊、纚，押支部。

⑬ 謇：句首語氣詞。法：效法。前脩：前代的賢人。

⑭ 服：佩戴。

⑮ 周：合。

⑯ 彭咸：殷代賢大夫，諫其君不聽，投水而死。則：法。服、則，押職部。

⑰ 太息：嘆氣。掩涕：拭淚。

余雖好脩姱以鞿羈兮[1]，謇朝誶而夕替[2]。

既替余以蕙纕兮[3]，又申之以攬茝[4]。

亦余心之所善兮，雖九死其猶未悔[5]。

怨靈脩之浩蕩兮[6]，終不察夫民心。

衆女嫉余之蛾眉兮[7]，謠諑謂余以善淫[8]。

固時俗之工巧兮，偭規矩而改錯[9]。

背繩墨以追曲兮[10]，競周容以爲度[11]。

忳鬱邑余侘傺兮[12]，吾獨窮困乎此時也。

寧溘死以流亡兮[13]，余不忍爲此態也[14]。

鷙鳥之不群兮[15]，自前世而固然。

---

① 鞿（jī）：馬口上的繮繩。羈：馬籠頭。《説文·网部》：“羈，馬絡頭也。”鞿羈：這裏名詞用作動詞，比喻受羈束。

② 誶（suì）：諫。替：廢。《説文·竝部》：“替，廢。”

③ 蕙纕（xiāng）：蕙草做的佩帶。纕，佩帶。

④ 申：重複，加上。

⑤ 九死：死亡多次。九，虛指，表示多。茝、悔，押之部。

⑥ 浩蕩：放蕩自恣，不深思熟慮的樣子。

⑦ 衆女：喻衆姦臣。蛾眉：形如蠶蛾的美貌，形容貌美。

⑧ 謠諑（zhuó）：造謠誹謗。善淫：善爲淫邪。心、淫，押侵部。

⑨ 偭（miǎn）：違背。規：畫圓形的儀器。矩：畫方形的儀器。規矩，比喻法度。改錯：指改變安排。錯，“措”的借字，措施、做法。

⑩ 繩墨：即墨斗，木工用來打直線的工具，這裏比喻正直。

⑪ 周容：苟合求容。度：法度，法則。錯、度，押鐸部。

⑫ 忳（tún）：憂愁的樣子。鬱邑：憂愁的樣子。侘傺（chàchì）：悵然而立，失意的樣子。王逸《楚辭章句》：“侘，猶堂堂，立貌也。傺，住也，楚人名住曰傺。”

⑬ 寧：寧願。溘（kè）：忽然。流亡：流散死亡。

⑭ 時、態，押之部。

⑮ 鷙（zhì）鳥：猛禽，如鷹、雕之類。

何方圜之能周兮[1]，夫孰異道而相安[2]。

屈心而抑志兮，忍尤而攘詬[3]。

伏清白以死直兮[4]，固前聖之所厚[5]。

悔相道之不察兮[6]，延佇乎吾將反[7]。

回朕車以復路兮[8]，及行迷之未遠[9]。

步余馬於蘭皋兮[10]，馳椒丘且焉止息[11]。

進不入以離尤兮[12]，退將復脩吾初服[13]。

製芰荷以爲衣兮[14]，集芙蓉以爲裳。

不吾知其亦已兮，苟余情其信芳[15]。

高余冠之岌岌兮[16]，長余佩之陸離[17]。

---

① 周：合。

② 然、安，押元部。

③ 尤：罪過，《説文》作"訧"，《言部》："訧，罪也。"攘：除去，一説攘爲"囊"的借字，這裏指藏匿。詬（gòu）：恥辱。

④ 伏：屈服。

⑤ 詬、厚，押侯部。

⑥ 相（xiàng）：看。道：道路。察：清楚、明晰。

⑦ 延：長久。佇：久立。

⑧ 回：回旋、轉過來。復路：回復舊路。

⑨ 反、遠，押元部。

⑩ 蘭皋：有蘭的澤地。皋，水邊的澤地。

⑪ 椒丘：有椒樹的山丘。焉：於此，在這裏。止息：休息。

⑫ 進：指進仕。離："罹"的借字，遭受，遭遇。

⑬ 退：指退隱。初服：未進仕前的服飾。息、服，押職部。

⑭ 芰（jì）：菱。

⑮ 裳、芳，押陽部。

⑯ 岌岌：高聳的樣子。

⑰ 陸離：美好的樣子。洪興祖《楚辭補注》："許慎云：陸離，美好貌。"

芳與澤其雜糅兮[1]，唯昭質其猶未虧[2]。

忽反顧以遊目兮，將往觀乎四荒[3]。

佩繽紛其繁飾兮[4]，芳菲菲其彌章[5]。

民生各有所樂兮，余獨好脩以爲常。

雖體解吾猶未變兮[6]，豈余心之可懲[7]。

國　殤[8]

操吳戈兮被犀甲[9]，車錯轂兮短兵接[10]。

旌蔽日兮敵若雲[11]，矢交墜兮士争先[12]。

凌余陣兮躐余行[13]，左驂殪兮右刃傷[14]。

---

① 芳：指香草。澤：有光澤，指玉珮的光澤。糅：雜。

② 昭：明潔。虧、虧，押歌部。

③ 四荒：四方荒遠之地。

④ 繽紛：盛多的樣子。繁飾：衆多的飾物。

⑤ 芳菲菲：香氣勃勃的樣子。

⑥ 體解：肢解，古代的一種酷刑。

⑦ 懲：受戒而止的樣子。荒、章、常、懲，陽蒸合韻。

⑧ 本篇選自《楚辭・九歌》，是追悼爲國犧牲的戰士的祭歌。國殤：指爲國犧牲死於戰場的戰士。殤（shāng），戰死者。

⑨ 操：拿着。《説文・手部》："操，把持也。"此處用本義。吳戈：吳國造的戈，指好戈。被（pī）："披"的借字。犀甲：犀牛皮製成的甲。

⑩ 錯：相交錯。轂（gǔ）：車輪中心有圓孔的圓木，裏邊貫軸，外邊承輻。《説文・車部》："轂，輻所湊也。"這句是説兩方迫近展開混戰。甲、接，押盍部。

⑪ 旌（jīng）：用羽毛裝飾的旗子。"旌蔽日""敵若雲"，是説敵軍衆多。

⑫ 交墜：交相墜落，指流矢在雙方的陣地上紛紛墜落。雲、先，押文部。

⑬ 凌：侵犯。躐（liè）：踐踏。行（háng）：行列。

⑭ 驂：古代戰車四馬，左右兩邊爲驂馬，中間兩匹爲服馬。殪（yì）：死。右：指右驂。刃傷：爲兵刃所傷。行、傷，押陽部。

霾兩輪兮縶四馬[①]，援玉枹兮擊鳴鼓[②]。
天時墜兮威靈怒[③]，嚴殺盡兮棄原壄[④]。
出不入兮往不反，平原忽兮路超遠[⑤]。
帶長劍兮挾秦弓[⑥]，首身離兮心不懲[⑦]。
誠既勇兮又以武，終剛强兮不可凌[⑧]。
身既死兮神以靈[⑨]，子魂魄兮爲鬼雄[⑩]！

擴展閱讀

屈原五月五日投汨羅水，楚人哀之，至此日，以竹筒子貯米投水以祭之。漢建武中，長沙區曲忽見一士人，自云三閭大夫，謂曲曰："聞君當見祭，甚善；但常年爲蛟龍所竊，今若有惠，可以楝葉塞其上，以綵絲纏之。此二物蛟龍所憚。"曲依其言。今五月五日作粽，並帶楝葉五花絲，遺風也。（《續齊諧記》）

---

① 霾："埋"的借字。縶（zhí）：絆。《説文・糸部》："縶，絆馬也。"
② 援：拿過來。玉枹（fú）：用玉裝飾的鼓槌。
③ 天時：天象。墜：一本作"懟"，通"懟"（duì），恨。威靈：神靈。
④ 嚴：悲壯地。殺盡：被殺盡。壄："野"的異體字。馬、鼓、怒、壄，押魚部。
⑤ 忽：遼闊渺茫的樣子。超遠：遙遠。反、遠，押元部。
⑥ 秦弓：秦國製造的弓，指好弓。
⑦ 懲：止。
⑧ 終：自始至終。
⑨ 神以靈：精神由此靈顯。
⑩ 鬼雄：鬼中的英雄。弓、懲、凌、雄，押蒸部。

閱讀提示：

《續齊諧記》爲梁朝吴均所作。閱讀這則短文，體會人民对屈原的敬愛。本文比較口語化，體會書面語與口語風格上的差異。

第三課 歸 田 賦[①]

遊都邑以永久[②]，無明略以佐時[③]，徒臨川以羡魚[④]，俟河清乎未期[⑤]。感蔡子之慷慨，從唐生以決疑[⑥]；諒天道之微昧[⑦]，追漁父以同

① 本篇選自《文選》。《文選》也稱《昭明文選》，由南朝梁蕭統編著。重要的注本有唐李善的《文選注》，吕延濟、劉良、張銑、吕向、李周翰的《五臣注文選》，宋時將兩者合併刊刻，稱爲《六臣注》。《歸田賦》是一篇抒情小賦，作者張衡（78—139），字平子，南陽西鄂（今河南南陽市北）人。本篇主要抒寫作者不滿黑暗現實，無法伸展抱負，情願返歸田園的心情。

② 遊：求仕。都邑：都城，這裏指東漢京都洛陽。以：副詞，表示情況已出現，可譯作“已經”。永久：長時間。

③ 明略：明智的謀略。以：連詞，連接前後兩項，後項是前項的目的，可譯作“來”。佐時：這裏指輔佐當時的君主。

④ 徒：副詞，白白地。臨川以羡魚：出自《淮南子·説林訓》“臨河而羡魚，不如歸家織網”。臨，面對。以，連詞，連接狀語和謂語中心詞。羡，希望得到。此句大意是空有佐時的願望。

⑤ 俟河清乎未期：出自《左傳·襄公八年》“俟河之清，人壽幾何”。俟，等待。河，黄河。河清，《周易乾鑿度》：“天之將降嘉瑞應，河水清三日。”黄河水濁，少有清時，古人以爲“河清”是昇平祥瑞的象徵。乎，語氣詞，用在句中，表示停頓。大意是説等待政治清明，未可預期。

⑥ 感蔡子之慷慨，從唐生以決疑：蔡子，即蔡澤；唐生，即唐舉，都是戰國時人。蔡澤遊學諸侯不得志，請唐舉看相，事見《史記·范雎蔡澤列傳》。慷慨，因不得志而悲歎。從，往，到。決疑，決斷疑惑，這裏指看相。大意是感歎自己與蔡澤有同樣不得志的境遇，希望有像唐舉那樣的人決斷自己的命運。

⑦ 諒：确實，實在是。天道：天理，天意。微昧：幽隱不明。

嬉[①]。超埃塵以遐逝[②]，與世事乎長辭[③]。

於是仲春令月[④]，時和氣清[⑤]，原隰鬱茂[⑥]，百草滋榮[⑦]。王雎鼓翼[⑧]，鶬鶊哀鳴[⑨]，交頸頡頏[⑩]，關關嚶嚶[⑪]。於焉逍遥[⑫]，聊以娱情[⑬]。

爾乃龍吟方澤，虎嘯山丘[⑭]。仰飛纖繳[⑮]，俯釣長流。觸矢而

① 追漁父以同嬉：漁父，王逸《楚辭章句·漁父》序："屈原放逐，在江湘之間，憂愁歎吟，儀容變易。而漁父避世隱身，釣魚江濱，欣然自樂，時遇屈原川澤之域，怪而問之，遂相應答。"嬉，樂。这句話的大意是说自己將與漁夫同樂於川澤。

② 超：超脱。埃塵：這裏比喻紛濁的世俗。遐逝：遠去。

③ 長辭：永別，這裏指隱退。時、期、疑、嬉、辭，押之部。

④ 於是：在此。仲春：春季的第二個月，即農曆二月。令月：好的月份。令，善。

⑤ 時：季節，這裏指氣候。和：溫和。氣：天氣。清：清朗。

⑥ 原：高平之地。隰：低濕之地。鬱茂：草木繁盛的様子。

⑦ 滋：滋長。榮：繁茂。

⑧ 王雎：鳥名，即雎鳩。鼓翼：振動翅膀。鼓，振動，拍打。

⑨ 鶬鶊：鳥名，即黃鶯。

⑩ 交頸：頸與頸相互摩擦，雌雄动物表示亲昵的方式。頡頏（xiéháng）：鳥上下飞翔的样子。

⑪ 關關嚶嚶：鳥的和鳴聲。

⑫ 於焉逍遥：語出《詩經·小雅·白駒》。於焉，於是。焉，代詞，指代此地。逍遥，疊韻聯綿詞，悠閒自得。

⑬ 聊：副詞，姑且。娱情：使心情愉快。娱，動詞使動用法，使……愉悦。清、榮、鳴、嚶、情，押耕部。

⑭ 爾乃：用在句首，表示另起一段，無義。吟：啼叫。方：廣大，後作"旁"，讀作páng。方澤：大澤。這兩句話比喻自己在山澤間如龍虎一般從容吟嘯。

⑮ 仰飛：這裏指仰射。飛，動詞使動用法，使……高飛。纖：細。繳（zhuó）：繫在箭尾部的生絲綫，用以弋射禽鳥。

斃[1]，貪餌吞鉤[2]。落雲間之逸禽[3]，懸淵沈之魦鰡[4]。

于時曜靈俄景[5]，繼以望舒[6]，極般遊之至樂[7]，雖日夕而忘劬[8]。感老氏之遺誡[9]，將迴駕乎蓬廬[10]。彈五絃之妙指[11]，詠周、孔

① 觸矢而斃：（鳥）中箭而亡命。矢，箭。斃，死。

② 貪餌吞鉤：（魚）因貪食誘餌而吞鉤。

③ 落：動詞使動用法，使……落下。逸禽：高飛的鳥。

④ 懸：動詞使動用法，使……懸掛，這裏指魚在深淵被釣起。魦（shā）、鰡（liú）：皆魚名。丘、流、鉤、鰡，押幽部。丘，上古之部；鉤，上古侯部，與古幽部合流。

⑤ 曜靈：指太陽。《楚辭·天問》："角宿未旦，曜靈安藏？"俄：斜。景：日光。《説文·日部》："景，光也。"此處用本義。

⑥ 繼：隨後，接着。以：介詞，可譯作"用"。望舒：本指爲月亮駕車的神，《楚辭·離騷》："前望舒使先驅兮，後飛廉使奔屬。"這裏指代月亮。

⑦ 極：窮盡。般（pán）遊：遊樂。《爾雅·釋詁上》："般，樂也。"至樂：最大的快樂。

⑧ 雖：連詞，表示讓步，可譯作"即使"。日夕：出自《詩經·王風·君子于役》"日之夕矣，羊牛下來"。指傍晚。劬（qú）：勞苦。

⑨ 老氏之遺誡：這裏指老子《道德經》第十二章所説"馳騁畋獵，令人心發狂"。

⑩ 迴：返。駕：車駕。蓬廬：茅屋。

⑪ 五絃（xián）：這裏指琴，《韓非子·外儲説左上》："昔者舜鼓五絃，歌《南風》之詩而天下治。"亦作"五弦"。妙指：精微幽深的旨意。《孔子家語·辨樂解》："昔者舜彈五弦之琴，造《南風》之詩。其詩曰：'南風之薰兮，可以解吾民之慍兮；南風之時兮，可以阜吾民之財兮。'"這裏作者借彈五弦琴抒寫自己憂國憂民的思想。

之圖書[①]。揮翰墨以奮藻[②]，陳三皇之軌模[③]。苟縱心於物外[④]，安知榮辱之所如[⑤]！

擴展閱讀

歸去來兮，田園將蕪胡不歸！既自以心爲形役，奚惆悵而獨悲？悟已往之不諫，知來者之可追。實迷途其未遠，覺今是而昨非。舟遥遥以輕颺，風飄飄而吹衣。問征夫以前路，恨晨光之熹微。乃瞻衡宇，載欣載奔。僮僕歡迎，稚子候門。三逕就荒，松菊猶存。攜幼入室，有酒盈罇。引壺觴以自酌，眄庭柯以怡顔。倚南窗以寄傲，審容膝之易安。園日涉以成趣，門雖設而常關。策扶老以流憩，時矯首而遐觀。雲無心以出岫，鳥倦飛而知還。景翳翳以將入，撫孤松而盤桓。

歸去來兮，請息交以絶遊。世與我而相違，復駕言兮焉求？悦親戚之情話，樂琴書以消憂。農人告余以春及，將有事於西疇。或命巾車，或棹孤舟。既窈窕以尋壑，亦崎嶇而經丘。木欣欣以向榮，泉涓涓而始流。善萬物之得時，感吾生之行休。

---

① 詠：詠誦。周、孔之圖書：周公、孔子所修的典籍。連前句抒寫自己對虞舜、周、孔之道的追慕。

② 翰：毛筆。奮藻：這裏指揮筆著文。奮，舉起，這裏指揮筆疾書。藻，辭藻。

③ 陳：陳述。三皇：傳説中上古的三位帝王。或謂伏羲、神農、黄帝，或謂伏羲、神農、女媧，或謂伏羲、神農、燧人，或謂伏羲、神農、祝融，或謂天皇、地皇、泰皇，或謂天皇、地皇、人皇，説法不一。軌：法式。模：楷模。

④ 苟：連詞，表示假設，可譯作“假如”。縱：放任。物外：塵世之外。

⑤ 安：疑問代詞，表示反詰，可譯作“哪裏”。如：往，這裏指遭遇。舒、劬、廬、書、模、如，押魚部。劬，上古侯部字，與魚部合流。

已矣乎！寓形宇内復幾時！曷不委心任去留？胡爲遑遑欲何之？富貴非吾願，帝鄉不可期。懷良辰以孤往，或植杖而耘耔。登東皋以舒嘯，臨清流而賦詩。聊乘化以歸盡，樂夫天命復奚疑。（陶淵明《歸去來兮辭》）

閲讀提示：

《歸去來兮辭》爲東晉陶淵明所作。請結合《歸田賦》，體會中國傳統士人在“出仕”和“隱逸”兩者之間進行選擇的精神實質。

第二單元

第四課　鄭伯克段于鄢[①]

初，鄭武公娶于申[②]，曰武姜[③]，生莊公及共叔段[④]。莊公寤生[⑤]，驚姜氏，故名曰寤生，遂惡之[⑥]。愛共叔段，欲立之[⑦]。亟請於武公[⑧]，公弗許。及莊公即位，爲之請制[⑨]。公曰："制，巖邑

---

① 本篇選自《左傳·隱公元年》，題目爲後加。《左傳》也稱《春秋左氏傳》，或《左氏春秋》，相傳爲春秋末年魯國左丘明撰，仿照魯國編年史《春秋》（相傳爲孔子編寫）的體例，以魯國十二公世次爲綱，記叙了魯隱公元年到魯悼公四年264年間的史實，是我國第一部叙事完整的編年史。歷代爲《左傳》作注的很多，通行的是《十三經注疏》中的《春秋左傳正義》，晉杜預注，唐孔穎達疏。鄭伯：鄭國的國君。鄭國，姬姓，在今河南新鄭一帶。當時的諸侯國由周天子分封公、侯、伯、子、男五等爵位，鄭國屬伯爵，故稱其國君爲鄭伯。又，當時的國君也可稱爲"公"，這裏的鄭伯就是鄭莊公，名寤生。克：戰勝。段：即共叔段，鄭莊公的弟弟。鄢：地名，在今河南柘城縣北。

② 鄭武公：鄭莊公的父親，名掘突。申：國名，姜姓，在今河南唐河縣南。

③ 武姜：鄭武公的妻子。古時女子一般没有名字，多用排行或丈夫的謚號等加上自己原來的姓氏來指稱。鄭武公從申國娶來的夫人是姜姓，加上武公的謚號"武"，所以叫武姜。本文的"武公""莊公""武姜"都是這些人死後史官記載的稱謂，並非他們活着時的名稱。

④ 共（gōng）叔段：古代用伯（孟）、仲、叔、季表示兄弟姐妹之間的排行。共叔段本名段，是莊公的弟弟，故稱叔段。後又因出奔後逃奔到共邑（在今河南輝縣市），稱爲共叔段。

⑤ 寤生：逆生，足先出，即今之難產。寤，"牾"的借字，逆。

⑥ 惡（wù）：厭惡，不喜歡。

⑦ 立之：立共叔段爲太子。

⑧ 亟（qì）：屢次，數次。

⑨ 制：地名，在今鄭州西北黄河南岸的邙山東頭一帶。

也[①]，虢叔死焉[②]。佗邑唯命[③]。”請京[④]，使居之，謂之京城大叔。祭仲曰[⑤]：“都城過百雉[⑥]，國之害也。先王之制：大都不過參國之一[⑦]，中五之一，小九之一[⑧]。今京不度[⑨]，非制也，君將不堪[⑩]。”公曰：“姜氏欲之[⑪]，焉辟害[⑫]？”對曰：“姜氏何厭之有[⑬]？不如早爲之所[⑭]，無使滋蔓[⑮]。蔓，難圖也[⑯]。蔓草猶不可除，況君之寵弟乎[⑰]？”公曰：“多行不義必自斃[⑱]，子姑待之。”

---

① 巖：險要。邑：泛指一般城鎮。

② 虢叔：東虢的國君，王季之後，姬姓。焉：兼詞，相當於“於是”，在那裏。東虢原來是鄭國的附庸，後來虢叔恃險作亂，被鄭武公攻滅，領地歸入鄭國。

③ 佗：“他”的異體字，別的，其他的。唯：應答詞。《説文·口部》：“唯，諾也。”引申爲應允、聽從之義。

④ 京：春秋時鄭國地名，故城在今河南滎陽市東南。

⑤ 祭（zhài）仲：人名，鄭國大夫。

⑥ 都：一般的都邑。城：城牆。雉：度量單位，長三丈，高一丈。

⑦ 參國之一：首都城牆的三分之一。參，“三”的借字。國，國家的首都。

⑧ 中、小：指中都、小都。五之一、九之一：首都城牆的五分之一、九分之一。

⑨ 不度：不合制度。度，名詞用作動詞，符合制度。

⑩ 堪：經得起，受得了。

⑪ 欲之：想要這樣做。之，指代上文爲共叔段請京的不合制度的行爲。

⑫ 焉：疑問代詞，哪裏，怎麽。辟：逃避，後作“避”。

⑬ 姜氏何厭之有：賓語前置，“何厭”作“有”的前置賓語，用代詞“之”複指。何，疑問代詞，怎麽，哪裏。厭，滿足。

⑭ 爲之所：雙賓語，給他安排個地方。

⑮ 無：“毋”的借字，改讀 wù，不要。滋蔓：滋生蔓延。

⑯ 圖：圖謀。這裏指對付。

⑰ 寵：地位尊貴。

⑱ 斃：跌倒，這裏指失敗、垮臺。

既而大叔命西鄙、北鄙貳於己[①]。公子呂曰[②]："國不堪貳，君將若之何[③]？欲與大叔，臣請事之；若弗與，則請除之，無生民心[④]。"公曰："無庸[⑤]，將自及[⑥]。"大叔又收貳以爲己邑[⑦]，至于廩延[⑧]。子封曰："可矣[⑨]，厚將得衆[⑩]。"公曰："不義不暱[⑪]，厚將崩[⑫]。"

大叔完聚[⑬]，繕甲兵[⑭]，具卒乘[⑮]，將襲鄭。夫人將啟之[⑯]。公聞其期，曰："可矣！"命子封帥車二百乘以伐京。京叛大叔段，段入于鄢。公伐諸鄢[⑰]。五月辛丑[⑱]，大叔出奔共。

---

① 既而：之後不久。鄙：邊邑。貳於己：既屬於鄭莊公，又屬於自己。貳，動詞，兩屬。

② 公子呂：鄭國大夫，字子封。

③ 若之何：對這件事情怎麼辦。

④ 無生民心：雙宾语，不要讓民衆產生貳心。生，動詞使動用法，使……產生。

⑤ 無庸：不用。庸，"用"的借字，改讀 yòng。

⑥ 自及：自己趕上禍患，指自取滅亡。及，追趕上，《説文·又部》："及，逮也。从又，从人。"此處用本義。

⑦ 貳：這裏作名詞，指當時已經兩屬的西、北邊邑。

⑧ 廩延：鄭國都邑名，在今河南延津縣北。

⑨ 可矣：這裏指可以對大叔採取行動了。

⑩ 厚：大，這裏指土地廣大。衆：民衆，百姓。

⑪ 不義不暱：因果或條件複句，君不義則民不親近（不要誤解爲聯合詞組）。暱，親近，團結。

⑫ 崩：潰散，失敗。

⑬ 完聚：這裏指修葺城郭，聚集糧草。

⑭ 繕：修理。甲：鎧甲。兵：《説文·廾部》："兵，械也。从廾持斤。"此處用本義，義爲武器。

⑮ 具：準備。卒：步兵。乘（shèng）：兵車。

⑯ 啟之：替共叔段打開城門。啟，開。

⑰ 諸："之於"的合音。"之"代指共叔段。"於"，介詞，介紹處所。

⑱ 辛丑：二十三日。古代用天干地支相配成甲子、乙丑、丙寅等六十個名稱紀日，周而復始。

書曰："鄭伯克段于鄢。"[①]段不弟[②]，故不言弟；如二君，故曰克；稱鄭伯，譏失教也——謂之鄭志[③]；不言出奔，難之也[④]。

遂寘姜氏于城潁[⑤]，而誓之曰[⑥]："不及黄泉[⑦]，無相見也！"既而悔之。

潁考叔爲潁谷封人[⑧]，聞之，有獻於公。公賜之食，食舍肉[⑨]。公問之。對曰："小人有母，皆嘗小人之食矣，未嘗君之羹[⑩]，請以遺之[⑪]。"公曰："爾有母遺，繄我獨無[⑫]！"潁考叔曰："敢問何謂也？"公語之故[⑬]，且告之悔。對曰："君何患焉[⑭]？若闕地及泉[⑮]，隧而相見[⑯]，其誰曰不然[⑰]？"公從之。公入而賦[⑱]："大隧之中，其

① "書曰"句：（《春秋》）記載説："鄭伯克段于鄢。"書，記載。

② 弟：名詞用作動詞，依照弟弟的身份做事。

③ 鄭志：鄭伯的意志或意圖。

④ 難之：對記載出奔的事情感到爲難。因爲記載出奔有專罪共叔段之嫌，實際上鄭伯也有責任。難，形容詞意動用法，以……爲難，读作 nán。

⑤ 寘（zhì）：安置。城潁：鄭國的城邑，在今河南臨潁縣北。

⑥ 誓之：對她發誓。

⑦ 黄泉：地下的泉水，這裏暗指死亡。

⑧ 潁考叔：鄭國大夫。潁谷：鄭國的邊邑，在今河南登封市西南。封人：鎮守和管理邊疆的官員。封，邊疆。

⑨ 舍：放下，棄置。

⑩ 羹：带汁的肉食。這裏指上文所舍之肉，羹在古代多賜給下級官員。

⑪ 遺（wèi）：留給，送給。

⑫ 繄：發語詞，無義。

⑬ 語（yù）：告訴。"語之故"和下文"告之悔"都是雙賓語結構。

⑭ 何患：賓語前置，疑問代詞"何"作賓語，置於動詞"患"前。患，擔心。

⑮ 闕："掘"的借字，改讀 jué，挖掘。

⑯ 隧：名詞用作動詞，挖隧道。

⑰ 其：語氣詞，表示反問語氣。然：指示代詞，這樣，指符合誓言所説的"不及黄泉"。

⑱ 賦：吟誦詩句。

樂也融融[①]。”姜出而賦：“大隧之外，其樂也洩洩[②]。”遂爲母子如初。

君子曰[③]：“潁考叔，純孝也[④]，愛其母，施及莊公[⑤]。《詩》曰[⑥]：‘孝子不匱[⑦]，永錫爾類[⑧]。’其是之謂乎[⑨]！”

擴展閱讀

夏五月，鄭伯克段于鄢。

克之者何？殺之也。殺之，則曷爲謂之克？大鄭伯之惡也。曷爲大鄭伯之惡？母欲立之，己殺之，如勿與而已矣。段者何？鄭伯之弟也。何以不稱弟？當國也。其地何？當國也。齊人殺無知，何以不地？在内也。在内，雖當國不地也。不當國，雖在外亦不地也。（《公羊傳·鄭伯克段于鄢》）

夏五月，鄭伯克段于鄢。

克者何？能也。何能也？能殺也。何以不言殺？見段之有徒衆也。段，鄭伯弟也。何以知其爲弟也？殺世子母弟目君，以其目君，知其爲弟也。段，弟也，而弗謂弟；公子也，而弗謂公子——貶之也，段失子弟之道矣。賤段而甚鄭伯也，何甚乎鄭伯？甚鄭伯之處心積慮成於殺也。于鄢，遠也，猶曰取之其

---

① 中、融，押冬部。

② 洩洩（yìyì）：宣泄舒暢、痛快淋漓的感覺。外、洩，押月部。

③ 君子：指有學問道德的人。這裏是作者的假託，用來發表評論。

④ 純：精粹，引申爲專誠、篤厚。

⑤ 施（yì）：延及，擴展。

⑥ 《詩》：書名，即後世的《詩經》。下引詩句見《詩經·大雅·既醉》。

⑦ 匱：盡。

⑧ 永：長久。錫：“賜”的借字，改讀 cì，給予。

⑨ 其：語氣詞，表示推測，大概，恐怕。是之謂：賓語前置，“是”作動詞“謂”的前置賓語，用代詞“之”複指。是，指代潁考叔的孝行。

母之懷中而殺之云爾，甚之也。然則爲鄭伯者宜奈何？緩追逸賊，親親之道也。（《穀梁傳·鄭伯克段于鄢》）

閱讀提示：

1．《春秋》三傳中，《左傳》是古文經，《公羊傳》《穀梁傳》是今文經，比較它們解説“鄭伯克段于鄢”這句經文的異同，再參閲其他文獻，談談三傳解説《春秋經》在内容、體式方面的異同。

2．《春秋》三傳都對“鄭伯克段于鄢”中的“克”加以解釋，稱作“發凡言例”，這和解釋詞義的訓詁有何不同？

第五課　晉靈公不君[①]

晉靈公不君。厚斂以彫牆[②]。從臺上彈人[③]，而觀其辟丸也[④]。宰夫胹熊蹯不熟[⑤]，殺之，寘諸畚[⑥]，使婦人載以過朝[⑦]。趙盾、士季見其手[⑧]，問其故而患之[⑨]。將諫，士季曰："諫而不入[⑩]，則莫之繼也[⑪]。會請先[⑫]，不入，則子繼之。"三進及溜[⑬]，而後視之[⑭]。

① 本篇選自《左傳·宣公二年》，題目爲後加。晉靈公：名夷皋，晉文公之孫，晉襄公之子。不君：不行君道。君，名詞用作動詞。

② 厚斂：加重收税。斂，收取賦税。彫：雕畫。《説文·彡部》："彫，琢文也。从彡，周聲。"此處用本義。

③ 臺：古代用土築成的四方形的高而上平的建築物。彈（tán）人：用彈丸射人。

④ 其：代詞，指代臺下被射的人。辟：逃避，後作"避"。

⑤ 宰夫：廚師。胹（ér）：烹煮。蹯（fán）：足、掌的通稱。

⑥ 寘：放置。諸："之於"的合音，"之"指代宰夫。畚（běn）：蒲草編成的盛物器具。

⑦ 載：裝載。朝（cháo）：朝廷。

⑧ 趙盾：晉國正卿，趙衰之子。下文的"宣子"是他的謚號。士季：人名，名會，晉國大夫。其：指放置在畚中的屍體。

⑨ 患：擔憂。

⑩ 入：納。這裏指被採納。入、納同源，雙聲疊韻。

⑪ 莫之繼：賓語前置，否定句中代詞"之"作賓語，置於動詞"繼"前。可以理解爲：没有誰能繼續進諫。莫，否定代詞，没有誰。之，指代進諫這件事。

⑫ 會：士季的名，古人自稱用名。先：動詞，指先去進諫。

⑬ 三進：三次向前走。劉文淇引沈欽韓説："始而入門，繼而當庭，及至升階當霤，則三進矣。"及：到達。溜："霤"的借字，《説文·雨部》："霤，屋水流也。从雨，留聲。"本指房上流泄雨水的地方，這裏指屋檐上的雨水滴落地面的位置。

⑭ 視之：看他，這裏指晉靈公答理士季。此前靈公裝作看不見的樣子。

曰："吾知所過矣[①]，將改之。"稽首而對曰[②]："人誰無過，過而能改，善莫大焉[③]！《詩》曰：'靡不有初，鮮克有終[④]。'夫如是[⑤]，則能補過者鮮矣。君能有終[⑥]，則社稷之固也[⑦]，豈惟群臣賴之[⑧]。又曰：'衮職有闕，惟仲山甫補之[⑨]。'能補過也。君能補過，衮不廢矣[⑩]。"

猶不改[⑪]，宣子驟諫[⑫]。公患之[⑬]，使鉏麑賊之[⑭]。晨往，寢門

① 所過：犯下的過錯。所，助詞。過，動詞，犯錯。

② 稽（qǐ）首：古禮中最恭敬的禮節，爲臣子對國君之禮，近似後世的磕頭。先跪拜，再拱手至地，頭伏在雙手前的地上稍作停留。

③ 善莫大焉：好事没有比這個（指能改過）更大的了。莫，否定性無定代詞，没有什麽。焉，兼詞，相當於"於是"。

④ 靡不有初，鮮克有終：語出《詩經·大雅·蕩》。大意是：没有誰没有一個向善的開始，但很少有人能夠堅持到底。靡，否定性無定代詞，没有誰。鮮，少。克，能。

⑤ 夫（fú）：發語詞。如是：按照這兩句詩所説的意思。

⑥ 有終：這裏指改錯補過堅持做下去。

⑦ 社稷：社是土神，稷是穀神。古代天子和諸侯立國必須祭祀土神、穀神，因此用"社稷"指代國家、政權。之：助詞，連接主語和謂語，組成之字詞組。固：堅固，穩定。

⑧ 惟：只是。賴：仰賴，依靠。

⑨ 衮職有闕，惟仲山甫補之：語出《詩經·大雅·烝民》。大意是：周宣王有了失職之處，只有仲山甫來彌補。衮，天子之服，這裏指周宣王。職，職責。闕，過失，"缺"的同源通用字。仲山甫，周宣王大臣。

⑩ 衮：天子之服，這裏代指晉靈公的君位。

⑪ 猶：副詞，還是，仍然。

⑫ 驟：多次，一次接一次地。

⑬ 患：擔憂，這裏有憎惡的意思。

⑭ 鉏麑（chúní）：人名，晉國的勇士。賊：《説文·戈部》："賊，敗也。从戈，則聲。"此處用本義，意爲殺害。

闢矣[①]。盛服將朝，尚早，坐而假寐[②]。麑退，歎而言曰："不忘恭敬[③]，民之主也[④]。賊民之主，不忠；棄君之命，不信。有一於此[⑤]，不如死也。"觸槐而死[⑥]。

秋九月，晉侯飲趙盾酒[⑦]，伏甲將攻之[⑧]。其右提彌明知之[⑨]，趨登[⑩]，曰："臣侍君宴，過三爵[⑪]，非禮也。"遂扶以下。公嗾夫獒焉[⑫]，明搏而殺之。盾曰："棄人用犬，雖猛何爲[⑬]！'鬬且出[⑭]。提彌明死之[⑮]。

---

① 寢門：臥室的門。闢：開。

② 假寐：穿着衣冠打盹。

③ 不忘恭敬：指早起、盛服、假寐等行爲。

④ 主：這裏指依靠。

⑤ 有一於此：在這兩者（不忠、不信）之中有一樣。

⑥ 觸：撞。槐：槐樹。

⑦ 飲：動詞使動用法，讓……飲酒，读作 yìn。

⑧ 伏甲：埋伏甲士。甲，鎧甲，這裏指武士。攻之：攻殺趙盾。

⑨ 其右：趙盾的車右。古制，一輛戎車乘三人，一般情況下尊者居左，御者居中，車右居右。車右多爲勇力之士，主要負責排除險難，保護主帥。提彌明：車右的姓名。知之：察覺了情況。

⑩ 趨：快步走。

⑪ 過三爵：超過三杯酒。爵，古時的酒器。根據小燕禮，君臣飲酒不宜超過三杯，《禮記·玉藻》："君若賜之爵，則越席再拜稽首受，登席祭之。飲，卒爵而俟，君卒爵，然後授虛爵。君子之飲酒也，受一爵而色洒如也，二爵而言言斯，禮已三爵而油油，以退。"

⑫ 嗾（sǒu）：嗾使，《說文·口部》："嗾，使犬聲。从口，族聲。《春秋傳》曰：'公嗾夫獒。'"即用聲音指使。夫：指示代詞，那個。獒：猛犬。

⑬ 何爲：賓語前置，疑問代詞"何"作賓語，置於動詞"爲"前。意思是幹什麼，即有什麼用。

⑭ 鬬："鬥"的異體字，格鬥。

⑮ 死之：爲趙盾而死。

初，宣子田于首山[①]，舍于翳桑[②]。見靈輒餓[③]，問其病[④]。曰："不食三日矣。"食之[⑤]，舍其半[⑥]。問之。曰："宦三年矣[⑦]，未知母之存否。今近焉[⑧]，請以遺之。"使盡之[⑨]，而爲之簞食與肉[⑩]，寘諸橐以與之[⑪]。既而與爲公介[⑫]，倒戟以禦公徒[⑬]，而免之[⑭]。問何故，對曰："翳桑之餓人也。"問其名居[⑮]，不告而退。遂自亡也[⑯]。

乙丑[⑰]，趙穿攻靈公於桃園[⑱]。宣子未出山而復[⑲]。大史書曰[⑳]：

---

① 田：打獵，後分化作"畋"。首山：又名首陽山，在今山西永濟市西。

② 舍：臨時駐紮。翳桑：多蔭翳的桑林，一説地名。翳，蔭蔽。

③ 靈輒：人名。餓：長時間缺乏飲食。

④ 病：生命垂危的狀態。

⑤ 食：動詞使動用法，給……東西吃，读作 sì。這一義項後写作"飼"，但對象一般是動物。

⑥ 舍：放下，棄置。這裏指留着不吃。

⑦ 宦：外出學習做事。三年：虛數，多年。

⑧ 焉：兼詞，相當於"於是"，"是"指代母親。

⑨ 使盡之：叫（靈輒）吃完留下的食物。

⑩ 爲之簞（dān）食與肉：給他準備一筐飯和肉。簞，小圓筐，用來盛飯。

⑪ 寘諸橐（tuó）：把簞食和肉放在口袋裏。橐，大口袋。與：給。

⑫ 與（yù）爲公介：參軍做了靈公的甲士。介，就是上面"伏甲將攻之"的"甲"。甲，古音盍部；音變爲介，古音月部去聲。

⑬ 倒戟：掉轉兵器，回過身來。戟，古代的一種兵器。禦：抵禦。公徒：靈公埋伏的甲士。這裏靈輒本來是靈公的甲士，反而替趙盾禦敵。

⑭ 免之：使趙盾免於被殺。

⑮ 名居：姓名和居所。

⑯ 自亡：（趙盾）自己逃亡。

⑰ 乙丑：干支記時，指九月二十七日。

⑱ 趙穿：晉大夫，是趙盾的族人。攻：攻殺，用武力的方式强行殺害。

⑲ 出山：逃出邊境。山，杜預注："晉境之山也。"指晉國邊境的山。復：返回。《説文·彳部》："復，往來也。"此處用本義。

⑳ 大（tài）史：官名，主管記載國家大事的史官，這裏指晉國的太史董狐。書：記載。

"趙盾弑其君[1]。"以示於朝[2]。宣子曰:"不然[3]。"對曰:"子爲正卿,亡不越竟[4],反不討賊[5],非子而誰?"宣子曰:"烏呼[6]!'我之懷矣,自詒伊慼[7]。'其我之謂矣[8]!"

孔子曰:"董狐,古之良史也[9],書法不隱[10]。趙宣子,古之良大夫也,爲法受惡[11]。惜也,越竟乃免[12]。"

擴展閱讀

齊崔杼者,齊之相也。弑莊公,止太史無書君弑及賊。太史不聽,遂書賊,曰:"崔杼弑其君。"崔子殺之,其弟又嗣書之,崔子又殺之。死者二人,其弟又嗣復書之,乃舍之。南史氏是其族也,聞太史盡死,執簡以往,將

① 弑(shì):古代專門指臣殺君、子殺父。

② 以示於朝:把(記録的内容)在朝廷上展示。

③ 不然:不是這樣。然,代詞,指記録的内容。

④ 亡不越竟:逃亡没有越過邊境,指仍在晉國國内。竟,邊境,後作"境"。

⑤ 反不討賊:回到國都不討伐殺害國君的逆臣。反,返回,後作"返"。討,討伐,懲辦。賊,大逆不道的人。

⑥ 烏呼:同"嗚呼",感歎詞。

⑦ 我之懷矣,自詒伊慼:杜預認爲是逸詩。王肅認爲是《詩經·邶風·雄雉》篇文,但今毛詩"伊慼"作"伊阻"。詩句大意是:由於我的懷戀,結果自己給自己帶來了憂苦。懷,思念。詒,"貽"的借字,給予。伊,指示代詞,那種。慼,憂苦。

⑧ 其:語氣詞,表示推測。我之謂:賓語前置。賓語"我"用代詞"之"複指,置於動詞"謂"前。

⑨ 良史:好史官。

⑩ 書法:按照原則記載歷史事件。隱:隱晦。

⑪ 爲法受惡:這裏指爲了維護原則而蒙受弑君的惡名。

⑫ 免:免於受惡。杜預注:"越竟則君臣之義絶,可以不討賊。"意即逃出邊境之後,不再有君臣之義,也就可以免於弑君的惡名了。

復書之。聞既書矣，乃還。君子曰：古之良史。（《新序·節士》）

閱讀提示：

中國古代具有悠久的史官文化，所謂“孔子成《春秋》，而亂臣賊子懼”，古人認爲歷史的書寫能夠捍衛正義、維繫倫理。《晉靈公不君》中的董狐和《新序》記載的齊國太史，都是孔子之前的史官。結合文章內容，思考古人評價“良史”的標準是什么。

第六課　鞌之戰[①]

《傳》[②]：二年春[③]，齊侯伐我北鄙[④]，圍龍[⑤]。頃公之嬖人盧蒲就魁門焉[⑥]，龍人囚之。齊侯曰："勿殺！吾與而盟[⑦]，無入而封[⑧]。"弗聽，殺而膊諸城上[⑨]。齊侯親鼓，士陵城[⑩]。三日，取龍，遂南侵，及巢丘。

衛侯使孫良夫、石稷、甯相、向禽將侵齊[⑪]，與齊師遇。石子欲還，孫子曰："不可！以師伐人，遇其師而還，將謂君何？若知不能，則如無出[⑫]。今既遇矣，不如戰也。"

夏，有[⑬]……

---

① 本篇選自《左傳·成公二年》，題目爲後加。鞌：齊地名，在今山東濟南附近。本篇主要描述了春秋中期的齊晉争霸，最終是晉勝齊敗。

② 《傳》：即《左傳》。

③ 二年：指魯成公二年，即公元前589年。

④ 齊侯：齊頃公，齊桓公之孫，名無野。我：代魯國。因《左傳》作者是魯人，作者站在本國立場上，故稱魯國爲"我"。鄙：邊邑。

⑤ 龍：魯國邊城，今山東泰安東南五十里龍鄉。

⑥ 嬖（bì）人：寵愛之人，这裏指幸臣。門：名詞用作動詞，攻打城門。

⑦ 而：第二人稱代詞，即"你們"。

⑧ 封：疆界。

⑨ 膊（pò）：脱去衣物，分裂四肢曝曬。

⑩ 陵：登上。城：城牆。

⑪ 侵齊：是爲救魯。《史記·衛康叔世家》："（衛穆公）十一年，孫良夫救魯伐齊。"

⑫ 如：應當。

⑬ 此處有闕文。據下文及《春秋·成公二年》記載，"夏四月丙戌，衛孫良夫帥師及齊師戰於新築"，可知此處所缺爲新築戰役。

石成子曰："師敗矣。子不少須[①]，衆懼盡。子喪師徒，何以復命？"皆不對[②]。又曰："子，國卿也。隕子[③]，辱矣。子以衆退[④]，我此乃止[⑤]。"且告車來甚衆[⑥]。齊師乃止，次于鞫居[⑦]。新築人仲叔于奚救孫桓子[⑧]，桓子是以免。既，衛人賞之以邑。辭，請曲縣、繁纓以朝[⑨]，許之。仲尼聞之，曰："惜也！不如多與之邑。唯器與名[⑩]，不可以假人[⑪]，君之所司也[⑫]。名以出信，信以守器，器以藏禮，禮以行義，義以生利，利以平民，政之大節也[⑬]。若以假人，與人政也。政亡，則國家從之，弗可止也已。"

孫桓子還於新築，不入[⑭]，遂如晉乞師[⑮]。臧宣叔亦如晉乞

① 少：稍。須：等待。

② 對：回答。

③ 隕：失去。這裏指被擒獲。

④ 以：率領，帶領。

⑤ 止：動詞使動用法，使……止，這裏指抵禦齊師。

⑥ 車：指前來救援的兵車。這裏是虛張聲勢，慫使齊軍聞而生畏。

⑦ 次：駐紮。鞫（jū）居：衛地。

⑧ 仲叔于奚：駐守新築的大夫。

⑨ 曲縣：周禮，諸侯之樂，除南面以外，室内其他三面懸掛樂器，形如曲，故謂之曲縣。縣，後作"懸"。《周禮·春官·小胥》："正樂縣之位：王宫縣，諸侯軒縣，卿大夫判縣，士特縣。"鄭衆注："宫縣，四面縣。軒縣，去其一面。判縣，又去其一面。特縣，又去其一面。四面象宫室四面有牆，故謂之宫縣。軒縣三面，其形曲，故《春秋傳》曰：請曲縣、繁纓以朝，諸侯禮也。"繁（pán）纓：諸侯所用的駕馬的帶飾。繁，馬腹帶。纓，套馬的革帶，駕車用。

⑩ 器：古代標誌名位、爵號的禮器。名：名位、爵號。

⑪ 假：給予。

⑫ 司：掌管。

⑬ 節：準則。

⑭ 不入：這裏指不入國都。

⑮ 如：前往。乞師：求救兵。

師[①]。皆主郤獻子[②]。晉侯許之七百乘[③]。郤子曰："此城濮之賦也[④]。有先君之明與先大夫之肅[⑤]，故捷。克於先大夫，無能爲役[⑥]，請八百乘。"許之。郤克將中軍，士燮佐上軍，欒書將下軍[⑦]，韓厥爲司馬[⑧]，以救魯、衛。臧宣叔逆晉師[⑨]，且道之[⑩]。季文子帥師會之[⑪]。及衛地，韓獻子將斬人，郤獻子馳[⑫]，將救之，至則既斬之矣。

---

① 臧宣叔：魯大夫，名許，又稱臧孫許，謚宣叔。

② 主：名詞意動用法，以……爲主人。郤獻子：郤克。郤克足跛。魯宣公十七年，他出使齊國，上臺階時，齊頃公讓母親蕭同叔子在廂房帷帳後偷看，蕭同叔子恥笑郤克時被發現。郤克怒，發誓報仇。回國後請伐齊，晉景公不許。又請率家族武裝伐齊，景公亦不許。魯、衛皆知郤克前恥未雪，故來投奔。

③ 乘（shèng）：兵車及配套的馬匹和士兵。春秋時甲車一乘，配馬四匹，甲士三人，步卒七十二人。七百乘即五萬二千五百人。

④ 城濮：即城濮之戰。公元前632年，晉、楚兩國在衛地城濮進行戰爭，晉勝。詳見《左傳·僖公二十八年》。賦：兵賦，軍隊數。

⑤ 先君：指城濮之戰時的晉文公重耳。先大夫：指揮城濮之戰的先軫、狐偃、欒枝諸將。肅：敏捷。

⑥ 克於先大夫，無能爲役：郤克和先大夫相比，没有能力完成以七百乘取勝的任務。爲役，完成指定的差使。

⑦ 將：率領。中軍、上軍、下軍：爲晉國三軍，每軍各有將、佐，將、佐各有軍隊，名爲三軍，實爲六軍。此次戰役僅出動中軍之將、上軍之佐及下軍之將的部隊，中軍之佐、上軍之將及下軍之佐的部隊尚未出動。士燮：晉卿，名燮，謚文子，又叫范文子。欒書：晉卿，名叔，謚武子。

⑧ 韓厥：晉大夫，名厥，謚獻子，下文又稱韓獻子。司馬：軍中執法官，掌刑戮。

⑨ 逆：迎接。上古漢語"迎"（疑紐，陽部）、"逆"（疑紐，鐸部）是方言分化的同源詞，《説文·辵部》："逆，迎也……關東曰逆，關西曰迎。"

⑩ 道：引導，後作"導"。

⑪ 季文子：季孫行父，魯公族大夫，當時主管魯國朝政。

⑫ 馳：驅馬疾行。

郤子使速以徇[1]，告其僕曰："吾以分謗也[2]。"

師從齊師于莘[3]。六月壬申，師至于靡笄之下[4]。齊侯使請戰，曰："子以君師辱於敝邑[5]，不腆敝賦[6]，詰朝請見[7]。"對曰："晉與魯、衛，兄弟也[8]。來告曰：'大國朝夕釋憾於敝邑之地[9]。'寡君不忍[10]，使群臣請於大國，無令輿師淹於君地[11]。能進不能退，君無所辱命。"齊侯曰："大夫之許，寡人之願也；若其不許，亦將見也。"齊高固入晉師，桀石以投人[12]，禽之而乘其車[13]，繫桑本焉[14]，以徇齊壘，曰："欲勇者，賈余餘勇[15]。"

---

① 徇：巡行示衆。

② 分謗：分擔别人的指責。

③ 師：以晉軍爲主力的軍隊。從：追逐。莘：衛地，在今山東莘縣北。

④ 靡笄（míjī）：齊國山名，即今山東濟南市千佛山。

⑤ 子：對晉軍主帥郤克的尊稱。辱：受屈辱。敝邑：齊人對本國土地的謙稱。敝，不好的。

⑥ 腆：多。

⑦ 詰朝：明朝。

⑧ 晉與魯、衛，兄弟也：晉與魯、衛是兄弟之國。三國的始封君都是姬姓，且是叔伯兄弟關係，所以説是兄弟之國。

⑨ 來告：這裏指魯、衛來告。大國：齊國。朝夕釋憾：指頻繁侵犯。釋，釋放，發泄。憾，怨恨。

⑩ 不忍：這裏指不忍心魯、衛被欺凌。

⑪ 無：不要。輿師：軍隊。淹：久留。

⑫ 高固：齊大夫，謚宣子。桀："揭"的借字，改讀 jiē，舉起。

⑬ 禽：擒拿，後作"擒"。之：指晉人。

⑭ 本：樹根。《説文・木部》："本，木下曰本。从木，一在其下。"此處用本義。

⑮ 賈（gǔ）余餘勇：買我多餘的勇氣。賈，買。

癸酉，師陳于鞌①。邴夏御齊侯②，逄丑父爲右③。晉解張御郤克④，鄭丘緩爲右⑤。齊侯曰："余姑翦滅此而朝食⑥。"不介馬而馳之⑦。郤克傷於矢，流血及屨⑧，未絶鼓音⑨，曰："余病矣⑩！"張侯曰："自始合⑪，而矢貫余手及肘⑫，余折以御，左輪朱殷⑬，豈敢言病？吾子忍之⑭！"緩曰："自始合，苟有險⑮，余必下推車，子豈識之⑯？然子病矣！"張侯曰："師之耳目，在吾旗鼓，進退從之。此車一人殿之，可以集事⑰，若之何其以病敗君

① 師：指齊、晉雙方的軍隊。陳：列陣，後作"陣"。

② 邴夏：齊大夫。御："馭"的異體字，駕馭車馬。

③ 逄丑父：齊大夫。右：車右，又稱"驂乘"，因在戰車上位置居右，故稱車右。古代君王或主帥所乘的戰車，君王或主帥居中，御者居左，驂乘居右。普通將領所乘戰車，御者居中，將領居左，驂乘仍然居右。

④ 解（xiè）張：晉臣，名侯，字張。古人名與字連言，常先字後名，故下文又稱張侯。

⑤ 鄭丘緩：晉臣。鄭丘，氏；緩，名。

⑥ 姑：姑且。翦：消滅。此：指晉軍。朝食：古人一日兩餐，首餐在上午九至十點，稱"朝食"。

⑦ 介："馻"的借字。《説文・馬部》："馻，繫馬尾也。"

⑧ 屨（jù）：原指單底鞋，多以麻、革、皮等製成，後亦泛指鞋。

⑨ 絶：停止。鼓音：古代車戰，主帥親自掌旗鼓指揮三軍，鼓聲是進軍的號令。

⑩ 病：傷痛嚴重。

⑪ 合：交戰。

⑫ 貫：穿透。及：和。

⑬ 左輪朱殷（yān）：左邊的車輪被血染成了深紅色。因爲郤克是主帥，居中；解張是御者，居左，故言"左輪朱殷"。朱，紅色。殷，深紅色，即紅中帶黑。

⑭ 吾子：對對方的尊稱。

⑮ 苟：如果。險：這裏指難走的路。戰車遇險，下車排除是車右的本職。

⑯ 識：知道。

⑰ 殿：鎮守。鎮、殿，真文旁轉。集：成就。

之大事也[①]？擐甲執兵[②]，固即死也[③]。病未及死，吾子勉之[④]！”左并轡，右援枹而鼓[⑤]，馬逸不能止[⑥]，師從之[⑦]。齊師敗績[⑧]。逐之，三周華不注[⑨]。

韓厥夢子輿謂己曰[⑩]：“旦辟左右[⑪]。”故中御而從齊侯[⑫]。邴夏曰：“射其御者，君子也[⑬]。”公曰：“謂之君子而射之[⑭]，非禮也[⑮]。”射其左，越于車下[⑯]。射其右，斃于車中[⑰]。綦毋張喪車[⑱]，從韓厥，曰：“請寓乘[⑲]。”從左右[⑳]，皆肘之[㉑]，使立於後。韓厥俛

① 若之何：怎么。其：語氣詞，加强反問語氣。以：介詞，介紹動作行爲發生的原因，因爲。敗：毀壞。大事：這裏指戰事。
② 擐（huàn）：貫穿；穿着。甲：鎧甲。
③ 固：副詞，本來。即：動詞，走向。
④ 勉：努力。之：代詞，指指揮戰争。
⑤ 轡：繮繩。援：拽過來。枹：“桴”的異體字，鼓槌。鼓：動詞，擊鼓。
⑥ 逸：狂奔。
⑦ 之：指郤克的戰車。
⑧ 敗績：軍隊奔潰。
⑨ 逐：追趕。周：動詞，繞圈。華不注：山名，在今山東濟南東北。
⑩ 子輿：韓厥之父，此時已逝。這是插叙頭天夜裏的事。
⑪ 旦：早晨。辟：避開，後作“避”。左右：指兵車中左右的位置。
⑫ 中御：在中間位置駕車。韓厥爲司馬，本應居左，因爲父親托夢的原因，故代御居中。
⑬ 君子：指將領等地位高的人。
⑭ 公：齊頃公。君子：有德行的人。
⑮ 非禮：不合乎禮。
⑯ 越：墜落。
⑰ 斃：仆倒。
⑱ 綦（qí）毋張：晉大夫。綦毋，氏。張，名。
⑲ 寓乘：指搭車。寓，寄。
⑳ 從：陪立。
㉑ 肘：名詞用作動詞，用肘擊。

定其右[①]。

逢丑父與公易位。將及華泉[②]，驂絓於木而止[③]。丑父寢於轏中[④]，蛇出於其下，以肱擊之[⑤]，傷而匿之[⑥]，故不能推車而及[⑦]。韓厥執縶馬前[⑧]，再拜稽首[⑨]，奉觴加璧以進[⑩]，曰："寡君使群臣爲魯、衛請，曰：'無令輿師陷入君地[⑪]。'下臣不幸，屬當戎行[⑫]，無所逃隱。且懼奔辟而忝兩君[⑬]，臣辱戎士[⑭]，敢告不敏[⑮]，攝官承乏[⑯]。"丑父使公下如華泉取飲。鄭周父御佐車，宛茷爲右[⑰]，載齊侯以免[⑱]。韓厥獻丑父，郤獻子將戮之。呼曰："自今無有代其君任患

① 俛："俯"的異體字，低下身子。定：放穩當。其右：指被射倒的車右。

② 及：到達。華泉：水名，在華不注山下。

③ 驂（cān）：駕車時位於兩邊的馬。絓（guà）：絆住。

④ 轏（zhàn）：棧車，一種簡易的輕便車，車廂用竹木編成。從此句至"傷而匿之"是插敘頭天夜裏的事。

⑤ 肱（gōng）：手臂。

⑥ 匿：隱瞞。之：指受傷這事。

⑦ 及：被趕上。

⑧ 縶（zhì）：絆馬索。

⑨ 再拜稽首：拜兩拜，然後叩頭至地行稽首禮，表示高度尊敬。

⑩ 奉：捧着，後作"捧"。觴：盛酒器。

⑪ 陷入：深入。

⑫ 屬（zhǔ）：適值、恰好。屬，屋部；適，錫部。當：遇上。戎行（háng）：軍隊行列。這裏指齊侯的軍隊。

⑬ 辟：逃避，後作"避"。忝（tiǎn）：辱。

⑭ 臣辱戎士：我辱没了士兵稱號，言外之意指自己是一個不稱職的士兵。

⑮ 敢：謙詞，冒昧。告：告稟。不敏：不才。

⑯ 攝官承乏：代理没人承擔的職務，這裏指自己將履行職責，俘虜齊侯。攝，代理。官，職。承，擔任。

⑰ 鄭周父、宛茷（fèi）：齊臣。佐車：副車。

⑱ 免：逃脱。

者[①]，有一於此，將爲戮乎[②]！”郤子曰：“人不難以死免其君[③]。我戮之不祥，赦之以勸事君者[④]。”乃免之[⑤]。

擴展閱讀

二十四年，秦師將襲鄭，過周北門。左右免胄而下，超乘者三百乘。王孫滿觀之，言於王曰：“秦師必有謫。”王曰：“何故？”對曰：“師輕而驕，輕則寡謀，驕則無禮，無禮則脱，寡謀自陷。入險而脱，能無敗乎？秦師無謫，是道廢也。”是行也，秦師還，晉人敗諸崤，獲其三帥丙、術、視。（《國語·王孫滿觀秦師》）

閱讀提示：

1.《國語》的這段短文記述的是“崤之戰”，但文章筆墨主要集中在戰前王孫滿對秦師“驕兵必敗”的分析上，這與《鞌之戰》中對戰爭的記述手法有相似之處。這裏反映出《左傳》關於戰爭描寫的哪些特點？如果你還讀過《左傳》中“四大戰役”（齊晉鞌之戰、秦晉崤之戰、宋楚泓之戰、晉楚城濮之戰）的另外三大戰役，可以結合考慮。

2.《鞌之戰》和《王孫滿觀秦師》中出現三個關於戰爭的動詞“伐”“侵”“襲”，《左傳·莊公二十九年》中記載：“凡師，有鐘鼓曰

① 自今：從今以後。任：承擔。患：禍患。

② 將爲戮乎：被動句式。助動詞“爲”放在動詞前表示被動。

③ 難：形容詞意動用法，以……爲難，读 nán。免：動詞使動用法，使……免於（禍害）。

④ 勸：鼓勵，勉勵。《説文·力部》：“勸，勉也。从力，雚聲。”此處用本義。

⑤ 免：釋放。

伐，無曰侵，輕曰襲。”請結合其他用例，利用同義詞分析方法，辨析三個詞之間的異同，體會凡例與語義的關係。

第七課 子産壞晉館垣[①]

癸酉，葬襄公[②]。公薨之月[③]，子産相鄭伯以如晉[④]，晉侯以我喪故[⑤]，未之見也[⑥]。子産使盡壞其館之垣而納車馬焉[⑦]。士文伯讓之[⑧]，曰："敝邑以政刑之不修[⑨]，寇盜充斥，無若諸侯之屬辱在寡君者何[⑩]，是以令吏人完客所館[⑪]，高其閈閎[⑫]，厚其牆垣[⑬]，以無憂

---

① 本篇選自《左傳・襄公三十一年》，題目爲後加。鄭簡公如晉會盟，遭到冷遇，子產"盡壞其館之垣"，並以辯才使晉國君臣折服，爲鄭國贏得尊嚴。子產：春秋時期政治家，鄭穆公的孫子，姓姬，名僑，字子產，人們又稱他爲公孫僑、鄭子產，時任鄭國執政大夫。館：客舍。垣：圍墻。

② 襄公：魯襄公。

③ 公薨之月：魯襄公死於襄公三十一年六月。薨（hōng），周代諸侯死亡稱薨。

④ 相：輔佐。鄭伯：指鄭簡公。如：前往。

⑤ 晉侯：指晉平公。以：因为。我：《左傳》據魯史而來，故行文中涉及魯國之處，多自稱"我"。

⑥ 未之見：賓語前置，否定句中代詞"之"作賓語，置於動詞"見"前。

⑦ 納：放入。

⑧ 士文伯：晉大夫，名匄，字伯瑕。讓：責備。《説文・言部》："讓，相責讓。"此處用本義。

⑨ 修：整治、治理。

⑩ "無若"句：無法保護前來朝聘的諸侯下屬。無若……何，對……没辦法。辱，表敬副詞。在，存問，問候。

⑪ 完：形容詞使動用法，意思是修繕。館：名詞用作動詞，住宿。

⑫ 高：形容詞使動用法，使……加高。閈閎（hànhóng）：泛指門。《説文・門部》："閈，門也。从門干聲。汝南平輿里門曰閈。""閎，巷門也。"

⑬ 厚：形容詞使動用法，使……增厚。

客使[1]。今吾子壞之，雖從者能戒[2]，其若異客何[3]？以敝邑之爲盟主，繕完葺牆[4]，以待賓客。若皆毀之，其何以共命[5]？寡君使匄請命[6]。”對曰：“以敝邑褊小[7]，介於大國[8]，誅求無時[9]，是以不敢寧居，悉索敝賦[10]，以來會時事[11]。逢執事之不間[12]，而未得見；又不獲聞命，未知見時。不敢輸幣[13]，亦不敢暴露[14]。其輸之，則君之府實也[15]，非薦陳之[16]，不敢輸也。其暴露之，則恐燥濕之不時而朽蠹[17]，以重敝邑之罪。僑聞文公之爲盟主也，宮

① 憂：動詞使動用法，使……擔憂。
② 戒：警戒，戒備。
③ 若……何：對……怎麽辦。異客：他國之賓客。
④ 繕完葺牆：“繕”“完”“葺”三個同義動詞連用。繕，修補。葺，修治。
⑤ 共：供給，後作“供”。命：賓客的需求。
⑥ 請命：這裏指請問拆牆的意圖。
⑦ 褊小：狹小。《説文·衣部》：“褊，衣小也。”段玉裁注：“引申爲凡小之稱。”
⑧ 介於大國：處在晉、楚之間。介，處於二者之間。
⑨ 誅：責求、索取。無時：不定時。
⑩ 悉：盡數。索：搜求。賦：賦税，這裏指財貨。
⑪ 會時事：按時朝貢。時事，這裏指諸侯對盟主國每年定期的朝會聘問之禮。
⑫ 執事：左右辦事的人，這裏是對晉平公的敬稱。間：同“閒”，改讀 xián，空閒。
⑬ 輸：送，獻納。幣：古代以束帛爲朝貢的禮物。
⑭ 暴（pù）露：顯露在外，無所遮蔽。
⑮ 府：府庫，儲藏財物之所。實：財物，物品。
⑯ 薦：進獻。陳：陳列。古時賓主相見，當庭陳列禮品。
⑰ 不時：無常。蠹（dù）：爲蟲所蛀蝕。

室卑庳[①]，無觀臺榭[②]，以崇大諸侯之館[③]，館如公寢[④]；庫廄繕修，司空以時平易道路[⑤]，圬人以時塓館宫室[⑥]；諸侯賓至，甸設庭燎[⑦]，僕人巡宫[⑧]；車馬有所，賓從有代[⑨]，巾車脂轄[⑩]，隸人、牧、圉各瞻其事[⑪]；百官之屬各展其物[⑫]，公不留賓[⑬]，而亦無廢事；憂樂同之，事則巡之[⑭]；教其不知，而恤其不足[⑮]。賓至如歸，無寧菑患[⑯]；不畏寇盜，而亦不患燥濕。今銅鞮之宫數里[⑰]，而諸侯舍於隸人，門不容車，而不可踰越；盜賊公行，而天厲不戒[⑱]。賓見無時，命不可知。若又勿壞，是無所藏幣，以重罪也。敢請執

① 卑庳（bì）：同義連用，意爲低矮。卑，低下。庳，矮小。

② 觀（guàn）：古代宫廷或宗廟大門外高臺上的建築物，又名闕。榭：建在高臺上的木製敞屋。

③ 崇大：形容詞使動用法，使……高大。崇，高。

④ 公：指晉侯。寢：寢宫。

⑤ 司空：官名，掌管土木工程。以：介詞，按照。易：修治。

⑥ 圬（wū）人：塗墻的工匠。塓（mì）：塗墻。

⑦ 甸：官名，指甸人，掌管薪火。燎：火燭。

⑧ 僕人：古代太僕等官的通稱，負責端正君主的朝位、衣冠，爲君主前驅奔走。

⑨ 代：替代，這裏指代爲服勞役。

⑩ 巾車：官名，掌管車輛。脂：名詞用作動詞，塗油。轄：指車軸。

⑪ 隸人：從事灑掃的僕人。牧：放牧者。圉：養馬者。瞻：看管。

⑫ 展：陳列。

⑬ 留：滯留。

⑭ 巡：巡查。

⑮ 恤：救濟。

⑯ 無寧菑患：难道还有災患吗？無寧，難道。菑，“災”的借字，改讀 zāi，災害。

⑰ 銅鞮（dī）：晉侯的離宫。

⑱ 天厲：據阮元《校勘記》當作“天癘”，天災。

事：將何所命之[①]？雖君之有魯喪，亦敝邑之憂也[②]。若獲薦幣，修垣而行，君之惠也，敢憚勤勞[③]！”文伯復命。趙文子曰[④]：“信[⑤]。我實不德，而以隸人之垣以贏諸侯[⑥]，是吾罪也。”使士文伯謝不敏焉[⑦]。

晉侯見鄭伯，有加禮[⑧]，厚其宴、好而歸之[⑨]。乃築諸侯之館。叔向曰[⑩]：“辭之不可以已也如是夫[⑪]！子產有辭，諸侯賴之[⑫]，若之何其釋辭也[⑬]？《詩》曰：‘辭之輯矣，民之協矣。辭之繹矣，民之莫矣[⑭]。’其知之矣。”

擴展閱讀

一

晏子使楚，楚人以晏子短，爲小門於大門之側而延晏子。晏子不入，曰：

---

① 將何所命之：將用什麽樣的言辭來命令我們？

② “雖君”句：晉、鄭與魯同姓，故言魯喪既是晉之憂，也是鄭之憂。

③ 憚：怕，畏難。

④ 趙文子：晉卿，名武。

⑤ 信：確實。

⑥ 贏：容納，接待。

⑦ 謝：道歉。不敏：指辦事遲緩，怠慢。敏，疾速，敏捷。《説文·攴部》：“敏，疾也。”

⑧ 加禮：比應有的禮節更爲加厚。杜預注：“禮加敬。”

⑨ 厚：形容詞使動用法，使……豐厚。好：這裏指贈禮。

⑩ 叔向：晉大夫羊舌肸（xī）。

⑪ 辭：辭令。已：廢止。

⑫ 賴：依靠，仗恃。

⑬ 釋：放棄。

⑭ “辭之輯矣”句：語出《詩經·大雅·板》。輯，和諧，和睦。繹，“懌”的借字，和悦。莫，安定。

“使狗國者從狗門入；今臣使楚，不當從此門入。”儐者更道，從大門入。見楚王。王曰：“齊無人耶？”晏子對曰：“齊之臨淄三百閭，張袂成陰，揮汗成雨，比肩繼踵而在，何爲無人？”王曰：“然則子何爲使乎？”晏子對曰：“齊命使各有所主。其賢者使使賢主，不肖者使使不肖主，嬰最不肖，故宜使楚矣。”

晏子將使楚。楚王聞之，謂左右曰：“晏嬰，齊之習辭者也。今方來，吾欲辱之，何以也？”左右對曰：“爲其來也，臣請縛一人，過王而行。王曰：‘何爲者也？’對曰：‘齊人也。’王曰：‘何坐？’曰：‘坐盜。’”

晏子至，楚王賜晏子酒。酒酣，吏二縛一人詣王。王曰：“縛者曷爲者也？”對曰：“齊人也，坐盜。”王視晏子曰：“齊人固善盜乎？”晏子避席對曰：“嬰聞之，橘生淮南則爲橘，生於淮北則爲枳，葉徒相似，其實味不同。所以然者何？水土異也。今民生長於齊不盜，入楚則盜，得無楚之水土使民善盜耶？”

王笑曰：“聖人非所與熙也，寡人反取病焉。”（《晏子春秋・内篇雜下》）

閲讀提示：

《晏子春秋》是記述春秋末期齊國著名政治家晏嬰言行的一部著作。對比“晏子使楚”和“子產壞晉館垣”，體會晏子和子產在外交藝術上表现出的智慧。

二

夫辭者，人之所以通也。主父偃曰：“人而無辭，安所用之。”昔子產修其辭，而趙武致其敬；王孫滿明其言，而楚莊以慚；蘇秦行其説，而六國以安；蒯通陳其説，而身得以全。夫辭者，乃所以尊君、重身、安國、全性者也。故辭不可不修而説不可不善。（《説苑・善説》）

閲讀提示：

《説苑》爲西漢劉向編纂，收録了先秦至漢初的有關史事。在這篇短文中，劉向利用歷史典故論述了“辭”的重要性。文中有“修其辭”之説，《易傳·文言》有“修辭立其誠”的説法，是“修辭”二字最早的出處，請根據這些説法，領會中國古代“修辭”的傳統。

第八課 伍舉論臺美而楚殆[①]

靈王爲章華之臺[②]，與伍舉升焉[③]，曰："臺美夫！"對曰："臣聞國君服寵以爲美[④]，安民以爲樂，聽德以爲聰[⑤]，致遠以爲明[⑥]。不聞其以土木之崇高彤鏤爲美[⑦]，而以金石匏竹之昌大囂庶爲樂[⑧]；不聞其以觀大、視侈、淫色以爲明[⑨]，而以察清濁爲聰[⑩]。

"先君莊王爲匏居之臺[⑪]，高不過望國氛[⑫]，大不過容宴豆[⑬]，

---

① 本篇選自《國語·楚語上》，題目爲後加。《國語》是我國最早的一部國別體史書，全書按周、魯、齊、晉、鄭、楚、吴、越八國編次，記載了從周穆王到周貞定王前後五百餘年的史事。《國語》最早由三國時代吴國人韋昭作注，後比較有名的注本有清人董增齡《國語正義》和近人徐元誥《國語集解》。本篇講章華臺建成，楚靈王以奢華爲美，伍舉進諫，認爲當以行德義、恤民情爲美，如果一味斂民利、逞私欲，國家便不免危殆。伍舉：即椒舉，楚國大夫。

② 靈王：楚靈王，名熊虔，公元前540年至前529年在位。章華：楚地名。

③ 升：登上。焉：兼詞，相當於"於是"，其中"是"指代章華臺。

④ 服寵以爲美：賓語前置，賓語"服寵"置於介詞"以"前，即以服寵爲美。下面三小句同此。服寵，指因賢德而受上天的優寵。服，受到。

⑤ 聽德：聽從有德之人。

⑥ 致遠：使遠者至，指使遠人歸服。

⑦ 彤：彩繪。《説文·丹部》："彤，丹飾也。"鏤：雕飾。

⑧ 金：指鐘。石：指磬。匏：指笙。竹：指簫管。四者均爲樂器。昌：昌盛。囂：喧嘩。庶：衆多。

⑨ 侈：奢華。淫：過度。

⑩ 察：審察，察知。清濁：指宫、商、角、徵、羽五音的清濁和高低。

⑪ 莊王：指楚莊王。匏居：臺名。之：助詞，表示同一關係。

⑫ 國氛：預示國家吉凶的雲氣。這裏指望臺有定高，不得過高或過低。

⑬ 宴豆：泛指宴飲所需器物。豆，古代食器，形似高脚盤。

木不妨守備[①]，用不煩官府[②]，民不廢時務[③]，官不易朝常[④]。問誰宴焉，則宋公、鄭伯；問誰相禮[⑤]，則華元、駟騑[⑥]；問誰贊事[⑦]，則陳侯、蔡侯、許男、頓子[⑧]，其大夫侍之。先君以是除亂克敵[⑨]，而無惡於諸侯。今君爲此臺也，國民罷焉[⑩]，財用盡焉，年穀敗焉[⑪]，百官煩焉，舉國留之[⑫]，數年乃成。願得諸侯與始升焉，諸侯皆距[⑬]，無有至者。而後使太宰啓疆請於魯侯[⑭]，懼之以蜀之役[⑮]，而僅得以來[⑯]。使富都那豎贊焉[⑰]，而使長鬣之士相焉[⑱]，臣不知其美也。

“夫美也者，上下、内外、小大、遠近皆無害焉，故曰美。若

① 妨：妨害。
② 煩：煩勞。
③ 時務：這裏指農時。
④ 易：改變。
⑤ 相：輔助，佐助。
⑥ 華元：宋國的卿大夫。駟騑：即子駟，鄭穆公之子，鄭國的卿大夫。
⑦ 贊：佐助。
⑧ 許：姜姓諸侯。頓：姬姓小國。男、子是爵位名。二國均爲楚所滅。
⑨ 克：打敗。
⑩ 罷：“疲”的借字，改讀 pí，疲憊。
⑪ 敗：廢敗，荒廢，這裏指歉收。
⑫ 留：治理，這裏指修建。
⑬ 距：“拒”的借字，抗拒。
⑭ 太宰：官名。啓疆：姓薳，楚國的卿大夫。魯侯：指魯昭公。
⑮ 懼：動詞使動用法，使……恐懼。蜀之役：指魯成公二年（前589）楚師侵魯至蜀，魯人懼，求和請盟。蜀，魯國地名。
⑯ 僅：勉强。
⑰ 富都那豎：指俊美嫻雅的少年。富，容貌豐腴。都，姿態幽閒。那，美好。豎，童子，未成年者。
⑱ 長鬣：美須。一説“鬣”爲“儠”的借字。《説文·人部》：“儠，長壯儠儠也。”長儠指健壯高大。

於目觀則美，縮於財用則匱[①]，是聚民利以自封而瘠民也[②]，胡美之爲[③]？夫君國者[④]，將民之與處[⑤]，民實瘠矣，君安得肥？且夫私欲弘侈[⑥]，則德義鮮少；德義不行，則邇者騷離而遠者距違[⑦]。天子之貴也，唯其以公侯爲官正[⑧]，而以伯子男爲師旅[⑨]。其有美名也，唯其施令德於遠近[⑩]，而小大安之也。若斂民利以成其私欲，使民蒿焉忘其安樂[⑪]，而有遠心[⑫]，其爲惡也甚矣，安用目觀？

"故先王之爲臺榭也，榭不過講軍實[⑬]，臺不過望氛祥[⑭]。故榭度於大卒之居[⑮]，臺度於臨觀之高。其所不奪穡地[⑯]，其爲不匱財用[⑰]，其事不煩官業，其日不廢時務[⑱]。瘠磽之地[⑲]，於是乎爲之；城守之

① 縮：抽取。匱：匱乏。
② 封：富厚。瘠：形容詞使動用法，使……貧瘠。
③ 胡：何。美之爲："美"作"爲"的前置賓語，用代詞"之"複指。
④ 君：名詞用作動詞，統治。
⑤ 民之與處："民"作"與"的前置賓語，用代詞"之"複指。
⑥ 侈：大。"弘""侈"同義連用。
⑦ 邇者：指境内的群臣百姓。騷：憂愁。離：叛離。遠者：指鄰國。
⑧ 官正：官吏之長。
⑨ 師旅：這裏指衆屬吏。王引之《經義述聞》："正、長、師、旅，皆群有司之名。"
⑩ 令：善，美好。
⑪ 蒿："耗"的借字，改讀 hào，耗竭。
⑫ 遠心：叛離之心。
⑬ 講：演習。軍實：兵戎之事。
⑭ 氛祥：雲氣。凶氣爲氛，吉氣爲祥。
⑮ 度（duó）：衡量。韋昭注："謂足以臨見之。"大卒：王的士卒。
⑯ 所：處所。奪：侵奪。穡地：莊稼地。
⑰ 爲：興作，建造。
⑱ 日：這裏指工程、工期。
⑲ 磽（qiāo）：土地堅硬而貧瘠。

木[①]，於是乎用之；官僚之暇，於是乎臨之；四時之隙，於是乎成之。故《周詩》曰[②]：‘經始靈臺[③]，經之營之。庶民攻之[④]，不日成之[⑤]。經始勿亟[⑥]，庶民子來[⑦]。王在靈囿[⑧]，麀鹿攸伏[⑨]。’夫爲臺榭，將以教民利也，不知其以匱之也。若君謂此臺美而爲之正[⑩]，楚其殆矣[⑪]！”

擴展閱讀

魏王將起中天臺。令曰：“敢諫者死。”許綰負虆操鍤入曰：“聞大王將起中天臺，臣願加一力。”王曰：“子何力有加？”綰曰：“雖無力，能商臺。”王曰：“若何？”曰：“臣聞天與地相去萬五千里。今王因而半之，當起七千五百里之臺。高既如是，其趾須方八千里，盡王之地，不足以爲臺趾。古者堯舜建諸侯，地方五千里。王必起此臺，先伐諸侯，盡有其地，猶不足，又伐四夷，得方八千里，乃足以爲臺趾。材木之積，人徒之衆，倉廩之儲，數以萬億。度八千里之外，當定農畝之地，足以奉給王之臺者。臺具以備，乃可以作。”魏王默然無以應，乃罷起臺。（《新序·刺奢》）

---

① 木：據黄丕烈説，爲“末”的訛字。
② 語出《詩經·大雅·靈臺》。
③ 經：經度，營建。靈臺：周代臺名，相傳爲周文王所造。
④ 攻：治，建造。
⑤ 不日：不限定具體完工的時日。韋昭注：“不程課以期日。”
⑥ 亟（jí）：急疾。
⑦ 子來：如子爲父而來。子，名詞作狀語。
⑧ 囿：域，園苑。
⑨ 麀（yōu）：牝鹿，母鹿。攸：所。
⑩ 正：標準。
⑪ 殆：危險。

閲讀提示：

1.《新序》爲西漢劉向編纂，是一部以諷諫爲主的歷史故事類編。此篇與“伍舉論臺美而楚殆”，内容都是勸諫君王不能斂民利、逞私欲的，對比兩篇文章勸諫方式的不同。

2.《詩經》已有“經始靈臺”之说，古代君王时有“建臺”者，找出“臺”的古文字字形，利用工具書瞭解臺的特點和在古代建築中的地位。

第九課　趙武靈王胡服騎射[1]

武靈王平晝間居[2]。肥義侍坐[3]，曰："王慮世事之變[4]，權甲兵之用[5]，念簡、襄之迹[6]，計胡、狄之利乎[7]？"王曰："嗣立不忘先德[8]，君之道也；錯質務明主之長[9]，臣之論也[10]。是以賢君靜而有道民便事之教[11]，動有明古先世之功[12]。爲人臣者，窮有弟長辭讓之

---

① 本篇選自《戰國策·趙策二》，題目爲後加。《戰國策》是我國戰國時期國別史料彙編，記録的内容主要是當時謀臣、策士的謀議、辭説和活動。該書相傳爲戰國時期各國的史官和策士所作，後經西漢末年劉向整理，分爲東周、西周、秦、齊、楚、趙、魏、韓、燕、宋、衛、中山十二國，共三十三篇，定名爲《戰國策》，相沿至今。東漢末年高誘曾爲該書作注。本篇記述的是趙武靈王聽取趙臣肥義的建議，堅持自己穿胡服、習騎射的改革主張，並説服其叔公子成改穿胡服的内容。武靈王：趙國國君，名雍，趙肅侯之子，公元前325年至前299年在位。

② 平晝：平日。間居：無事閒坐。間，同"閒"，改讀 xián，空閒。

③ 肥義：武靈王父趙肅侯之臣，武靈王時爲信臣。侍坐：在尊長身旁陪坐。

④ 世事：當世的事情。

⑤ 權：權衡，衡量。

⑥ 念：追思。簡：趙簡子，即趙鞅，謚號簡，春秋後期晉國六卿之一。襄：趙襄子，即趙毋恤，謚號襄，趙鞅之子。趙簡子、趙襄子是戰國時代趙國基業的開創者。迹：事跡。

⑦ 計：謀劃。胡、狄：中國古代北方少數民族的通稱。

⑧ 嗣：繼承。立：君位，後作"位"，讀作 wèi。先德：祖先的功德。

⑨ 錯質：古代臣向君獻禮，表示願爲君王服務。錯，"措"的借字，放置。質，古時初次拜見尊長所送的禮物。務：專力。長：特長，長處。

⑩ 論："倫"的借字，改讀 lún，倫理。

⑪ 靜：安定，這裏指平時。道民便事之教：教導民衆、便利行事的政令。道，教導，後作"導"，讀作 dǎo。

⑫ 動：行動，這裏指戰時。明古先世之功：超越往古、高出當世的功業。

節[①]，通有補民益主之業[②]。此兩者，君臣之分也[③]。今吾欲繼襄主之業[④]，啓胡、翟之鄉[⑤]，而卒世不見也[⑥]。敵弱者[⑦]，用力少而功多，可以無盡百姓之勞，而享往古之勳[⑧]。夫有高世之功者[⑨]，必負遺俗之累[⑩]；有獨知之慮者[⑪]，必被庶人之怨[⑫]。今吾將胡服騎射以教百姓[⑬]，而世必議寡人矣[⑭]。”

肥義曰：“臣聞之，疑事無功[⑮]，疑行無名。今王即定負遺俗之慮[⑯]，殆毋顧天下之議矣[⑰]。夫論至德者[⑱]，不和於俗[⑲]；成大功者，

① 窮：窮困，這裏指未能顯達。弟長：敬愛尊長。弟，敬愛，後作“悌”，讀作 tì。節：操守。

② 通：显達。補：益，這裏指造福。益：補助。

③ 分（fèn）：名詞，職分。

④ 襄主：即趙襄子。

⑤ 啓：開拓。胡、翟：即上文胡、狄。鄉：地域。

⑥ 卒世：舉世。見：知道，瞭解。

⑦ 敵：名詞意動用法，把……當作敵人。

⑧ 享：享受，得到。往古之勳：過去的功勳，這裏指簡子、襄子的功業。

⑨ 高世：高出當世。

⑩ 負：承受。遺俗：流俗。累（lèi）：牽累。

⑪ 知：智慧，後作“智”，讀作 zhì。慮：思慮。

⑫ 被：遭受。庶人：一般人。怨：怨恨。

⑬ 胡服：名詞用作動詞，穿胡人的服裝。騎射：騎馬射箭。

⑭ 議：議論，批評。

⑮ 疑事：辦事猶豫不決。

⑯ 負：承受。慮：見解，看法。

⑰ 殆：副詞，表示肯定，可譯作“一定”。顧：顧慮。

⑱ 至德：最高德行。

⑲ 和（hè）：附和。

不謀於衆。昔舜舞有苗[1]，而禹袒入裸國[2]，非以養欲而樂志也[3]，欲以論德而要功也[4]。愚者闇於成事[5]，智者見於未萌，王其遂行之[6]。”王曰：“寡人非疑胡服也，吾恐天下笑之。狂夫之樂[7]，知者哀焉；愚者之笑，賢者戚焉[8]。世有順我者[9]，則胡服之功未可知也[10]。雖驅世以笑我[11]，胡地、中山吾必有之。”

王遂胡服。使王孫緤告公子成曰[12]：“寡人胡服，且將以朝，亦欲叔之服之也。家聽於親[13]，國聽於君，古今之公行也[14]；子不反親，臣不逆主，先王之通誼也[15]。今寡人作教易服而叔不服[16]，吾恐天下議之也。夫制國有常[17]，而利民爲本；從政有經[18]，而令行爲

① 舜舞有苗：《韓非子·五蠹》：“當舜之時，有苗不服，禹將伐之。舜曰：不可。上德不厚而行武，非道也。乃修教三年，執干戚舞，有苗乃服。”此處省略作“舜舞有苗”。有苗，即三苗，上古南方少數民族。

② 袒：脱衣露体。裸國：尚未開化、不穿衣服的原始部落。

③ 養：滿足。樂：形容詞使動用法，使……愉悦。

④ 要（yāo）：追求。功：功業。

⑤ 闇（àn）於成事：對於即將成功的事也看不清楚。闇，不明。

⑥ 其：語氣詞，表示勸勉。遂：就。

⑦ 狂夫：狂妄無知的人。

⑧ 戚：憂慮，後作“慼”。

⑨ 順：同意。

⑩ 胡服之功：這裏指實行穿胡服的效果。

⑪ 驅世：所有的人。驅，“舉”的借字，改讀 jǔ，全部。

⑫ 王孫緤（xiè）：趙國貴族名。公子成：趙成侯之子，趙肅侯之弟，趙武靈王的叔父。

⑬ 聽：聽從。親：雙親，指父母。

⑭ 公行：公認的正確行爲。

⑮ 通誼：普遍適用的道理。

⑯ 作教易服：作出教育人們改穿胡服的榜樣。

⑰ 制：管理。

⑱ 從政：施政。經：准則。

上[①]。故明德在於論賤[②]，行政在於信貴[③]。今胡服之意，非以養欲而樂志也。事有所出[④]，功有所止[⑤]，事成功立，然後德且見也[⑥]。今寡人恐叔逆從政之經[⑦]，以輔公叔之議[⑧]。且寡人聞之，事利國者行無邪[⑨]，因貴戚者名不累[⑩]。故寡人願募公叔之義[⑪]，以成胡服之功[⑫]。使緤謁之叔[⑬]，請服焉[⑭]。”

公子成再拜曰：“臣固聞王之胡服也[⑮]，不佞寢疾[⑯]，不能趨走，是以不先進[⑰]。王今命之[⑱]，臣固敢竭其愚忠[⑲]。臣聞之，中國者[⑳]，聰明叡知之所居也[㉑]，萬物財用之所聚也，賢聖之所教也，仁義之

① 令：命令。上：善，好。
② 明德：修明德政。論：議論，這裏指考慮。賤：卑賤者，這裏指百姓。
③ 行政：施行政事。信：動詞使動用法，使……信守。貴：地位尊貴的人。
④ 出：開始。
⑤ 止：達到。
⑥ 見：顯現，後作“現”，讀作 xiàn。
⑦ 逆：違反。
⑧ 輔：助長。公叔：諸侯或君王的同族。
⑨ 邪：錯誤。
⑩ 因：倚靠。名：聲名。累：損害。
⑪ 願：希望。募：求得。義：義行。
⑫ 成：成就，實現。
⑬ 使：派遣。謁：拜見。
⑭ 服：穿上。
⑮ 固：副詞，已經。
⑯ 不佞：不才，自謙之詞。寢疾：臥病。
⑰ 先進：及早進言。
⑱ 之：人稱代詞，指代説話人公子成，可譯作“我”。
⑲ 固：副詞，一定。竭：盡。
⑳ 中國：中原地帶。
㉑ 叡：英明。

所施也，詩書禮樂之所用也，異敏技藝之所試也[1]，遠方之所觀赴也，蠻夷之所義行也[2]。今王釋此[3]，而襲遠方之服[4]，變古之教，易古之道[5]，逆人之心，畔學者[6]，離中國[7]，臣願大王圖之[8]。"

使者報王。王曰："吾固聞叔之病也。"即之公叔成家[9]，自請之曰："夫服者，所以便用也；禮者，所以便事也[10]。是以聖人觀其鄉而順宜[11]，因其事而制禮，所以利其民而厚其國也[12]。被髮文身[13]，錯臂左衽[14]，甌越之民也[15]。黑齒雕題[16]，鯷冠秫縫[17]，大

---

① 異：奇異。敏：靈敏、精巧。試：應用。

② 蠻夷：泛指中原以外四方的少數民族。義行：效法遵行。義，準則、法度，後作"儀"。

③ 釋：放棄。

④ 襲：承襲，模仿。

⑤ 易：改變。

⑥ 畔："叛"的借字，違背。學者：這裏指古代聖賢。

⑦ 離中國：這裏指拋棄中原的風俗。離，拋棄。

⑧ 圖：考慮。

⑨ 之：到……去。

⑩ 便事：方便、適宜做事。

⑪ 順宜：因地制宜。

⑫ 厚：增强。

⑬ 被髮：披散着頭髮。被，後作"披"，讀作pī。文身：在身上刺花紋。文，刺畫花紋。《説文·文部》："文，錯畫也。象交文。"此處用本義。

⑭ 錯臂：站立時兩臂交叉，這裏指没有禮貌。左衽（rèn）：衣襟向左掩，與古代中原衣襟向右掩相反。

⑮ 甌（ōu）：我國古代部族名，"百越"的一支，又稱東甌，居住地相當於今浙江南部及福建一帶。

⑯ 黑齒：用草汁染黑牙齒。黑，形容詞用作動詞。雕題：在額上刺畫花紋，塗以青丹。題，額頭。《説文·頁部》："題，額也。"此處用本義。

⑰ 鯷（tí）冠：用鮎魚皮做帽子。鯷，鮎魚。秫（shù）縫：用長鍼縫紉，這裏指縫紉粗拙。秫，"鉥"的借字，長鍼。此處名詞作狀語，用長鍼。

吴之國也[①]。禮服不同，其便一也[②]。是以鄉異而用變，事異而禮易。是故聖人苟可以利其民[③]，不一其用[④]；果可以便其事，不同其禮。儒者一師而禮異，中國同俗而教離[⑤]，又況山谷之便乎[⑥]？故去就之變[⑦]，知者不能一；遠近之服[⑧]，賢聖不能同。窮鄉多異[⑨]，曲學多辨[⑩]，不知而不疑，異於己而不非者[⑪]，公於求善也[⑫]。今卿之所言者，俗也。吾之所言者，所以制俗也[⑬]。今吾國東有河、薄洛之水[⑭]，與齊、中山同之[⑮]，而無舟檝之用[⑯]。自常山以至代、上黨[⑰]，東有燕、東胡之境[⑱]，西有樓煩、秦、韓之邊[⑲]，而無騎射之備。故寡人且聚舟檝之用，求水居之民[⑳]，以守河、薄洛之

① 大吴：即吴國，在今江蘇南部。

② 其便一也：以方便做事爲原則是一致的。

③ 苟：連詞，表示假設，可譯作“如果”。

④ 一：統一。

⑤ 教離：政教不同。

⑥ 又況山谷之便：何況合於山區的便利呢？意謂胡服便於山區的地理。

⑦ 去：捨棄。就：採用。

⑧ 服：服飾。

⑨ 窮鄉多異：窮鄉僻壤多異俗。

⑩ 曲學：拘於一隅之學，見識淺陋的人。辨：“辯”的借字，争論。

⑪ 非：反對。

⑫ 公於求善：出於公心追求美好的東西。

⑬ 制俗：改變習俗。

⑭ 河：黄河。薄洛之水：指古漳水流經今河北巨鹿平鄉兩縣東境的一段。

⑮ 中山：周諸侯國名，後被趙武靈王所滅。

⑯ 舟檝（jí）：指船隻。檝，“楫”的異體字，划船的短槳。

⑰ 常山：即恒山，五岳之北岳，在今山西北部。代：代郡，在今河北蔚縣一帶及山西省東北部。上黨：在今山西東南部。

⑱ 東胡：中國古代東北部的一個少數民族，在今内蒙古南部、遼寧一帶。

⑲ 樓煩：少數民族名，在今山西西北部寧武、嵐縣一帶。

⑳ 求水居之民：招募水邊的居民組成水軍。

水；變服騎射，以備燕、東胡、樓煩、秦、韓之邊。且昔者簡主不塞晉陽[①]，以及上黨；而襄主兼戎取代[②]，以攘諸胡[③]：此愚知之所明也[④]。先時中山負齊之强兵[⑤]，侵掠吾地，係累吾民[⑥]，引水圍鄗[⑦]，非社稷之神靈，即鄗幾不守[⑧]。先王忿之[⑨]，其怨未能報也[⑩]。今騎射之服，近可以備上黨之形[⑪]，遠可以報中山之怨。而叔也順中國之俗以逆簡、襄之意，惡變服之名[⑫]，而忘國事之恥，非寡人所望於子[⑬]！”

公子成再拜稽首曰：“臣愚不達於王之議[⑭]，敢道世俗之聞[⑮]。今欲繼簡、襄之意，以順先王之志，臣敢不聽令[⑯]。”再拜。乃賜胡服。

擴 展 閱 讀

孝公既用衛鞅，鞅欲變法，恐天下議己。衛鞅曰：“疑行無名，疑事無

① 簡主：即趙簡子。塞：禁錮。晋陽：地名，在今山西太原市西南。
② 襄主：即趙襄子。兼：兼併。取：占取。
③ 攘（rǎng）：排斥，抗擊。
④ 知：這裏指聰明人。明：清楚明瞭。
⑤ 負：倚仗。
⑥ 係累（léi）：同義詞連用，綑縛，這裏指俘獲、擄掠。
⑦ 鄗（hào）：趙邑名，在今河北高邑縣東。
⑧ 即：連詞，表示相承，相當於“則”。
⑨ 忿：忿怒。
⑩ 怨：仇恨。
⑪ 備：戒備。形：地形險要處。
⑫ 惡（wù）：厭惡，反對。名：號令。
⑬ 望：期望。
⑭ 達：通曉，明白。議：謀略。
⑮ 敢：冒昧，自謙之辭。聞：見聞、見識。
⑯ 敢：豈敢，表示反問。

功。且夫有高人之行者，固見非於世；有獨知之慮者，必見敖於民。愚者闇於成事，知者見於未萌。民不可與慮始而可與樂成。論至德者不和於俗，成大功者不謀於衆。是以聖人苟可以彊國，不法其故；苟可以利民，不循其禮。”孝公曰：“善。”甘龍曰：“不然。聖人不易民而教，知者不變法而治。因民而教，不勞而成功；緣法而治者，吏習而民安之。”衛鞅曰：“龍之所言，世俗之言也。常人安於故俗，學者溺於所聞。以此兩者居官守法可也，非所與論於法之外也。三代不同禮而王，五伯不同法而霸。智者作法，愚者制焉；賢者更禮，不肖者拘焉。”杜摯曰：“利不百，不變法；功不十，不易器。法古無過，循禮無邪。”衛鞅曰：“治世不一道，便國不法古。故湯武不循古而王，夏殷不易禮而亡。反古者不可非，而循禮者不足多。”孝公曰：“善。”以衛鞅爲左庶長，卒定變法之令。（《史記·商君列傳》）

閱讀提示：

“胡服騎射”和“商鞅變法”是兩篇關於制度變革的論辯文章，通過這兩篇文章，討論中國古代社會傳承與變革的關係。

第十課　觸龍説趙太后[①]

趙太后新用事[②]，秦急攻之[③]。趙氏求救于齊。齊曰："必以長安君爲質[④]，兵乃出[⑤]。"太后不肯，大臣强諫[⑥]。太后明謂[⑦]左右曰："有復言令長安君爲質者[⑧]，老婦必唾其面[⑨]！"

左師[⑩]觸龍言願見太后。太后盛氣而胥之[⑪]。入而徐趨[⑫]，至而自謝[⑬]，曰："老臣病足[⑭]，曾不能疾走[⑮]，不得見久矣。竊自恕[⑯]，

① 本篇選自《戰國策·趙策》。題目爲後加。觸龍：趙國大臣，《戰國策》原作"觸讋"，王念孫《讀書雜志》認爲是"觸龍言"的"龍言"二字誤合而成。《史記·趙世家》和長沙馬王堆三號漢墓出土帛書《戰國縱横家書》均作"觸龍"。説（shuì）：勸説。趙太后：趙威后，趙惠文王之妻。

② 新：新近。用事：指執政。

③ 秦急攻之：秦國加緊攻打趙國。急，加緊。

④ 長安君：趙太后最小的兒子的封號。質：人質。

⑤ 乃：副詞，纔。

⑥ 强（qiǎng）：極力。

⑦ 明謂：明明白白地告訴。

⑧ 復：再。者：代詞，指"……的人"。

⑨ 老婦：趙太后自稱。唾其面：把口水吐在他的臉上。

⑩ 左師：春秋戰國時期宋、趙等國執政官名。

⑪ 胥："須"的借字，等待。

⑫ 徐：慢慢地。趨：小步快走。

⑬ 謝：道歉。按照禮節，臣子拜見君主應當小步快走。觸龍因爲年老且腳有毛病，只能"徐趨"，他爲此向太后道歉。

⑭ 病足：腳有毛病。

⑮ 曾（zēng）：竟，這裏起强調作用。疾走：快跑。

⑯ 竊：謙敬副詞，私下。恕：原諒。

而恐太后玉體之有所郄也[①]，故願望見太后[②]。”太后曰：“老婦恃輦而行[③]。”曰：“日食飲得無衰乎[④]？”曰：“恃鬻耳[⑤]。”曰：“老臣今者殊不欲食[⑥]，乃自强步[⑦]，日三四里，少益耆食[⑧]，和於身也[⑨]。”太后曰：“老婦不能。”太后之色少解[⑩]。

左師公[⑪]曰：“老臣賤息舒祺最少[⑫]，不肖[⑬]。而臣衰，竊愛憐之[⑭]。願令得補黑衣之數[⑮]，以衛王宫，没死以聞[⑯]。太后曰：“敬

---

① 玉體：對他人身體的敬稱，相當於“貴體”，這裏指太后的身體。有所郄：這裏指身體不舒服。郄，“隙”的借字，空隙。

② 望見：遠遠地看，因爲自己地位低而不敢走近對方，表示自謙。

③ 恃：依靠。

④ 日：時間名詞用作狀語，每天。得無衰乎：該不會减少吧。得無，情態副詞，表示揣測語氣，相當於“該不會”。衰，减少。

⑤ 恃鬻（zhōu）耳：靠喝粥罷了。鬻，粥。《説文》：“鬻，𩜾也。”此處用本義。

⑥ 今者：近来。殊：程度副詞，特别。

⑦ 强（qiǎng）：勉强。步：慢走。

⑧ 少：程度副詞，稍微。益：程度副詞，漸漸地。耆（shì）：喜愛。後作“嗜”。

⑨ 和：安適。

⑩ 色：臉色。《説文》：“色，顔气也。”此處用本義。少解：略微和緩。

⑪ 公：對人的尊稱。

⑫ 賤息：對他人謙稱自己的兒子。息，子。舒祺：觸龍的兒子。

⑬ 不肖（xiào）：原指子不似父，後泛指無能、不成材。

⑭ 憐：愛。

⑮ 願令得補黑衣之數：希望讓他得以補充王宫衛士的數目。意思是説，請求讓舒祺當一名王宫侍衛。黑衣，趙國宫廷衛士的代稱，因爲趙國的衛士穿黑衣，故有此稱。

⑯ 没死以聞：冒着死罪来稟告您。没，“冒”的借字，改讀爲mào。以，介詞，省略賓語。聞，動詞使動用法，使……聽見，這裏指稟告。

諾[①]。年幾何矣[②]？”對曰：“十五歲矣。雖少，願及未填溝壑而託之[③]。”太后曰：“丈夫亦愛憐其少子乎[④]？”對曰：“甚於婦人[⑤]。”太后笑曰：“婦人異甚[⑥]。”對曰：“老臣竊以爲媪之愛燕后賢於長安君[⑦]。”曰：“君過矣[⑧]，不若長安君之甚[⑨]。”

左師公曰：“父母之愛子，則爲之計深遠[⑩]。媪之送燕后也，持其踵爲之泣[⑪]，念其遠也[⑫]，亦哀之矣[⑬]。已行，非弗思也，祭祀必祝之[⑭]，曰：‘必勿使反[⑮]。’豈非計久長[⑯]，有子孫相繼爲王也

① 敬諾：恭謹應答之詞，相當於“遵命”。
② 年：年齡。幾何：多少。
③ 及：到，這裏指趁着。填溝壑：謙稱自己的死亡。意思是自己死了之後没有資格墓葬，屍體只能被埋在山溝裏。
④ 丈夫：成年男子的通稱。
⑤ 甚於婦人：比婦人還厲害。於，介詞，介紹比較的對象，可譯爲“比”。
⑥ 異甚：特别嚴重。
⑦ 以爲：認爲。媪：老年的婦人。燕后：燕國的王后，這裏指趙太后嫁到燕國爲王后的女兒。賢：勝於，超過。
⑧ 過：錯。
⑨ 不若長安君之甚：不如愛長安君那樣厲害。
⑩ 爲（wèi）：介詞，介紹動作行爲關聯的對象，可譯爲“替”。計：考慮，謀劃。
⑪ 持其踵爲之泣：握着她的脚後跟，爲她遠嫁而落淚。踵，脚後跟。泣，無聲或低聲地哭。
⑫ 念其遠：惦念她的遠嫁。
⑬ 哀：哀憐。
⑭ 祝：禱告。
⑮ 必勿使反：一定不要讓她回來。古代諸侯之女出嫁後，只有被廢棄或亡國後纔返回母家，因此趙太后禱告不要讓女兒回到趙國。反，返回，後寫作“返”。
⑯ 豈：情態副詞，可譯爲“難道”。

哉[1]？”太后曰：“然。”左師公曰：“今三世以前[2]，至於趙之爲趙[3]，趙主之子孫侯者[4]，其繼有在者乎[5]？”曰：“無有。”曰：“微獨趙[6]，諸侯有在者乎[7]？”曰：“老婦不聞也[8]。”“此其近者禍及身[9]，遠者及其子孫。豈人主之子孫侯者則必不善哉？位尊而無功，奉厚而無勞[10]，而挾重器多也[11]。今媪尊長安君之位[12]，而封之以膏腴之地[13]，多予之重器[14]，而不及今令有功于國[15]，一旦山陵崩[16]，長安君何以自託於趙[17]？老臣以媪爲長安君計短也[18]，故以爲其愛不若燕后。”

① 子孫相繼爲王：子子孫孫世代爲王。也：語氣助詞，在疑問句句尾表示確認語氣，説明疑問是在確認的基礎上表達出來的。哉：語氣助詞，在反問句中表示反問語氣，可譯爲“嗎”。

② 今三世以前：從這一輩上推到三世以前。世：父子相繼爲一世。

③ 趙之爲趙：趙氏成爲趙國，指趙氏建立趙國的時候。前一個“趙”指趙氏，周穆王賜給造父趙城，始有趙氏。後一個“趙”指趙國，三家分晉，始有趙國。

④ 侯者：被封侯的人。侯，名詞用作動詞，封侯。

⑤ 繼：後嗣。

⑥ 微獨：不僅。

⑦ 諸侯有在者乎：各國諸侯的子孫被封爲侯的，他們的後人還有在位的嗎？這句話的完整表述應爲：“諸侯之子孫侯者，其繼有在者乎？”

⑧ 不聞：没有聽説。

⑨ 及：到，這裏指禍患降臨。

⑩ 奉：俸禄，後寫作“俸”。勞：功勞。

⑪ 挾：擁有。重器：寶貴器物。

⑫ 尊：形容詞使動用法，使……尊貴。

⑬ 膏腴：肥沃。

⑭ 予之重器：雙賓語結構。之，代詞，代指長安君。

⑮ 不及：不如。

⑯ 山陵崩：國君之死的委婉説法。這裏指趙太后去世。

⑰ 何以：賓語前置，疑問代詞“何”作賓語，置於介詞“以”前面。自託於趙：在趙國立足。

⑱ 以：認爲。

太后曰："諾。恣君之所使之[①]。"

於是爲長安君約車百乘[②]，質於齊[③]，齊兵乃出。

子義聞之曰[④]："人主之子也，骨肉之親也，猶不能恃無功之尊[⑤]，無勞之奉，而守金玉之重也，而況人臣乎？"

擴展閱讀

一、清河王太傅轅固生者，齊人也。以治詩，孝景時爲博士。……竇太后好老子書，召轅固生問老子書。固曰："此是家人言耳。"太后怒曰："安得司空城旦書乎？"乃使固入圈刺豕。景帝知太后怒而固直言無罪，乃假固利兵，下圈刺豕，正中其心，一刺，豕應手而倒。太后默然，無以復罪，罷之。居頃之，景帝以固爲廉直，拜爲清河王太傅。久之，病免。今上初即位，復以賢良徵固。諸諛儒多疾毀固，曰固老，罷歸之。時固已九十餘矣。固之徵也，薛人公孫弘亦徵，側目而視固。固曰："公孫子，務正學以言，無曲學以阿世！"自是之後，齊言詩皆本轅固生也。諸齊人以詩顯貴，皆固之弟子也。（《史記·儒林列傳》）

閱讀提示：

轅固生是漢代的經學大師，面對竇太后的權威，他並没有委婉勸諫，而是直言諷刺，以至於被罰與野豬搏鬥。這雖是歷史上非常戲劇性的一幕，但也展現出儒家的風骨，讓我們看到儒家與謀臣之間的不同特點。

---

① 恣：任憑。

② 約車：套車。這裏指纏束車馬，以便於駕駛。

③ 質：做人質。

④ 子義：趙國的賢士。

⑤ 猶：尚且。尊：尊貴的地位。

二、“太后明謂左右：‘有復言令長安君爲質者，老婦必唾其面。’左師觸讋願見太后，太后盛氣而揖之。”吴曰：“觸讋，姚云一本無言字，史亦作‘龍’。案《説苑》《敬慎篇》魯哀公問孔子：‘夏桀之臣有左師觸龍者，諂諛不正。’人名或有同者，此當從‘讋’以别之。”念孫案：吴説非也。此《策》及《趙世家》皆作“左師觸龍言願見太后”。今本“龍言”二字誤合爲“讋”耳。太后聞觸龍願見之言，故盛氣以待之。若無“言”字，則文義不明。據姚云“一本無言字”，則姚本有“言”字明矣。而今刻姚本亦無“言”字，則後人依鮑本改之也。《漢書·古今人表》正作“左師觸龍”。又《荀子·議兵篇》注曰：“《戰國策》，趙有左師觸龍。”《太平御覽·人事部》引此《策》曰：“左師觸龍言願見。”皆其明證矣。又《荀子·臣道篇》曰：“若曹觸龍之於紂者，可謂國賊矣。”《史記·高祖功臣侯者表》有臨轅夷侯戚觸龍，《惠景閒侯者表》有山都敬侯王觸龍，是古人多以“觸龍”爲名，未有名“觸讋”者。（王念孫《讀書雜志·戰國策第二》）

閲讀提示：

這個故事的主人公，到底是“觸龍”還是“觸讋”？這是訓詁學史上非常經典的一個考證。清代樸學大家王念孫在《讀書雜志》中，以堅實的證據和縝密的邏輯，論證了當作“觸龍言願見趙太后”。請細讀這段考證，總結王念孫的學術思路和研究方法。

第三單元

第十一課　繫　　辭[①]

天尊地卑，乾坤定矣[②]。卑高以陳[③]，貴賤位矣[④]。動静有常[⑤]，剛柔斷矣[⑥]。方以類聚[⑦]，物以群分[⑧]，吉凶生矣。在天成象[⑨]，在地成形[⑩]，變化見矣[⑪]。是故剛柔相摩[⑫]，八卦相盪[⑬]。鼓之以雷霆[⑭]，潤之以風雨；日月運行，一寒一暑。乾道成男，坤道成女[⑮]。

---

① 本篇節選自《周易·繫辭上》。《周易》又稱《易經》，是儒家經典。作爲古代占卜之書，裏面包含着豐富的辯證思想，是研究古代思想的重要著作。《周易》的内容不成於一時一人之手，大約是戰國到漢初的作品。有魏王弼、晉韓康伯注，唐孔穎達疏，即《十三經注疏》所收《周易注疏》。《繫辭》相傳爲孔子所作，分爲上、下兩篇。它論述了《周易》的義理、功用、筮法、八卦起源等問題，是一部重要的《周易》通論。

② 乾：《周易》卦名，乾爲天。坤：《周易》卦名，坤爲地。定：確定。這句話的意思是，天尊地卑，乾坤分别象徵天地，故乾尊坤卑，得以確定。

③ 以："已"的借字，已經。陳：陳列。

④ 位：確定位置。

⑤ 常：常規，常法。

⑥ 斷：判分。

⑦ 方：義理，道理。

⑧ 物：事物，現象。

⑨ 象：天象，如日月星辰。

⑩ 形：形狀，如山川草木。

⑪ 變化見矣：日月星辰之象、山川草木之形均顯現出陰陽變化的道理。見，顯現，後作"現"，讀作 xiàn。

⑫ 摩：摩擦。

⑬ 盪（dàng）：推移變動。

⑭ 鼓：鼓動，鼓蕩。霆：霹靂，響雷。

⑮ 乾道成男，坤道成女：乾爲天，坤爲地，故以天比男，以地比女。

乾知大始[①]，坤作成物[②]。乾以易知[③]，坤以簡能[④]。易則易知[⑤]，簡則易從[⑥]。易知則有親[⑦]，易從則有功[⑧]。有親則可久，有功則可大。可久則賢人之德，可大則賢人之業[⑨]。易簡，而天下之理得矣[⑩]。天下之理得，而成位乎其中矣[⑪]。

聖人設卦觀象[⑫]，繫辭焉而明吉凶[⑬]，剛柔相推而生變化[⑭]。是故吉凶者，失得之象也。悔吝者[⑮]，憂虞之象也[⑯]。變化者，進退之象

① 知：爲，作。大（tài）始：萬物的最初創始，古人以爲即混沌之氣。大，後作“太”。

② 作：產生，創作。成物：具有一定形狀與功能的物體。

③ 以易知：因易而知。易，平易。知，智慧，後寫作“智”，讀作 zhì。這裏名詞用作動詞，具有智慧。

④ 以簡能：因簡而能。簡，簡約。能，才能，能力。這裏名詞用作動詞，具有能力。

⑤ 易則易知：平易就容易認知。知，識別，瞭解。

⑥ 從：跟從，效法。

⑦ 親：親近，依附。

⑧ 功：功效，成果。

⑨ 業：事業。

⑩ 理：道理，規律。

⑪ 成位乎其中矣：成功就在這裏面了。意思是在得到“天下之理”的過程中，同時也會獲得事業的成功。成，成功，成就。位，處，存在。乎，介詞，介紹處所。

⑫ 設卦：創設卦形。《周易》卦形由代表陽性事物的“—”爻和代表陰性事物的“--”爻組成，每三爻合成一卦，是爲八卦。八卦兩兩相重，得六十四卦。六十四卦各由六爻組成，合計三百八十四爻。

⑬ 繫辭焉：在六十四卦的三百八十四爻下附加解説的言辭。繫，連結，這裏指加上。焉，兼詞，相當於“於之”，“之”代指卦爻。

⑭ 剛柔：陽爻爲剛，陰爻爲柔。變化：一卦六爻，其中一爻或數爻進行陰陽變化，則其卦亦發生變化。

⑮ 悔：悔恨。吝：遺憾。

⑯ 憂虞：同義連用，憂慮，憂患。

也。剛柔者，晝夜之象也。六爻之動[①]，三極之道也[②]。是故君子所居而安者，《易》之序也[③]。所樂而玩者[④]，爻之辭也[⑤]。是故君子居則觀其象而玩其辭，動則觀其變而玩其占[⑥]。是以自天佑之，吉无不利。

擴展閱讀

"乾知大始，坤作成物。"《正義》曰："初始無形，未有營作，故但云知也。已成之物，事可營爲，故云作也。"家大人曰：知猶爲也，爲亦作也。乾爲大始，萬物資始也。坤作成物，萬物資生也。《周語》："知晉國之政。"韋昭注曰："知政，謂爲政也。"《吕氏春秋·長見篇》："三年而知鄭國之政。"高誘注曰："知猶爲也。"（《經義述聞·易》）

閱讀提示：

清代的訓詁大家王引之作《經義述聞》，轉述他的父親王念孫對經義的考據。這些考據專門對經書的古注與成説提出問題，加以糾正、補充、申説。唐代孔穎達《正義》認爲，《周易·繫辭》中以"知"説"乾"，以"作"説"坤"，是一種對立。而王氏父子在這一則考據裏，對《繫辭》中的"知"和

① 六爻：《易》卦之畫謂之爻，單卦每卦三畫，重卦每卦六畫，故稱六爻。爻分陰陽，陽爻稱爲"九"，陰爻稱爲"六"。每卦六爻，自下而上按"初、二、三、四、五、上"標明位次。如"初九"表示最下面的一爻爲陽爻"—"，"六三"表示從下面數第三位的爻是陰爻"--"。

② 三極：三才，即天、地、人。極，極致。

③ 《易》之序：這裏指六爻的位序，如"初九""九三"。

④ 玩：玩索，揣摩。

⑤ 爻之辭：即《周易》中加在爻象下的解説言辭，也叫爻辭。

⑥ 占：占筮。

“作”不但不認爲是對立的，反而以爲是同一的。你認爲這個説法能否成立？如認爲成立，爲之找到更多的證據；認爲不成立，爲之找到强有力的反證。

第十二課 《尚書》二則

湯 誓[①]

伊尹相湯伐桀[②]，升自陑[③]，遂與桀戰于鳴條之野[④]，作《湯誓》。[⑤]

王曰："格爾衆庶[⑥]，悉聽朕言[⑦]，非台小子敢行稱亂[⑧]，有夏多罪[⑨]，天命殛之[⑩]。今爾有衆[⑪]，汝曰：'我后不恤我衆[⑫]，舍我穡

① 本篇選自《尚書·商書》，是商湯在出師討伐夏桀前舉行的誓師大會上的講話。

② 伊尹：名摯，商湯的佐臣。相（xiàng）：輔助。湯：名履，又稱天乙，商王朝開國君主。桀（jié）：姒姓，名履癸，夏王朝末代君主。

③ 升：從下往上。陑（ér）：地名，在河曲之南，今陝西潼关縣附近。

④ 鳴條：地名，在安邑（夏桀的國都，今屬山西運城市）之西。野：郊外。

⑤ 此句是《書序》的内容，介紹《湯誓》的創作背景。《書序》的作用相當於題解，大部分是漢代以前所作。

⑥ 格："各"的借字，改讀 gè，來。衆庶：同義連用，衆人。

⑦ 悉：副詞，全都。

⑧ 台（yí）：第一人稱代詞，我。小子：君主對自己的謙稱。行：舉行。稱：發動。亂：暴動，造反。

⑨ 有：助詞，用在名詞前的詞頭，無義。

⑩ 命：命令。殛（jí）：誅殺。

⑪ 有衆：衆人。有，助詞，名詞詞頭，無義。

⑫ 后：國君，這裏指商湯。恤：憐憫。

事，而割正夏[①]？’予惟聞汝衆言[②]，夏氏有罪，予畏上帝[③]，不敢不正。今汝其曰[④]：‘夏罪其如台[⑤]？’夏王率遏衆力[⑥]，率割夏邑[⑦]。有衆率怠弗協[⑧]，曰：‘時日曷喪[⑨]？予及汝皆亡。’夏德若茲[⑩]，今朕必往。

“爾尚輔予一人[⑪]，致天之罰[⑫]，予其大賚汝[⑬]。爾無不信[⑭]，朕不食言[⑮]。爾不從誓言，予則孥戮汝[⑯]，罔有攸赦[⑰]。”

---

① 舍：放棄。穡（sè）事：農事。穡，收穫穀物。割：“曷”的借字，改讀 hé，疑問代詞，爲什麼。正：征伐，後作“征”。下文“不敢不正”同。

② 惟：“雖”的借字，改讀 suī，連詞，表示讓步，可譯作“即使”。

③ 上帝：天帝，古人想象中的最高主宰。

④ 其：副詞，表示揣測語氣，可譯作“大概”。

⑤ 其：副詞，表示疑問語氣，可譯作“究竟”。如台（yí）：如何。

⑥ 率：副詞，全部。遏：“竭”的借字，改讀 jié，盡。

⑦ 割：剥削。

⑧ 有衆：這裏指夏的子民。怠：懈怠。協：同心合力。

⑨ 時：通“是”，這個。曷：疑問代詞，什麼時候。喪：亡，消失。

⑩ 茲：指示代詞，這樣。

⑪ 尚輔：輔佐，佑助。同義連用。一説“尚”爲表祈使的語氣副詞，希望。予一人：君王對自己的謙稱，相當於“寡人”。

⑫ 致天之罰：讓上天的懲罰施加到夏桀身上。致，使……至。

⑬ 其：副詞，表示肯定語氣，可譯作“一定”。賚（lài）：賞賜。

⑭ 無：“毋”的借字，毋，《廣韻》武夫切，平聲，讀 wú，不要。

⑮ 食言：不履行諾言。

⑯ 孥：“奴”的借字，改讀 nú，奴隸。這裏是名詞使動用法，把……降爲奴隸。戮：誅殺。

⑰ 罔：“亡”的借字，改讀 wú，無。攸：助詞，與“所”的用法近似，“攸赦”指赦免的人。赦：免罪。

牧　誓[①]

武王戎車三百兩[②]，虎賁三百人[③]，與受戰于牧野[④]，作《牧誓》。

時甲子昧爽[⑤]，王朝至于商郊牧野[⑥]，乃誓[⑦]。

王左杖黄鉞[⑧]，右秉白旄以麾[⑨]，曰："逖矣，西土之人[⑩]！"

王曰："嗟[⑪]！我友邦冢君[⑫]，御事：司徒、司馬、司空，亞旅、

---

① 本篇選自《尚書·周書》，《牧誓》是周武王在牧野與商紂王的軍隊决戰前的誓師詞。牧：地名，在商都朝歌南七十里，今河南淇縣南。因地處都城郊外，故也稱牧野。

② 武王：周武王姬發。戎車：戰車。兩：量詞，計算車乘的單位，後作"輛"，讀作 liàng。

③ 虎賁：孔安國傳："勇士稱也。若虎賁（奔）獸，言其猛也。"賁，"奔"的借字，奔走。三百人：《孟子》《史記》記載此事皆作"三千人"。按《司馬法》"革車一乘，士十人，徒二十人"，則一輛戰車配十個勇士，可知此"三百人"應爲"三千人"之誤。

④ 受：商紂王名，也作"紂"。

⑤ 甲子：甲子日。昧爽：日未出時。

⑥ 王：武王。朝：早晨，時與昧爽相近。這裏用作狀語，一早。商郊：商都朝歌的郊外。

⑦ 乃：才。誓：誓師。

⑧ 杖：拿着。鉞（yuè）：大斧。

⑨ 秉：執持。旄（máo）：旄牛尾，這裏指用旄牛尾在旗竿頭上做裝飾的旗子。麾（huī）：搖動，揮舞。

⑩ 逖（tì）：遠，這裏指遠勞。西土：西方。

⑪ 嗟：歎詞，表示招呼，以引起注意。

⑫ 冢（zhǒng）君：大君，這裏指邦國的君主。

師氏，千夫長、百夫長[①]，及庸、蜀、羌、髳、微、盧、彭、濮人[②]，稱爾戈[③]，比爾干[④]，立爾矛[⑤]，予其誓[⑥]。”

王曰：“古人有言曰：‘牝雞無晨[⑦]；牝雞之晨，惟家之索[⑧]。’今商王受惟婦言是用[⑨]，昏棄厥肆祀弗答[⑩]，昏棄厥遺王父母弟不迪[⑪]，乃惟四方之多罪逋逃[⑫]，是崇是長，是信是使，是以爲大夫卿

---

① 御事：邦國的治事大臣。司徒、司馬、司空：官名。《孔傳》：“治事三卿，司徒主民，司馬主兵，司空主土。”亞旅、師氏：官名。亞旅，上大夫。師氏，中大夫。千夫長、百夫長：官名。鄭玄認爲千夫長是師帥，百夫長是旅帥。

② 庸、蜀、羌、髳（máo）、微、盧、彭、濮（pú）：當時周西南方的八個諸侯國。庸，在今湖北房縣境内。蜀，在今四川西部地區。羌，在今甘肅東南地區。髳，在今甘肅四川交界地區。微，在今陝西郿縣境内。盧，在今湖北南漳縣境内。彭，在今甘肅鎮原縣東。濮，在今湖北，具體地區不詳。

③ 稱：舉起。戈：横刃、木質長柄的古代兵器。

④ 比：排列。干：盾牌。

⑤ 立：豎起。矛：直刺、木質長柄的古代兵器。

⑥ 其：時間副詞，將要。誓：宣佈誓約。

⑦ 牝（pìn）雞無晨：母雞不在早晨鳴叫。牝，雌性。晨，這裏指晨叫，屬公雞的習性。

⑧ 牝雞之晨：母雞晨叫，暗喻婦人參政。惟家之索：賓語前置，“家”作“索”的前置賓語，用代詞“之”複指。即惟索家。意思是只會讓這户人家傾家蕩産。惟，範圍副詞，只。索，空，盡。

⑨ 惟婦言是用：“婦言”作“用”的前置賓語，用代詞“是”複指。意思是只聽信妲己的話。婦，這裏指妲己。

⑩ 昏：昏聵，糊塗。厥：代詞，相當於“其”，在本句中作定語，可譯爲“他的”。肆祀：對祖先的祭祀名。答：答謝，按禮報答。

⑪ 遺：遺留，這裏指其餘。王父母弟：同祖父母的兄弟。迪：“由”的借字，改讀 yóu，用。

⑫ 乃：語氣副詞，竟然。逋（bū）逃：同義連用，逃亡。“四方之多罪逋逃”，指從四方諸侯國逃來的各種罪人。

士[①]，俾暴虐于百姓[②]，以姦宄于商邑[③]。今予發惟恭行天之罰[④]。今日之事，不愆于六步、七步[⑤]，乃止齊焉[⑥]。夫子勖哉[⑦]！不愆于四伐、五伐、六伐、七伐[⑧]，乃止齊焉。勖哉夫子！尚桓桓[⑨]，如虎、如貔、如熊、如羆[⑩]。于商郊，弗迓克奔以役西土[⑪]。勖哉夫子！爾所弗勖[⑫]，其于爾躬有戮[⑬]。"

擴展閱讀

金文：利簋[⑭]（集成4131）

① 從"乃惟"至"大夫卿士"實爲一複雜的賓語前置句，用多個代詞"是"複指同一前置的賓語"四方之多罪逋逃（之人）"。分開來説，應該是：乃惟崇四方之多罪逋逃，惟長四方之多罪逋逃，惟信四方之多罪逋逃，惟使四方之多罪逋逃，惟以四方之多罪逋逃爲大夫卿士。崇，推崇。長，尊敬。信，信任。使，使用。

② 俾（bǐ）：使。後面省略賓語"之"，指"四方之多罪逋逃（之人）"。

③ 以：使。用法同"俾"。姦宄（guǐ）：犯法作亂。

④ 發：周武王名。惟：副詞，表確認，只是。恭行：奉行。

⑤ 愆：超過。

⑥ 止齊：止而齊，停止前進，整齊隊伍。目的是防止輕進。

⑦ 夫子：敬稱將士。勖（xù）：勉力，努力。

⑧ 伐：擊刺。一擊一刺稱作一伐。

⑨ 尚：副詞，這裏表示勸勉和希望。桓桓：威武的樣子。

⑩ 貔（pí）：豹類猛獸。羆（pí）：熊的一種，俗稱馬熊。

⑪ 迓（yà）：迎擊。克：殺害。奔以役西土：投奔過來幫助西周的人。役，助。《廣雅·釋詁二》："役，助也。"西土，這裏指西周。

⑫ 所：連詞，表示假設，可譯作"如果"。《經傳釋詞》："所，猶若也。"

⑬ 其：副詞，將。躬：自身。戮：誅殺。

⑭ "利簋"1976年3月出土於陝西臨潼，腹内鑄有銘文4行32字，是目前所知西周時期最早的一件青銅器，也是武王伐紂這一重大歷史事件的唯一文物遺存。

釋文：珷（武王）征商①，隹（惟）甲子朝，歲鼎②，克聞（昏）③，夙又（有）商。辛未，王才（在）𠫑（管）𠂤（師）④，易（賜）又（右）吏（史）利金⑤，用乍（作）旜公寶隮彝⑥。

① 珷："武王"合文。

② 歲：歲星，即木星，十二年一周天。鼎：當，這裏指位置適當。古人以爲，歲星運行當位與否是吉凶的徵兆。《國語·周語》記伶州鳩之言曰："昔武王伐殷，歲在鶉火……歲之所在，則我有周之分野也。"韋昭注："歲星所在，利以伐之也。"

③ 聞："昏"的借字，亂也。或謂"昏"指日暮，以"克昏夙有商"爲句。

④ 辛未：甲子日後的第八天。𠫑：于省吾讀爲"管"。𠂤：即"師"，人衆聚居處。

⑤ 易：賞賜。吏：史官。右史：右屬史官。金：銅。

⑥ 旜公："利"之先祖。隮彝：祭祀用器的通稱。

閲讀提示：

1. 《利簋》爲西周早期青銅器銘文，周武王時官吏“利”所作，記載了武王伐商的“牧野大戰”，閲讀《利簋》和《牧誓》，找到它們的相合之處。體會王國維古史新證的雙重證據法。

2. 查找“史、事、吏”三字的甲骨文、金文、小篆的字形，對比它們的結構和記詞職能的變化，體會漢字的分化演變。

第十三課 儒 行[①]

儒有委之以貨財[②]，淹之以樂好[③]，見利不虧其義[④]；劫之以衆[⑤]，沮之以兵[⑥]，見死不更其守[⑦]；鷙蟲攫搏不程勇者[⑧]，引重鼎不程其力[⑨]；往者不悔，來者不豫[⑩]；過言不再[⑪]，流言不極[⑫]；不斷其威[⑬]，不習其謀[⑭]。其特立有如此者[⑮]。

---

① 本篇節選自《禮記·儒行》。《禮記》與《周禮》《儀禮》合稱“三禮”，是秦、漢以前各種禮儀著作的選集，是記載中國古代典章制度的重要著作、儒家的經典，也是研究中國古代社會情況、儒家學説和文物制度的重要參考著作。《禮記》有大戴禮和小戴禮之分。大戴禮是戴德所傳，共85篇，今存39篇。小戴禮是戴勝所傳，共49篇，即《十三經注疏》所收《禮記》。有東漢鄭玄注和唐代孔穎達疏。《儒行》闡釋的是儒者在義利、獨處、學行等方面應該具備的德行。

② 委：輸送，送給。

③ 淹：讓……沉浸。樂（yuè）好：歌舞美人。

④ 虧：動詞使動用法，使……虧缺，這裏指損害。

⑤ 劫：威脅。

⑥ 沮：恐嚇。

⑦ 更：變更。

⑧ 鷙（zhì）蟲攫（jué）搏不程勇者：鷙蟲，兇猛的鳥獸。攫搏，抓取、搏擊。程，衡量。句謂在兇猛鳥獸抓取、攻擊的時候，不顧自己勇力奮起反抗。“不程勇者”，王引之《經義述聞》認爲當作“不程其勇”，與下面“不程其力”句式同。

⑨ 引：舉負。

⑩ 豫：預備，這裏指預先推測。

⑪ 過言不再：過錯的話不再説。

⑫ 極：窮極，這裏指過分追究。

⑬ 斷：禁絶，拋棄。

⑭ 習：慣，反復常用。

⑮ 特立：品格獨立，與衆不同。

儒有今人與居[1]，古人與稽[2]，今世行之，後世以爲楷[3]；適弗逢世[4]，上弗援[5]，下弗推[6]，讒諂之民有比黨而危之者[7]，身可危也，而志不可奪也[8]；雖危起居[9]，竟信其志[10]，猶將不忘百姓之病也[11]。其憂思有如此者。

儒有博學而不窮[12]，篤行而不倦[13]，幽居而不淫[14]，上通而不困[15]；禮之以和爲貴，忠信之美[16]，優游之法[17]，舉賢而容衆，毀方而瓦合[18]。其寬裕有如此者。

---

① 今人與居：賓語前置，“今人”作“與”的前置賓語。後句同此。與，介詞，跟。居，相處，生活在一起。

② 稽：志同道合。

③ 楷：法式，楷模。

④ 適：連詞，表假設關係。如果，假若。逢世：遇上好的時代。

⑤ 援：援引，提拔。

⑥ 推：推薦，舉薦。

⑦ 比黨：勾結。危：危害，損害。

⑧ 奪：更改。

⑨ 起居：猶作息，代指日常生活。

⑩ 竟：最終。信：“伸”的借字，改讀 shēn，伸張，動詞使動用法，“使……伸張”。“信其志”，指儒者的志向得以實現。這句屬於假設。

⑪ 病：痛苦。

⑫ 窮：盡。“不窮”指不受限制。

⑬ 篤：堅定。

⑭ 幽居：君子没有官位的獨居。淫：行爲邪僻。

⑮ 上通：猶言“通天”，指在君王身邊做官。困：這裏指束手束脚，施展不開。

⑯ 忠信之美：“忠信”作“美”的前置賓語，用代詞“之”複指。美，形容詞意動用法，“美忠信”即“以忠信爲美德”。後句同此。

⑰ 優游：和柔。

⑱ 毀方而瓦合：比喻儒者身雖方正，但能夠改變自己的方正與衆人一致。方，方正有棱角的東西。瓦合，像瓦一樣能合成圓形。瓦，名詞作狀語，像瓦一樣。瓦由圓筒剖分而成，合之又能成圓。

儒有内稱不辟親[①]，外舉不辟怨，程功積事[②]，推賢而進達之，不望其報；君得其志[③]，苟利國家[④]，不求富貴。其舉賢援能有如此者。

儒有合志同方[⑤]，營道同術[⑥]，並立則樂，相下不厭[⑦]；久不相見，聞流言不信；其行本方立義[⑧]，同而進，不同而退。其交友有如此者。

擴展閲讀

管寧、華歆共園中鋤菜，見地有片金，管揮鋤與瓦石不異，華捉而擲去之。又嘗同席讀書，有乘軒冕過門者，寧讀如故，歆廢書出看。寧割席分坐，曰："子非吾友也。"（《世説新語·德行》）

荀巨伯遠看友人疾，值胡賊攻郡，友人語巨伯曰："吾今死矣，子可去。"巨伯曰："遠來相視，子令吾去，敗義以求生，豈荀巨伯所行邪？"賊既至，謂巨伯曰："大軍至，一郡盡空，汝何男子，而敢獨止？"巨伯曰："友

① 稱：舉薦。辟：回避，後作"避"。
② 程：考察。積：積累。"程功積事"指考察一個人的功勞，積累他所有的功績。
③ 得其志：實現自己的意願。這裏指得到賢能人才。
④ 苟：如果。
⑤ 方：法則。
⑥ 營：經營。道：道藝。術：方法。
⑦ 相下：與上文"並立"對言，"並立"指與友人地位或成就相當，"相下"指互有高低。厭：嫌棄。
⑧ 本方立義：出發點要方正，目標要符合道義。本，根本，這裏指出發點。立，建立，這裏指要建立的目標。

人有疾，不忍委之，寧以我身代友人命。”賊相謂曰：“我輩無義之人，而入有義之國。”遂班軍而還，一郡並獲全。（《世説新語・德行》）

閱讀提示：

《世説新語》是一部以記述魏晉人物言談軼事爲主的筆記小説，它由南朝劉宋宗室臨川王劉義慶主持編寫。在《世説新語・德行》的兩則故事中，有哪些内涵和《儒行》中反映出的精神相一致?

第十四課 中 庸[1]

天命之謂性[2]，率性之謂道[3]，修道之謂教[4]。道也者，不可須臾離也[5]，可離非道也。是故君子戒慎乎其所不睹[6]，恐懼乎其所不聞。莫見乎隱[7]，莫顯乎微，故君子慎其獨也[8]。喜怒哀樂之未發謂之中[9]，發而皆中節謂之和[10]。中也者，天下之大本也。和也者，天下之達道也。致中和[11]，天地位焉[12]，萬物育焉[13]。仲尼曰："君子中庸[14]，小

① 本篇節選自《禮記·中庸》。《中庸》相傳爲孔子之孫子思所作，系統論述了先秦儒家的"中庸"思想，爲歷代儒者所重。《漢書·藝文志》中已有專門闡釋《中庸》之作，宋代朱熹將《中庸》《大學》二篇從《禮記》中抽出，與《論語》《孟子》合爲"四書"，影響深遠。

② 天命：自然賦予人的東西。性：人天生而有的本性。

③ 率：遵循。

④ 修道：在道的基礎上培養修治。

⑤ 須臾（yú）：片刻，短時間。

⑥ 戒慎：警惕小心。乎：介詞，相當於"於"。其所不睹：自己没有看到的東西。

⑦ 莫見（xiàn）乎隱：没有什麽比隱蔽的東西更容易顯現。見，後寫作"現"。下句意同。

⑧ 君子慎其獨：君子在獨處的情況下要有戒慎之心。"其獨"爲主謂結構作賓語，"其"指代"君子"。

⑨ 發：表現，顯現。

⑩ 中（zhòng）節：合乎規律法度。

⑪ 致：達到。

⑫ 位：這裏指處於正確的位置。焉：語氣詞。

⑬ 育：生育、成長。

⑭ 中庸：朱熹《論語集注》："中者，无过无不及之名也。庸，平常也。"

人反中庸[1]。君子之中庸也，君子而時中[2]。小人之中庸也[3]，小人而無忌憚也[4]。”子曰：“中庸其至矣乎！民鮮能久矣[5]。”子曰：“道之不行也，我知之矣，知者過之[6]，愚者不及也[7]。道之不明也，我知之矣，賢者過之，不肖者不及也。人莫不飲食也[8]，鮮能知味也。”子曰：“道其不行矣夫[9]！”子曰：“舜其大知也與？舜好問而好察邇言[10]，隱惡而揚善[11]，執其兩端，用其中於民[12]，其斯以爲舜乎[13]！”子曰：“人皆曰予知[14]，驅而納諸罟擭陷阱之中[15]，而莫之知辟也[16]。人皆曰予知，擇

---

① 反：違反，違背。

② 而：連詞，用在主語謂語之間。時：隨時，時時。中：符合“中”的要求，指言行適中。

③ 小人之中庸也：《經典釋文》：“王肅本作‘小人之反中庸也’。”“君子之中庸也”與“小人之反中庸也”相對，這是兩個由果推因的句式。

④ 忌憚（dàn）：顧慮、畏懼。

⑤ 鮮（xiǎn）能：很少能夠做到。鮮，少。

⑥ 知（zhì）：智慧，後作“智”。過之：超過了道的標準，指做過了頭。

⑦ 不及：達不到（道的標準）。

⑧ 莫：否定性無定代詞，可譯作“没有誰”。

⑨ 其：副詞，表推測語氣。大概，也許。不行：行不通，推行不了。夫：句末語氣助詞，表感歎。

⑩ 邇言：淺近的言辭。邇，近。

⑪ 隱：掩蓋，隱藏。揚：宣揚，弘揚。

⑫ 執其兩端，用其中於民：大意是，掌握兩端對立的觀點，而取用中正平和之道來治理民衆。

⑬ 其斯以爲舜乎：大意是，大概這就是舜能够成爲舜的緣故吧。

⑭ 人皆曰予知：人們都説自己聰明。

⑮ 諸：“之乎”的合音，其中“之”指代“人”，“乎”爲介詞。罟（gǔ）：網。擭（huò）：裝有機關的捕獸木籠。

⑯ 莫之知辟：莫知辟之，没有人知道避免這些。之，否定句中代詞作賓語前置。辟，躲避、逃避，後作“避”。

乎中庸而不能期月守也[①]。”子曰:“回之爲人也,擇乎中庸,得一善,則拳拳服膺[②],而弗失之矣。”子曰:“天下國家可均也[③],爵禄可辭也,白刃可蹈也[④],中庸不可能也[⑤]。”

擴展閲讀

孟子曰:“楊子取爲我,拔一毛而利天下,不爲也。墨子兼愛,摩頂放踵利天下,爲之。子莫執中。執中爲近之。執中無權,猶執一也。所惡執一者,爲其賊道也,舉一而廢百也。(《孟子·盡心上》)

仲尼燕居,子張子貢言游侍,縱言至於禮。子曰:“居!女三人者,吾語女禮,使女以禮周流,無不徧也。”子貢越席而對曰:“敢問何如?”子曰:“敬而不中禮,謂之野;恭而不中禮,謂之給;勇而不中禮,謂之逆。”子曰:“給奪慈仁。”子曰:“師,爾過;而商也,不及。子産猶衆人之母也,能食之不能教也。”子貢越席而對曰:“敢問將何以爲此中者也?”子曰:“禮乎禮!夫禮,所以制中也。”(《禮記·仲尼燕居》)

閲讀提示:

1. 根據這兩段文章,進一步討論“中庸”的“中”的内涵和實質。

2. 在《仲尼燕居》中,孔子舉例説明如果不以禮節制,“敬”“恭”“勇”就會變爲“野”“給”“逆”。請體會“野”“給”“逆”在此處的具體含義,

---

① 期(jī)月:一整月。

② 拳拳服膺(yīng):衷心信服,誠懇堅持。拳拳,捧持的樣子。膺,胸。

③ 均:平均,這裏的意思是與人平分共享。

④ 蹈:踩踏。

⑤ 可:能夠。能:動詞,辦到,達成。

並思考語境對詞義的制約作用。

第十五課 學 記[①]

發慮憲[②]，求善良[③]，足以謏聞[④]，不足以動衆[⑤]；就賢體遠[⑥]，足以動衆，未足以化民[⑦]。君子如欲化民成俗[⑧]，其必由學乎[⑨]！

玉不琢，不成器；人不學，不知道[⑩]。是故古之王者，建國君民[⑪]，教學爲先[⑫]。《兑命》曰[⑬]："念終始典于學[⑭]。"其此之謂乎！

雖有嘉肴[⑮]，弗食不知其旨也[⑯]。雖有至道[⑰]，弗學不知其善

① 本文節選自《禮記·學記》。《學記》是中國最早的體系嚴整的教育文獻，該篇系統而全面地闡述了教育和教學的制度、原則、方法和規律，是研究古代教育思想和實踐的寶貴资料。

② 發慮憲：發佈施政謀略和國家法令。慮，計慮，謀慮。憲，法度，政令。

③ 善良：賢良之士。

④ 謏（xiǎo）聞（wèn）：誘致一些聲譽。謏，《廣韻》："謏，誘爲善也。"聞，聲譽，名聲。

⑤ 動衆：感動民衆。

⑥ 就賢：接近賢者。體遠：親近遠方的人。

⑦ 化民：教化民衆。化，教化。

⑧ 君子：指天子、諸侯、卿大夫等統治者。成俗：形成良好的風俗。

⑨ 其：副詞，表示估計、推測語氣。由：通過，經過。學：教育。

⑩ 道：天地萬物的規律、法則。

⑪ 君民：統治人民。君，名詞用如動詞，做君主，統治。

⑫ 教學爲先：教育是首要之事。

⑬ 兑（yuè）命：《尚書》篇名，據説是殷王武丁夢見傅説（yuè）而作《兑命》三篇，意爲傅説告殷王之書，今見於僞《古文尚書》。

⑭ 念終始典于學：心思要始終關注着教育。念，念頭、想法。典，指經常關注。學，教育。

⑮ 肴：熟的肉類食物，這裏泛指魚肉。

⑯ 旨：味美。

⑰ 至：最好的。

也。是故學然後知不足，教然後知困[①]。知不足，然後能自反也[②]。知困，然後能自强也[③]。故曰教學相長也[④]。《兑命》曰："學學半[⑤]。"其此之謂乎！

古之教者，家有塾[⑥]，黨有庠[⑦]，術有序[⑧]，國有學[⑨]。比年入學[⑩]，中年考校[⑪]：一年視離經辨志[⑫]，三年視敬業樂群[⑬]，五年視博習親師[⑭]，七年視論學取友[⑮]，謂之小成[⑯]。九年知類通達[⑰]，强立而

---

① 困：此指困惑不通之處。孔穎達《禮記正義》："不教之時，謂己諸事皆通。若其教人，則知己有不通，而事有困弊。'困'則甚於'不足'矣。"

② 自反：反求之於自己，即自我反思，對自己提出要求。

③ 自强：鞭策自己努力進修。

④ 教學相長（zhǎng）：教和學是互相促進的。長，促進，推進。

⑤ 學學半：教是學的一半。這句話是要説明教與學對於增長知識來説同等重要。《學記》鄭玄注："學（教）人乃益己之學半。"按：上"學"字，今《尚書》作"斆"，讀xiào，指教人。下"學"字讀xué，指學習。

⑥ 塾：舊時私人設立的進行教學的地方。孔穎達《禮記正義》："《周禮》：百里之内，二十五家爲閭，同共一巷，巷首有門，門邊有塾。謂民在家之時，朝夕出入，恒受教於塾。"

⑦ 黨：古行政區劃，五百家爲一黨，黨的學校叫做庠。

⑧ 術（suì）："遂"的借字。遂，古行政區劃，一萬二千五百家爲一遂，遂的學校叫做序。

⑨ 國：天子的王城和諸侯的都城。學：指大學。

⑩ 比年：每年。入學：此指入大學。

⑪ 中（zhòng）年考校（jiào）：每隔一年考查一次。中，間隔。校，考核。

⑫ 視：考察。離經：斷開經文章句。離，分析，斷開。辨志：弄清經文旨意。志，指經文的思想内容。

⑬ 敬業：專心學業。樂群：與學友和樂相處。

⑭ 博習：廣泛學習。親師：親愛師長。

⑮ 論學取友：論説所學之是非，擇取善人以爲友。

⑯ 小成：七年成就，比九年尚小，故謂小成。

⑰ 知類通達：懂得事物之間類比的關係，依類推理，即觸類旁通。

不反[1]，謂之大成。夫然後足以化民易俗[2]，近者説服而遠者懷之[3]，此大學之道也。《記》曰[4]："蛾子時術之[5]。"其此之謂乎！

大學始教[6]，皮弁祭菜[7]，示敬道也；宵雅肄三[8]，官其始也[9]；入學鼓篋[10]，孫其業也[11]；夏楚二物[12]，收其威也[13]；未卜禘不視學[14]，游其志也[15]；時觀而弗語[16]，存其心也[17]；幼者聽而弗問，學不躐等

① 强立：此指思想觀點堅定不移。不反：不違反師教。

② 易俗：改變習俗。易，改變，更改。

③ 説（yuè）服：愉快服從。説，愉悦，後作"悦"。懷：歸順。

④ 記：古代典籍。

⑤ 蛾（yǐ）子時術之：小螞蟻時時學着銜土，也能堆成大蟻冢，謂學者時時學問，終能達到大成。蛾，"蟻"的借字。蛾子，蛾之子，即小螞蟻。術，"述"的借字，學習，實踐。

⑥ 始教：始入學，開學。

⑦ 皮弁：冠名，用白鹿皮做成，爲上朝的常服。這裏用作動詞，指戴上皮弁。祭菜：以蘋藻之菜祭祀先師。菜，指蘋藻一類菜。"皮弁祭菜"的主語是天子所派的主管教育的有關官員。

⑧ 宵（xiǎo）雅：即《詩經》的小雅。宵，"小"的借字。鄭玄注："宵之言小也。"肄：習，練習。三：此指小雅三首詩，即《鹿鳴》《四牡》《皇皇者華》，這三首詩宣揚君臣之間要和樂忠信。

⑨ 官其始：一入學就用做官的道理勉勵學生。官，名詞用作動詞。

⑩ 入學鼓篋（qiè）：入學授課之前，先擊鼓召集學生，整齊威儀，然後打開書箱。篋，小箱，這裏名詞用作動詞，指打開書箱。

⑪ 孫：恭順，後分化作"遜"。業：指所治經業。

⑫ 夏楚：二樹名，其枝條可用以撲撻人。夏，"榎"的借字，又作"檟"，樹名，即山楸。楚，樹名，即牡荆，枝條堅勁，又可做刑杖。

⑬ 收：約束，控制。威：威儀，儀容舉止。

⑭ 卜禘：占卜而大祭。《禮記·王制》："天子諸侯宗廟之祭，春曰礿，夏曰禘，秋曰嘗，冬曰烝。"禘是大祭，必先占卜。視學：考察學業。"視學"由君親往，或派主管教育的官員前往。

⑮ 游其志：使學生内心從容不迫。游，形容詞使動用法，使……優游、從容。

⑯ 時觀：時時觀察。

⑰ 存其心：讓問題在學生的心中積聚。鄭玄注："使之悱（fěi）悱憤憤，然後啟發也。"

也[①]。此七者，教之大倫也[②]。《記》曰："凡學，官先事，士先志[③]。"其此之謂乎！

大學之法，禁於未發之謂豫[④]，當其可之謂時[⑤]，不陵節而施之謂孫[⑥]，相觀而善之謂摩[⑦]。此四者，教之所由興也。

發然後禁，則扞格而不勝[⑧]；時過然後學，則勤苦而難成；雜施而不孫[⑨]，則壞亂而不脩[⑩]；獨學而無友，則孤陋而寡聞；燕朋逆其師[⑪]；燕辟廢其學[⑫]。此六者，教之所由廢也。

君子既知教之所由興，又知教之所由廢，然後可以爲人師也。故君子之教，喻也[⑬]；道而弗牽[⑭]，强而弗抑[⑮]，開而弗達[⑯]。道而弗

① 幼者聽而弗問，學不躐（liè）等也：年幼的學生只聽老師講解而不隨便發問，學習不逾越進度。學，同"斅"，教學。躐等，超越進度。

② 大倫：基本原則。

③ 凡學，官先事，士先志：大凡學習，若學習做官，就先學習與職務有關的事；若學習做士，就先樹立學士應有的志向。

④ 未發：此指邪惡念頭尚未產生。豫："預"的借字，預防。

⑤ 可：指受教育的最好時機。時：適時。

⑥ 陵：超越。節：次第，次序，這裏指教學内容深淺的次序。施：施教。孫（xùn）：循序漸進，後分化作"遜"。

⑦ 相觀：彼此觀察。善：形容詞用如動詞，這裏指吸取他人長處而有所長進。摩：切磋。

⑧ 扞（hàn）格：抵觸抗拒，格格不入。扞，"捍"的異體字，抵制，抗拒。格，堅硬難入。勝：克服。

⑨ 雜施而不孫：雜亂施教而不循序漸進。

⑩ 壞亂而不脩：學業就會搞亂而無所成。脩，"修"的借字，修治。

⑪ 燕：褻狎，輕慢。逆其師：違背老師的教導。

⑫ 辟：受寵幸的女子小人，後分化作"嬖"。

⑬ 喻：曉諭。這裏是動詞使動用法，使人明白道理。

⑭ 道：引導，後分化作"導"。牽：强制，勉强。

⑮ 强：勸勉，勉勵。抑：壓制。

⑯ 開：啟發。達：指把道理全部説盡。

牽則和[①]，强而弗抑則易[②]，開而弗達則思。和、易以思[③]，可謂善喻矣。

學者有四失[④]，教者必知之。人之學也，或失則多[⑤]，或失則寡[⑥]，或失則易[⑦]，或失則止[⑧]。此四者，心之莫同也[⑨]。知其心，然後能救其失也。教也者，長善[⑩]而救其失者也。

君子知至學之難易，而知其美惡[⑪]，然後能博喻[⑫]。能博喻，然後能爲師。能爲師，然後能爲長[⑬]。能爲長，然後能爲君。故師也者[⑭]，所以學爲君也。是故擇師不可不愼也。《記》曰："三王四代唯其師[⑮]。"其此之謂乎！

---

① 和：和諧、融洽。

② 易：便於（學業）傳授。

③ 以：連詞，相當於"而"。

④ 失：過失，缺點。

⑤ 則：猶"於"。多：指貪多。

⑥ 寡：知識面狹窄。

⑦ 易：（把學習知識）看得很容易。

⑧ 止：停步不前。

⑨ 心：心理、思想狀態。莫：否定性無定代詞，没有誰，没有哪一個。

⑩ 長（zhǎng）善：使長處得以發揮。長，動詞使動用法，使……增長。善，這裏指優點。

⑪ 而：連詞，并且，又，表聯合關係。美惡：資質才能的差别。

⑫ 博喻：指針對學生的情況進行多種不同的教育。

⑬ 長：官長。

⑭ 師：向老師學習。

⑮ 三王：夏禹、商湯、周文王。四代：虞、夏、商、周。指其人則曰王，指其世則曰代。唯其師：只是因爲有其老師的輔助。唯，副詞，只、僅。《荀子·大略》云："堯學於君疇，舜學於務成昭，禹學於西王國。"伊尹爲湯師，臧丈人爲文王師，吕尚爲武王師。

凡學之道，嚴師爲難[①]，師嚴然後道尊[②]，道尊然後民知敬學。是故君之所不臣於其臣者二[③]：當其爲尸[④]，則弗臣也；當其爲師，則弗臣也。大學之禮，雖詔於天子無北面[⑤]，所以尊師也。

擴展閱讀

或問："世言鑄金，金可鑄與？"曰："吾聞覿君子者，問鑄人，不問鑄金。"或曰："人可鑄與？"曰："孔子鑄顔淵矣！"或人踧爾曰："旨哉！問鑄金，得鑄人。"學者所以修性也，視、聽、言、貌、思，性所有也，學則正，否則邪。

師哉！師哉！桐子之命也。務學不如務求師。師者，人之模範也。模不模，範不範，爲不少矣。一鬨之市，不勝異意焉；一卷之書，不勝異説焉。一鬨之市，必立之平；一卷之書，必立之師。

習乎習，以習非之勝是也，況習是之勝非乎！於戲！學者審其是而已矣。或曰："焉知是而習之？"曰："視日月而知衆星之蔑也，仰聖人而知衆説之小也。學之爲王者事，其已久矣。堯、舜、禹、湯、文、武汲汲，仲尼皇皇，其已久矣。"（《法言·學行》）

閱讀提示：

《學行》篇是西漢揚雄所著《法言》的首篇，闡述了修身、學習及教師修

① 嚴：尊敬。

② 道尊：（老師所傳的）道藝受到尊重。

③ 所不臣於其臣者：不以對待臣子的態度來對待臣子的情況。

④ 尸：祭祀時代表死者而受祭的活人，一般以臣子或死者晚輩充當。

⑤ 詔於天子：給天子講學。詔，教導，告誡。北面：面朝北。按君臣之禮，在朝，天子南面，臣北面；在學，天子面向東，教師面西立，不以君臣之禮。

養的重要性。結合本篇選段思考兩個問題:

1. 揚雄對先秦儒家修身理論有何發展?

2. 針對漢代“經師易遇,人師難遭”的現實,揚雄對教師提出了什麽要求?

第四單元

第十六課　孔 子 論 學[①]

子曰[②]：“學而時習之[③]，不亦説乎[④]？有朋自遠方來，不亦樂乎？人不知而不愠[⑤]，不亦君子乎[⑥]？”

子曰：“弟子入則孝，出則悌[⑦]，謹而信，汎愛衆而親仁[⑧]，行有餘力，則以學文。”

子曰：“君子食無求飽，居無求安，敏於事而慎於言[⑨]，就有道而正焉[⑩]，可謂好學也已。”

子曰：“溫故而知新[⑪]，可以爲師矣。”

---

① 本篇輯自《論語》，題目爲後加。《論語》是孔子的弟子和再傳弟子輯録孔子及時人言行的著作，是儒家的經典，在我國和世界思想文化史上都有重要的影響。孔子（前551—前479），名丘，字仲尼，春秋時魯國鄹邑（今山東曲阜市）人，是我國著名的思想家，儒家學派創始人。通行的《論語》注本很多，如《論語注疏》（魏何晏集解，宋邢昺疏）、宋朱熹的《論語集注》和清劉寶楠的《論語正義》。本文是孔子對學習態度、方法、目的的論述。

② 子：古代對男子的尊稱，这裏指孔子。

③ 時：按時。習：反復練習。

④ 説（yuè）：喜悦，高興，後作“悦”。不亦……乎：習慣句式。

⑤ 知：瞭解。愠（yùn）：鬱抑不樂。

⑥ 君子：有道德的人。

⑦ 悌（tì）：對兄長遵守弟弟的本分，這裏泛指在外謹守輩分、尊敬年長者。

⑧ 汎：“氾”的借字，廣泛、普遍。親仁：親近仁愛的人。仁，仁愛的人。

⑨ 敏：敏捷。

⑩ 就：接近。有道：有道德的人。正：匡正。焉：於是。謂正於有道，自己受匡正。

⑪ 溫：溫習。

子曰：“學而不思則罔[①]，思而不學則殆[②]。”

子曰：“由[③]！誨女知之乎[④]！知之爲知之，不知爲不知，是知也[⑤]。”

宰予晝寢[⑥]。子曰：“朽木不可雕也，糞土之牆不可杇也[⑦]。於予與何誅[⑧]？”

子曰[⑨]：“始吾於人也，聽其言而信其行；今吾於人也，聽其言而觀其行。於予與改是。”

哀公問：“弟子孰爲好學？”孔子對曰：“有顔回者好學[⑩]，不遷怒[⑪]，不貳過[⑫]，不幸短命死矣。今也則亡[⑬]，未聞好學者也。”

子曰：“德之不修[⑭]，學之不講[⑮]，聞義不能徙[⑯]，不善不能改，是吾憂也[⑰]。”

---

① 罔：惘然，迷茫。

② 殆：危險。

③ 由：字子路，名仲由，魯國卞（今山東泗水縣）人，孔子弟子。

④ 女（rǔ）：第二人稱代詞，你，後作“汝”。

⑤ 是：代詞，這。知：这裏指真知。

⑥ 晝寢：白天睡覺。

⑦ 杇（wū）：動詞，用泥墁墻。

⑧ 何誅：賓語前置，疑問代詞“何”作賓語，置於動詞“誅”前。誅，責備。

⑨ 子曰：這裏表示下面的話也是圍繞上文的話題“宰予晝寢”而發的，但却是孔子在另一個情境中所説，因此加“子曰”以示區别。

⑩ 顔回：字子淵，又稱顔淵，魯人，孔子弟子。

⑪ 遷怒：把怒氣轉移到不相关的人頭上。遷，轉移。

⑫ 貳過：同一種過失犯兩次。

⑬ 亡（wú）：没有。

⑭ 修：修養。

⑮ 講：講習。

⑯ 徙：遷移，這裏指思想接近有義的人。

⑰ 是：指示代詞，這。

子曰：“蓋有不知而作之者①，我無是也。多聞，擇其善者而從之；多見而識之②；知之次也。”

子曰：“學如不及③，猶恐失之。”

子曰：“古之學者爲己④，今之學者爲人⑤。”

子曰：“吾嘗終日不食，終夜不寢，以思⑥，無益，不如學也。”

擴展閲讀

夫學者所以求益耳。見人讀數十卷書，便自高大，淩忽長者，輕慢同列，人疾之如讎敵，惡之如鴟梟。如此以學自損，不如無學也。

古之學者爲己，以補不足也；今之學者爲人，但能説之也。古之學者爲人，行道以利世也；今之學者爲己，脩身以求進也。夫學者猶種樹也，春玩其華，秋登其實；講論文章，春華也；脩身利行，秋實也。

人生小幼，精神專利，長成已後，思慮散逸，固須早教，勿失機也。吾七歲時，誦《靈光殿賦》，至於今日，十年一理，猶不遺忘；二十之外，所誦經書，一月廢置，便至荒蕪矣。然人有坎壈，失於盛年，猶當晚學，不可自棄。孔子云：“五十以學易，可以無大過矣。”魏武、袁遺，老而彌篤，此皆少學而至老不倦也。曾子七十乃學，名聞天下；荀卿五十始來遊學，猶爲碩儒；公孫弘四十餘方讀《春秋》，以此遂登丞相；朱雲亦四十始學《易》《論語》；

① 作：創造，創新。這裏指提出主張和道理。

② 識（zhì）：記住。

③ 及：動詞，趕上。

④ 古之學者爲己：古時學習的人是爲了修養自己。

⑤ 今之學者爲人：現在學習的人是爲了得到別人的稱贊。

⑥ 以：連詞，相當於“而”。

皇甫謐二十始受《孝經》《論語》：皆終成大儒，此並早迷而晚寤也。世人婚冠未學，便稱遲暮，因循面墻，亦爲愚耳。幼而學者，如日出之光；老而學者，如秉燭夜行，猶賢乎瞑目而無見者也。（《顏氏家訓·勉學》）

閱讀提示：

《顏氏家訓》爲南北朝時期顏之推所著，《勉學》篇論述了學習的目的和過程。分析《論語》和《顏氏家訓》有關學習的論述，思考學習与人生的关系。

第十七課　侍　　坐[①]

子路、曾皙、冉有、公西華侍坐[②]。

子曰："以吾一日長乎爾[③]，毋吾以也[④]。居則曰[⑤]：'不吾知也[⑥]。'如或知爾[⑦]，則何以哉？"

子路率爾而對曰[⑧]："千乘之國[⑨]，攝乎大國之間[⑩]，加之以師旅，因之以饑饉[⑪]，由也爲之[⑫]，比及三年[⑬]，可使有勇，且知方也[⑭]。"

---

① 本篇選自《論語·先進》，題目爲後加。本篇記載了孔子與四位弟子關於理想的對話。

② 曾皙：名點，魯國南武城（今山東平邑縣）人，曾參之父，孔子弟子。冉有：名求，字子有，魯國人，孔子弟子。公西華：名赤，字子華，亦稱公西華，魯國人，孔子弟子。侍：在尊長旁邊陪着。

③ 乎：介詞，於。

④ 毋吾以也：賓語前置，否定句中代詞"吾"作賓語，置於動詞"以"前。以，"與"的借字，贊同，這裏指附和。

⑤ 居：居家，這裏指没有出仕。

⑥ 不吾知也：賓語前置，否定句中代詞"吾"作賓語，置於動詞"知"前。

⑦ 或：無定代詞，有人。

⑧ 率爾：猶率然，指不假思索地回答。

⑨ 乘（shèng）：四匹馬拉的兵車，包括七十五名士兵。古代按人口與田畝出兵役以爲賦税，能出得起七萬五千名士兵的諸侯國，人口和土地屬於中等以上之國。

⑩ 攝乎大國之間：夾在大國之間。攝，夾。

⑪ 饑饉：指災荒。《爾雅·釋天》："穀不熟爲饑，蔬不熟爲饉。"

⑫ 爲：治理。

⑬ 比（bì）及三年：意思是一年一年地累積到了三年。比，副詞，緊接着。

⑭ 方：義理。

夫子哂之[1]。

“求，爾何如[2]？”

對曰：“方六七十[3]，如五六十[4]，求也爲之，比及三年，可使足民。如其禮樂，以俟君子[5]。”

“赤，爾何如？”

對曰：“非曰能之，願學焉。宗廟之事，如會同[6]，端章甫[7]，願爲小相焉[8]。”

“點，爾何如？”

鼓瑟希[9]，鏗爾[10]，舍瑟而作[11]，對曰：“異乎三子者之撰[12]。”

子曰：“何傷乎[13]？亦各言其志也。”

曰：“莫春者[14]，春服既成[15]，冠者五六人，童子六七人，浴乎

---

① 哂（shěn）：微笑。

② 何如：賓語前置，疑問代詞“何”作賓語，置於動詞“如”前，即“如何”。

③ 方六七十：方圓六七十里。

④ 如：連詞，表示選擇關係，相當於“或者”。

⑤ 俟：等待。

⑥ 會同：諸侯國之間的盟會。

⑦ 端：禮服。章甫：禮帽。這裏指穿着禮服戴着禮帽。

⑧ 相：司儀。

⑨ 鼓：彈奏。希：稀疏，後作“稀”。

⑩ 鏗（kēng）：象聲詞，把瑟放下的聲音。

⑪ 作：起。

⑫ 撰：記述，這裏指爲政意見的陳述。

⑬ 傷：妨礙。

⑭ 莫（mù）：晚，後作“暮”。“莫春”即晚春。

⑮ 春服：春天的衣服。

沂[1]，風乎舞雩[2]，詠而歸。”

夫子喟然歎曰[3]：“吾與點也[4]！”

三子者出，曾皙後。曾皙曰：“夫三子者之言何如？”

子曰：“亦各言其志也已矣[5]。”

曰：“夫子何哂由也？”

曰：“爲國以禮，其言不讓[6]，是故哂之。唯求則非邦也與[7]？安見方六七十，如五六十而非邦也者？唯赤則非邦也與？宗廟會同，非諸侯而何？赤也爲之小，孰能爲之大？”

擴展閱讀

孔子窮於陳、蔡之間，七日不火食，藜羹不糝，顔色甚憊，而弦歌於室。顔回擇菜，子路、子貢相與言曰：“夫子再逐於魯，削迹於衛，伐树於宋，窮於商周，圍於陳蔡，殺夫子者無罪，藉夫子者無禁。弦歌鼓琴，未嘗絶音，君子之無耻也若此乎？”顔回無以應，入告孔子。孔子推琴喟然而歎曰：“由與賜，細人也。召而來，吾語之。”子路、子貢入，子路曰：“如此者可謂窮矣。”孔子曰：“是何言也！君子通於道之謂通，窮於道之謂窮。今丘抱仁義之道以遭亂世之患，其何窮之爲？故内省而不窮於道，臨難而不失其德。天寒既至，霜雪既降，吾是以知松栢之茂也。陳蔡之隘，於丘其幸乎？”孔子削然

① 沂（yí）：水名，源自山東鄒城市，流經曲阜市，與洙水合流。

② 舞雩（yú）：地名，在今山東曲阜市，是古人祭天禱雨的地方。

③ 喟然：歎息的樣子。

④ 與：和……一樣，意思是贊同。

⑤ 也已矣：語氣助詞連用。

⑥ 讓：謙讓。

⑦ 唯：句首語氣助詞，無實義。

反琴而弦歌，子路扢然執干而舞，子貢曰："吾不知天之高也，地之下也。"（《莊子·讓王》）

閱讀提示：

結合《侍坐》閱讀本文，討論孔子對出仕參政的態度。

第十八課 許　行[①]

有爲神農之言者許行[②]，自楚之滕[③]，踵門而告文公曰[④]："遠方之人，聞君行仁政，願受一廛而爲氓[⑤]。"文公與之處。其徒數十人，皆衣褐[⑥]，捆屨織席以爲食[⑦]。

陳良之徒陳相與其弟辛，負耒耜而自宋之滕[⑧]，曰："聞君行聖人之政，是亦聖人也，願爲聖人氓。"

陳相見許行而大悅，盡棄其學而學焉[⑨]。

① 本篇選自《孟子·滕文公上》，題目爲後加。孟子（約前372—前289），名軻，字子輿，戰國時鄒（今山東鄒城市）人，是繼孔子之後儒家學派最重要的代表人物。《孟子》記載了孟子的言行，由孟子本人及其弟子編纂而成，是儒家的經典著作之一。《孟子》通行的注本有《孟子注疏》（東漢趙岐注，宋孫奭疏）、宋朱熹的《孟子集注》和清焦循的《孟子正義》。許行：楚國人，農家學派人物。

② 爲：動詞，这裏指實踐。神農：又稱炎帝、烈山氏，傳説中的古帝王。相傳他"始制耒耜，教民務農"，故稱"神農"。神農又是書名，《漢書·藝文志》記載農家有《神農》二十篇，班固自注云："六國時諸子疾時怠於農業，道耕農事，託之神農。"農家假託神農之言，主張重農、君民並耕。言：主張。

③ 之：動詞，前往，到……去。滕：國名，今山東滕州市西南。

④ 踵門：猶言登門。趙岐注："踵，至也。"

⑤ 廛（chán）：即邑所，是農人在邑（居民點）裏的住處。段玉裁《説文解字注》："古者在野曰廬，在邑曰廛。"氓（méng）："甿"的異體字，這裏指外來的流民。

⑥ 褐：用毛或麻編織的粗劣衣服。

⑦ 捆：叩擊整治。屨（jù）：鞋，这裏指草（或麻）鞋。以爲食：指以此爲生。

⑧ 陳良：楚國人，儒者。耒耜（lěisì）：一種農具，耒爲柄，耜爲臿。

⑨ 學焉：向他（許行）學習。焉，兼詞，相當於"於是"。

陳相見孟子，道許行之言曰[①]：“滕君，則誠賢君也，雖然[②]，未聞道也[③]。賢者與民並耕而食，饔飧而治[④]。今也滕有倉廩府庫[⑤]，則是厲民而以自養也[⑥]，惡得賢[⑦]？”孟子曰：“許子必種粟而後食乎？”曰：“然。”“許子必織布然後衣乎？”曰：“否。許子衣褐。”“許子冠乎[⑧]？”曰：“冠。”曰：“奚冠[⑨]？”曰：“冠素[⑩]。”曰：“自織之與？”曰：“否。以粟易之[⑪]。”曰：“許子奚爲不自織？”曰：“害於耕[⑫]。”曰：“許子以釜甑爨[⑬]，以鐵耕乎？”曰：“然。”“自爲之與？”曰：“否。以粟易之。”“以粟易械器者[⑭]，不爲厲陶冶[⑮]；陶冶亦以其械器易粟者，豈爲厲農夫哉？且許子何不爲陶

① 道：引述。這裏指轉述許行的話。

② 雖：連詞，即使。然：代詞，這樣。

③ 未聞道：尚未懂得最好的治國之道。趙岐注：“未達至道。”聞，这裏指知道、懂得。

④ 饔飧（yōngsūn）：早飯爲饔，晚飯爲飧。這裏用作動詞，指做飯。

⑤ 倉廩府庫：倉廩，藏糧食；府，藏財物；庫，藏兵械。泛指一切儲藏糧食財物之所。

⑥ 厲：損害，傷害。自養：供養自身。

⑦ 惡得賢：哪裏稱得上賢明？惡，疑問代詞，怎麼，哪裏。

⑧ 冠：戴冠。名詞用作動詞，读作 guàn。

⑨ 奚冠：賓語前置，疑問代詞“奚”作賓語，置於動詞“冠”前。

⑩ 素：生絲織成的本色絹帛，这裏指素做成的冠。下文“以鐵耕乎”，鐵也是指鐵製的農具。

⑪ 易：交換。

⑫ 害於耕：對耕種有妨礙。害，妨礙。

⑬ 釜甑（zèng）：古代炊具。釜，鍋。甑，瓦製蒸具，類似於籠屜。爨（cuàn）：燒火做飯。

⑭ 械器：械爲器械，器爲器皿。泛指器具。者：助詞，與“以粟易械器”組成“者”字詞組，表示用粟交換工具的情況。下句“以械器易粟者”類同。

⑮ 厲：危害。陶冶：燒製陶器，冶煉金屬。這裏指從事製陶和冶煉的人。

治，舍皆取諸其宮中而用之[①]？何爲紛紛然與百工交易[②]？何許子之不憚煩[③]？”

曰：“百工之事固不可耕且爲也。”

“然則治天下獨可耕且爲與？有大人之事，有小人之事[④]。且一人之身而百工之所爲備[⑤]，如必自爲而後用之，是率天下而路也[⑥]。故曰：或勞心，或勞力；勞心者治人，勞力者治於人；治於人者食人[⑦]，治人者食於人，天下之通義也。當堯之時，天下猶未平，洪水横流，氾濫於天下[⑧]。草木暢茂[⑨]，禽獸繁殖[⑩]，五穀不登[⑪]，禽獸偪人[⑫]，獸蹄鳥跡之道交於中國[⑬]。堯獨憂之，舉舜而敷治焉[⑭]。

---

① 舍：止。章太炎先生《新方言》認爲即今天的“啥”（什麽）。諸：之於。宮：室，先秦時代宮不專指帝王宮室。

② 紛紛然：頻繁的樣子，指經常。這裏形容許行與各種工匠（百工）進行交换的頻繁。

③ 憚：害怕。

④ 大人：用心的人，即勞心者。小人：用力的人，即勞力者。

⑤ 一人之身而百工之所爲備：趙岐注：“一人而備百工之所作。”意思是説，一個人所需要的，是百工所備的。

⑥ 率：引導。路：“露”的借字，勞累，疲乏。趙岐注：“率導天下人以羸困之路也。”

⑦ 食（sì）人：使人食，指供養人。後作“飼”。

⑧ 氾：水漫溢。《説文・水部》：“氾，濫也。”此處用本義。

⑨ 暢茂：茂盛。

⑩ 繁：增多。殖：繁殖。

⑪ 五穀：五種糧食作物。歷來説法不一，趙岐注爲稻、黍、稷、麥、菽。登：成熟。《爾雅・釋詁》：“登，成也。”古音登、成二字蒸耕旁轉。

⑫ 偪：逼迫，威脅。後作“逼”。

⑬ 交：縱横交錯。中國：指中原一帶。

⑭ 敷治：分擔治理。敷，分散。

舜使益掌火[①]，益烈山澤而焚之[②]，禽獸逃匿。禹疏九河，瀹濟、漯而注諸海[③]，决汝、漢[④]，排淮、泗而注之江[⑤]，然後中國可得而食也。當是時也，禹八年於外，三過其門而不入，雖欲耕，得乎？后稷教民稼穡[⑥]，樹藝五穀[⑦]。五穀熟而民人育。人之有道也[⑧]，飽食、暖衣、逸居而無教，則近於禽獸。聖人有憂之[⑨]，使契爲司徒，教以人倫：父子有親，君臣有義，夫婦有别，長幼有叙[⑩]，朋友有信。放勳曰[⑪]：'勞之來之[⑫]，匡之直之[⑬]，輔之翼之[⑭]，使自得之[⑮]，又從而振德之[⑯]。'聖人之憂民如此，而暇耕乎？堯以不得舜爲己憂，舜

① 益：人名，舜的臣子。掌：主管。

② 烈山澤：在山澤草木茂盛處放大火。烈，放大火燒。焚：燒。

③ 瀹（yuè）：疏導。濟、漯（tà）：水名，故道都在今山東境内。注：灌注。

④ 决：打開缺口。汝：汝水，在今河南境内。漢：漢水，在今陜西、湖北境内。

⑤ 排：水的兩邊堤岸並行曰"排"。这裏指築起堤壩迫使河水向一定的方向流。淮：淮河。泗：泗水。現今只有漢水入長江，汝水、泗水流入淮河，與《孟子》此處所記不同。

⑥ 后稷：周之始祖，名棄。稷，上古主管農事的官名。堯曾任命棄爲稷官，後人因稱之爲后稷。稼穡（sè）：稼爲種植，穡爲收穫。泛指農業生產。

⑦ 樹藝：同義連用，種植。藝，本作"埶"，《説文·丮部》："埶，種也。"

⑧ 有：王引之《經傳釋詞》引其父王念孫意見釋爲"爲"。

⑨ 聖人：指堯。有："又"的借字，改讀 yòu。

⑩ 叙：次序。序、叙古音義同。

⑪ 放勳：堯的號。曰：趙岐注本作"日"，焦循《孟子正義》也認爲"以作日爲是"，意思是説，堯每天都在做以下的工作。"聖人之憂民如此，而暇耕乎"正承此而言。此可備一説。

⑫ 勞（lào）：慰勞。來（lài）：動詞的使動用法，使之來，這裏表示以恩德招之使來，後作"勑"，或作"徠"。

⑬ 匡：動詞使動用法，使……匡正、糾正。

⑭ 輔：幫助。翼：名詞用作動詞，庇護。

⑮ 自得：自得其善性。

⑯ 振：救濟，後作"賑"。德：名詞用作動詞，施恩。

以不得禹、皋陶爲己憂。夫以百畝之不易爲己憂者[①]，農夫也。分人以財謂之惠，教人以善謂之忠，爲天下得人者謂之仁[②]。是故以天下與人易，爲天下得人難。孔子曰：‘大哉，堯之爲君！惟天爲大，惟堯則之[③]，蕩蕩乎民無能名焉[④]！君哉，舜也！巍巍乎有天下而不與焉[⑤]！’堯、舜之治天下，豈無所用其心哉？亦不用於耕耳[⑥]。

“吾聞用夏變夷者[⑦]，未聞變於夷者也。陳良，楚產也[⑧]，悦周公、仲尼之道，北學於中國[⑨]。北方之學者，未能或之先也[⑩]。彼所謂豪傑之士也[⑪]。子之兄弟事之數十年，師死而遂倍之[⑫]。昔者孔子没[⑬]，三年之外，門人治任將歸[⑭]，入揖於子貢[⑮]，相鄉

① 易：治理。

② 得人：得到人才。

③ 則：效法。

④ 蕩蕩乎：廣遠的樣子，形容堯的偉大。名：稱頌。

⑤ 巍巍乎：高大的樣子，形容舜的崇高。不與（yù）：不參與，這裏指不居功，不據爲己有。

⑥ 亦：只不過，僅僅。

⑦ 夏：諸夏，即中國。这裏指中原文化。夷：當時對中原地區以外的各少數民族的蔑稱。

⑧ 產：生產，这裏指出生。《説文・生部》：“產，生也。”

⑨ 周公：姬旦，周武王之弟，曾輔佐武王、成王，是儒家尊崇的古代聖賢。

⑩ 未能或之先也：賓語前置，否定句中代詞“之”作賓語，置於動詞“先”前。或，無定代詞，有的人。或、有匣母雙聲，職之對轉。先，超過。

⑪ 彼：代詞，指陳良。豪傑：才能、見識出衆的人。

⑫ 倍：違反，背叛。

⑬ 没：死，後作“歿”。

⑭ 門人：門徒、弟子。治任：收拾行李。任，本義爲負擔。段玉裁《説文解字注》：“凡儋何曰任。”這裏指行李。

⑮ 揖：拱手行禮，這裏指相揖而别。子貢：孔子弟子，姓端木，名賜，字子貢。

而哭，皆失聲，然後歸。子貢反，築室於場[①]，獨居三年[②]，然後歸。他日，子夏、子張、子游以有若似聖人[③]，欲以所事孔子事之[④]，强曾子[⑤]。曾子曰：‘不可，江漢以濯之[⑥]，秋陽以暴之[⑦]，皜皜乎不可尚已[⑧]。’今也南蠻鴃舌之人[⑨]，非先王之道[⑩]；子倍子之師而學之，亦異於曾子矣。吾聞‘出於幽谷，遷于喬木’者[⑪]，未聞下喬木而入於幽谷者。《魯頌》曰：‘戎狄是膺，荆舒是懲[⑫]。’周公方且膺之，子是之學[⑬]，亦爲不善變矣。”

---

① 反：返回，後作“返”。場：祭祀用的平地。段玉裁《説文解字注》：“師古曰：‘築土爲壇，除地爲場。’”

② 居：這裏指居喪。

③ 子夏、子張、子游、有若：均爲孔子弟子。子夏，即卜商，字子夏。子張，姓顓孫，名師，字子張。子游，姓言，字子游。有若，字子有。聖人：指孔子。

④ 以所事孔子事之：所，助詞，在这裏與“事孔子”組成所字詞組，表示一種方式。全句的意思是説，子夏等人想用侍奉孔子的方式來侍奉有若。

⑤ 强：勉强，这裏指極力動員。曾子：孔子弟子，名參，字子輿。

⑥ 濯：洗滌。

⑦ 秋陽：秋天的太陽。周曆的秋季七、八月正是夏曆的夏季五、六月，陽光最明亮。暴（pù）：曬，後作“曝”。

⑧ 皜皜：光明潔白。尚：匹配。

⑨ 南蠻：南方不開化的民族，指楚國。鴃（jué）舌：形容説話難聽，好像長着鴃鳥一樣的笨舌頭。鴃，即伯勞，叫聲難聽。“南蠻鴃舌之人”指許行。

⑩ 非：非難，否定。

⑪ 出於幽谷，遷于喬木：語出《詩經·小雅·伐木》，原文作：“出自幽谷，遷于喬木。”幽，幽深。喬木，高大的樹木。

⑫ 戎狄是膺，荆舒是懲：語出《詩經·魯頌·閟宫》。“戎狄”、“荆舒”分别作動詞“膺”、“懲”的前置賓語，用代詞“是”複指。戎狄，西戎和北狄，是西方和北方的少數民族。荆，指楚國。舒，古國名，故地在今安徽舒城縣。膺，當，引申爲伐擊。懲，懲創。

⑬ 子是之學：賓語前置，“是”作動詞“學”的賓語，用代詞“之”複指。是，代詞，這，指這個人（許行）的學説、主張。

“從許子之道，則市賈不貳[①]，國中無僞[②]。雖使五尺之童適市[③]，莫之或欺[④]。布帛長短同，則賈相若[⑤]；麻縷絲絮輕重同[⑥]，則賈相若；五穀多寡同，則賈相若；屨大小同，則賈相若。”

曰：“夫物之不齊，物之情也[⑦]。或相倍蓰[⑧]，或相什百，或相千萬。子比而同之[⑨]，是亂天下也。巨屨小屨同賈，人豈爲之哉？從許子之道，相率而爲僞者也，惡能治國家？”

擴展閱讀

《爾雅·釋宫》云：“宫謂之室，室謂之宫。”邵氏晉涵《正義》云：“《春秋·隱五年》：‘考仲子之宫。’《穀梁》文十三年傳云：‘伯禽曰大室，羣公曰宫。’是宫廟通稱宫室也。《左氏》莊二十一年傳云：‘虢公爲王宫於玤。’《鄘詩·定之方中》‘作于楚宫’，又云‘作于楚室’。是天子諸侯所居通稱宫室也。《左氏》僖二十八年傳云：‘令無入僖負羈之宫。’《檀弓》云：‘季武子成寢，杜氏之喪在西階之下，請合葬焉。許之，入宫而不敢哭。’是大夫通稱宫室也。《士昏禮》云：‘請吾子之就宫。’《喪服傳》云：‘所適者，以其貨財爲之築宫廟。’《大戴禮·千乘篇》云：‘百姓不安其

① 賈：價錢，後作“價”。
② 僞：欺詐。《説文·人部》：“僞，詐也。”
③ 五尺：相當於今三尺多。適：到……去。
④ 莫之或欺：没有人欺騙他。賓語前置，否定句中代詞“之”作賓語，置於動詞“欺”前。莫，無定代詞，没有人。或，助詞。
⑤ 相若：相當。
⑥ 縷：綫。
⑦ 情：本性，指自然之理。
⑧ 蓰（xǐ）：五倍。下文什、百、千、萬，都是説倍數。
⑨ 比：並列。同：動詞使動用法，使……同。

居，不樂其宫。’是士庶人通稱宫室也。《釋文》云：‘古者貴賤同稱宫，秦漢以來，惟王者所居稱宫焉。’”按宫是貴賤通稱，此許行所居即廛宅，故以宅解宫也。（焦循《孟子正義》）

閱讀提示：

“舍皆取諸其宫中而用之”，漢趙岐《孟子章句》釋爲“止不肯皆自取之其宫宅中而用之”，以“宅”釋“宫”。清代焦循《孟子正義》，援引邵晉涵《爾雅正義》闡明了《爾雅·釋宫》“宫謂之室，室謂之宫”的解釋。分析上古漢語中“宫”“宅”“室”三詞的關係，並思考古人考辨詞義的方法。

第十九課　齊桓晉文之事[①]

齊宣王問曰：“齊桓、晉文之事，可得聞乎[②]？”孟子對曰：“仲尼之徒無道桓、文之事者[③]，是以後世無傳焉[④]，臣未之聞也。無以，則王乎[⑤]？”曰：“德何如，則可以王矣？”曰：“保民而王[⑥]，莫之能禦也[⑦]。”曰：“若寡人者，可以保民乎哉？”曰：“可。”曰：“何由知吾可也[⑧]？”曰：“臣聞之胡齕曰[⑨]，王坐於堂上，有牽牛而過堂下者，王見之，曰：‘牛何之[⑩]？’對曰：‘將以釁鐘[⑪]。’王曰：‘舍之！吾不忍其觳觫[⑫]，若無罪而就死地[⑬]。’對曰：‘然則廢釁鐘

① 本篇選自《孟子·梁惠王上》，題目爲後加。這篇文章系統地闡述了孟子關於王道的理論和具體主張，指出人君只要能善於推廣不忍人之心，就可以施行仁政。只有使人民生活有保障，才能得到人民的擁護，行王道於天下。

② 齊宣王：田氏，名辟彊。齊桓、晉文：齊桓公名小白，晉文公名重耳，在春秋時期先後稱霸，爲“五霸”之一。可得：可能，能够。

③ 道：引述、抽繹其事理主張。

④ 傳：傳述，流傳。

⑤ 無以：指一定要談下去。以，“已”的借字，停止。則王（wàng）乎：那麽就談談施行王道的道理吧。

⑥ 保：養育，養護。

⑦ 莫之能禦：賓語前置，否定句中代詞“之”作賓語，置於動詞“禦”前。禦，抵禦。

⑧ 何由：根據什麽。

⑨ 之：代詞，指代下面的事情。胡齕（hé）：齊王左右的近臣。

⑩ 之：動詞，到……去。

⑪ 以：介詞，後面省略賓語“之”（指牛）。釁（xìn）鐘：新鐘鑄成後，殺牲取血塗其隙，因而祭之。

⑫ 觳觫（húsù）：疊韻聯綿詞，恐懼戰慄的樣子。

⑬ 若無罪而就死地：這樣没有罪而走向死地。若，此，這樣。就，走向。

與？’曰：‘何可廢也？以羊易之。’不識有諸[1]？”曰：“有之。”曰：“是心足以王矣[2]。百姓皆以王爲愛也[3]，臣固知王之不忍也。”王曰：“然。誠有百姓者[4]，齊國雖褊小[5]，吾何愛一牛？即不忍其觳觫，若無罪而就死地，故以羊易之也。”曰：“王無異於百姓之以王爲愛也[6]。以小易大，彼惡知之？王若隱其無罪而就死地[7]，則牛羊何擇焉？”王笑曰：“是誠何心哉？我非愛其財而易之以羊也。宜乎百姓之謂我愛也[8]。”曰：“無傷也，是乃仁術也[9]。見牛未見羊也。君子之於禽獸也，見其生，不忍見其死；聞其聲，不忍食其肉。是以君子遠庖廚也。”

王説[10]，曰：“《詩》云：‘他人有心，予忖度之[11]。’夫子之謂也。夫我乃行之[12]，反而求之[13]，不得吾心；夫子言之，於我心有戚戚焉[14]。此心之所以合於王者，何也[15]？”曰：“有復於王者曰[16]：‘吾

① 識：知，知道。
② 是心足以王（wàng）：這種思想足够用來施行王道。
③ 以：以爲。愛：吝惜，捨不得。
④ 誠有百姓者：確實有百姓是那樣認爲。
⑤ 褊（biǎn）：狹窄。
⑥ 異：怪異，奇怪。
⑦ 隱：惻隱。
⑧ 宜：合適，恰當。
⑨ 無傷：没有妨礙，没有關係。仁術：實行仁政的方法、途徑。
⑩ 説：高興，後作“悦”。
⑪ 他人有心，予忖度（cǔnduó）之：别人的想法，我能揣測。忖度，同義連用，推測。
⑫ 夫（fú）：句首語氣詞。之：代詞，代以羊易牛之事。
⑬ 反而求之：反身自省。求，思考。
⑭ 戚戚：心動的樣子，指有所領悟。
⑮ 所以合於王者：符合稱王天下的道理。
⑯ 復：報告。

力足以舉百鈞[1]，而不足以舉一羽；明足以察秋毫之末[2]，而不見輿薪[3]。’則王許之乎[4]？”曰：“否。”“今恩足以及禽獸，而功不至於百姓者[5]，獨何與？然則一羽之不舉，爲不用力焉[6]；輿薪之不見，爲不用明焉；百姓之不見保[7]，爲不用恩焉。故王之不王，不爲也，非不能也。”曰：“不爲者與不能者之形何以異[8]？”曰：“挾太山以超北海[9]，語人曰[10]：‘我不能。’是誠不能也[11]。爲長者折枝[12]，語人曰：‘我不能。’是不爲也，非不能也。故王之不王，非挾太山以超北海之類也；王之不王，是折枝之類也。老吾老以及人之老，幼吾幼以及人之幼[13]，天下可運於掌[14]。《詩》云：‘刑于寡妻，至

① 鈞：古代重量單位，三十斤爲一鈞。

② 明：視力。察：近看，細看。秋毫之末：秋天獸毛的尖端。毫，毛。末，尖端。

③ 輿薪：一車薪柴。

④ 許：贊同。

⑤ 功：功德，功績。

⑥ 爲（wèi）：連詞，因爲。

⑦ 見保：被愛護。見，表被動的助動詞。

⑧ 形：表現。

⑨ 挾（xié）：夾在腋下。太山：即泰山。超：跳過。北海：即渤海。

⑩ 語（yù）：告訴。

⑪ 誠：副詞，的確。

⑫ 折枝：按摩肢體。趙岐注：“折枝，案摩。”枝，“肢”的借字，肢體。一説躬身敬禮。

⑬ 老吾老：以自己的老人爲老人，指尊敬自己的老人。前一個“老”爲名詞意動用法。幼吾幼：愛護自己的小孩。前一個“幼”爲名詞意動用法。

⑭ 運於掌：轉動在手掌中，比喻非常容易。

于兄弟，以御于家邦[①]。’言舉斯心加諸彼而已[②]。故推恩足以保四海，不推恩無以保妻子。古之人所以大過人者無他焉，善推其所爲而已矣[③]。今恩足以及禽獸，而功不至於百姓者，獨何與？權[④]，然後知輕重；度，然後知長短。物皆然，心爲甚。王請度之[⑤]。

“抑王興甲兵，危士臣[⑥]，搆怨於諸侯[⑦]，然後快於心與？”王曰：“否。吾何快於是？將以求吾所大欲也[⑧]。”曰：“王之所大欲，可得聞與？”王笑而不言。曰：“爲肥甘不足於口與[⑨]？輕煖不足於體與[⑩]？抑爲采色不足視於目與[⑪]？聲音不足聽於耳與？便嬖不足使令於前與[⑫]？王之諸臣皆足以供之，而王豈爲是哉？”曰：“否。吾不爲是也。”曰：“然則王之所大欲可知已。欲辟土地[⑬]，朝秦、

① “刑于寡妻”句：語出《詩經·大雅·思齊》。刑，“型”的借字，典範，這裏是“示範”的意思。寡妻，古代國君對自己正妻的謙稱。兄弟，指宗族。家邦，卿有家，君有邦，家邦謂國家天下。御，治理。《詩經》説的是禮法由内向外的推及，《孟子》引《詩經》，意在治理之術當由内向外層層推及。

② 舉斯心加諸彼：意思是説把對身邊的人的做法推廣到遠處的人。斯，此，近指代詞；彼，遠指代詞。

③ 所爲：這裏指對自己人的做法。

④ 權：秤錘，這裏名詞用爲動詞，指稱東西。

⑤ 請：副詞，表示希望對方做某事。度（duó）：考量，推測。

⑥ 抑：連詞，還是。興甲兵：發動戰争。興，動詞使動用法，使……興。危士臣：使士臣陷於危境。危，形容詞使動用法，使……危。

⑦ 搆怨：結下怨恨。搆，“構”的異體字，雙方相交。

⑧ 以：介詞，後面省略賓語“之”，即上文的“興甲兵，危士臣，搆怨於諸侯”。所大欲：最想要的東西。

⑨ 爲（wèi）：因爲。肥甘：肥美甘甜的食物。

⑩ 輕煖：輕而且暖的衣服。煖，“暖”的異體字。

⑪ 采：五色交錯華美，後作“彩”。

⑫ 便嬖（piánbì）：指親近寵愛之人。

⑬ 辟：開闢，後作“闢”。

楚[①]，莅中國而撫四夷也[②]。以若所爲，求若所欲[③]，猶緣木而求魚也[④]。”王曰：“若是其甚與[⑤]？”曰：“殆有甚焉[⑥]。緣木求魚，雖不得魚，無後災[⑦]。以若所爲，求若所欲，盡心力而爲之[⑧]，後必有災。”曰：“可得聞與？”曰：“鄒人與楚人戰[⑨]，則王以爲孰勝？”曰：“楚人勝。”曰：“然則小固不可以敵大，寡固不可以敵衆，弱固不可以敵强。海内之地，方千里者九[⑩]，齊集有其一[⑪]；以一服八[⑫]，何以異於鄒敵楚哉？蓋亦反其本矣[⑬]。

“今王發政施仁[⑭]，使天下仕者皆欲立於王之朝，耕者皆欲耕於王之野，商賈皆欲藏於王之市[⑮]，行旅皆欲出於王之

---

① 朝秦、楚：使秦楚前來朝見。朝，動詞使動用法，使……朝見。

② 莅（lì）：臨，居高視下，這裏指統治。中國：指黄河流域的中原地帶。撫：安撫。四夷：四方的外族。

③ 若：這樣。所爲：所做的事情，指興兵結怨之事。所欲：所想要的東西，指“辟土地，朝秦、楚，莅中國而撫四夷”。

④ 緣：循，攀援。

⑤ 若是其甚與：即 “如此之甚”，意思是如此的厲害嗎？

⑥ 殆：副詞，恐怕。

⑦ 雖：連詞，即使。

⑧ 盡：竭盡。

⑨ 鄒：國名，在今山東鄒城市。

⑩ 方千里者九：面積千里見方的地區有九個。

⑪ 集：湊集、會集。這裏指截長補短湊成見方的面積。

⑫ 服：動詞使動用法，使……降服。

⑬ 蓋：“盍”的借字，改讀hé，何不。反：回，歸，後作“返”。本：根本，這裏指王道、仁政。

⑭ 今：連詞，表假設關係，相當於“如”“若”。發：頒佈，發佈。政：政令。施：推行，實施。仁：指仁政。

⑮ 藏：儲藏，與下句的“出”相對成文。商賈有貨物，故曰藏；行人曰出。市：市場。

塗[1]，天下之欲疾其君者，皆欲赴愬於王[2]。其若是[3]，孰能禦之？”王曰：“吾惛[4]，不能進於是矣[5]。願夫子輔吾志，明以教我。我雖不敏，請嘗試之。”曰：“無恒產而有恒心者，惟士爲能[6]。若民則無恒產，因無恒心[7]。苟無恒心，放辟邪侈[8]，無不爲已[9]。及陷於罪，然後從而刑之[10]，是罔民也[11]。焉有仁人在位，罔民而可爲也？是故明君制民之產[12]，必使仰足以事父母，俯足以畜妻子[13]；樂歲終身飽[14]，凶年免於死亡[15]；然後驅而之善[16]，故民之從之也輕[17]。今也制民之產，仰不足以事父母，俯不足以畜妻子；樂歲終身苦，凶年不免於死亡；此惟救

---

① 行旅：出行的旅客。塗：“途”的借字，道路。

② 愬（sù）：“訴”的異體字，告訴，訴説。

③ 其：連詞，表示假設。

④ 惛（hūn）：糊塗，不明瞭。

⑤ 進於是：指走到、上升到發政施仁。是，指孟子所説發政施仁。

⑥ 恒產：固定的產業，指田地、房屋、牲畜等用來長久維持生活的東西。恒，常。恒心：本來就有的心。孟子主張性善，認爲本來就有的心爲善心。

⑦ 若：至於。因：因而。

⑧ 放辟邪侈：行爲不守法度，越出常軌。放，放縱。辟，“僻”的借字，偏頗。邪，不正。侈，無度。

⑨ 已：語氣助詞，用於句尾，表示確定語氣。

⑩ 從：跟從，這裏指緊接着。刑之：對他們用刑。刑，名詞用作動詞。

⑪ 罔民：指張開刑罰的羅網以網逮百姓，使百姓陷入刑罰，謂使百姓犯罪。罔，後作“網”，此處用作動詞。

⑫ 制：設立制度。

⑬ 仰：抬頭臉向上，這裏指向上、對上。俯：低頭向下，這裏指向下、對下。畜：養活，撫養。

⑭ 樂歲：豐年。

⑮ 凶年：饑荒的年代。凶，災荒。

⑯ 驅：驅使。之：動詞，到……去。

⑰ 輕：這裏指容易。

死而恐不贍[1]，奚暇治禮義哉[2]？王欲行之，則盍反其本矣！五畝之宅[3]，樹之以桑，五十者可以衣帛矣[4]。雞豚狗彘之畜，無失其時[5]，七十者可以食肉矣。百畝之田，勿奪其時[6]，八口之家可以無飢矣。謹庠序之教，申之以孝悌之義[7]，頒白者不負戴於道路矣[8]。老者衣帛食肉，黎民不飢不寒，然而不王者，未之有也。”

擴展閱讀

公都子曰：“外人皆稱夫子好辯，敢問何也？”孟子曰：“予豈好辯哉？予不得已也。……聖王不作，諸侯放恣，處士横議。楊朱、墨翟之言盈天下。天下之言，不歸楊則歸墨。楊氏爲我，是無君也。墨氏兼愛，是無父也。無父無君，是禽獸也。公明儀曰：‘庖有肥肉，廄有肥馬，民有飢色，野有餓莩，此率獸而食人也。’楊墨之道不息，孔子之道不著，是邪説誣民、充塞仁義也。仁義充塞，則率獸食人，人將相食。吾爲此懼，閑先聖之道，距楊墨、放淫辭，邪説者不得作。作於其心，害於其事；作於其事，害於其政。聖人復起，不易吾言矣。昔者禹抑洪水而天下平，周公兼夷狄、驅猛獸而百姓寧，孔子成《春秋》而亂臣賊子懼。《詩》云：‘戎狄是膺，荆舒是懲；則莫我敢承。’

① 贍：充足，足够。

② 奚：何，哪裏。暇：閑暇。治：按道理做，做好。

③ 五畝之宅：相傳古代一個男丁可分得五畝土地以供建置住宅之用。

④ 衣（yì）：動詞，穿（衣服）。

⑤ 無失其時：指不要錯過它們繁殖的季節。時，四時，時季。下“時”字同。

⑥ 勿奪其時：指農忙時節的時間不能派百姓服徭役。奪，“脱”的借字，失去，錯過。奪其時，錯失它們的時季，指侵佔百姓耕種的時間。

⑦ 謹：慎誠，用作動詞，表示認真地做。庠序：古代學校名稱，周代叫庠，殷代叫序。申：闡明，述説。

⑧ 頒：“斑”的借字，鬚髮半白。負：背上背東西。戴：頭上頂東西。

無父無君，是周公所膺也。我亦欲正人心、息邪説、距詖行、放淫辭，以承三聖者。豈好辯哉？予不得已也。能言距楊墨者，聖人之徒也。”（《孟子·滕文公下》）

閱讀提示：

孟子長於論辯，《齊桓晉文之事》就是《孟子》中極其精彩的論辯文章，结合本篇孟子和公都子的對話，思考孟子滔滔雄辯背後的精神動力是什么。

第二十課 性 善[①]

孟子曰："人皆有不忍人之心[②]。先王有不忍人之心，斯有不忍人之政矣。以不忍人之心，行不忍人之政，治天下可運之掌上。所以謂人皆有不忍人之心者，今人乍見孺子將入於井[③]，皆有怵惕惻隱之心[④]，非所以內交於孺子之父母也[⑤]，非所以要譽於鄉黨朋友也[⑥]，非惡其聲而然也。由是觀之，無惻隱之心，非人也；無羞惡之心，非人也；無辭讓之心，非人也；無是非之心，非人也。惻隱之心，仁之端也[⑦]；羞惡之心，義之端也；辭讓之心，禮之端也；是非之心，智之端也。人之有是四端也，猶其有四體也。有是四端而自謂不能者，自賊者也[⑧]。謂其君不能者，賊其君者也。凡有四端於我者，知皆擴而充之矣[⑨]。若火之始然[⑩]，泉之始達。苟能充之，足以保四海[⑪]；苟不充之，不足以事父母。"

---

① 本篇選自《孟子·公孫丑上》，題目爲後加。篇中主要論述了孟子性善論的基礎，即認爲每一個人都有不忍人之心，這種同情心是仁、義、禮、智的發端，發揚擴充這種不忍人之心，便能保安國家，施行仁政。

② 不忍人之心：指怜悯心，同情心。忍人，缺乏對人的憐憫。忍，心理接受刺激的程度，謂心硬，没有惻隱心。

③ 乍：突然，猝然。孺子：幼子。

④ 怵惕（chùtì）：驚懼駭怕。惻隱：哀痛同情。

⑤ 内（nà）交：結交。這裏指深交。内，進入，後作"納"。

⑥ 要（yāo）：求取。鄉黨：鄉和黨都是古代的地方建制，这裏指鄰里。

⑦ 端：發端，起點。

⑧ 賊：賊害。

⑨ 擴：擴大。充：充實。

⑩ 然：燃燒。《説文·火部》："然，燒也。"此處用本義，後作"燃"。

⑪ 保：安定。

擴展閱讀

孟子曰："人之學者，其性善。"曰：是不然。是不及知人之性，而不察乎人之性、僞之分者也。凡性者，天之就也。不可學，不可事。禮義者，聖人之所生也，人之所學而能，所事而成者也。不可學、不可事而在人者，謂之性；可學而能、可事而成之在人者謂之僞，是性、僞之分也。今人之性，目可以見，耳可以聽。夫可以見之明不離目，可以聽之聰不離耳；目明而耳聰，不可學明矣。孟子曰："今人之性善，將皆失喪其性故也。"曰：若是，則過矣。今人之性，生而離其朴、離其資，必失而喪之。用此觀之，然則人之性惡明矣。

孟子曰："人之性善。"曰：是不然。凡古今天下之所謂善者，正理平治也；所謂惡者，偏險悖亂也。是善惡之分也已。今誠以人之性固正理平治邪？則有惡用聖王，惡用禮義矣哉！雖有聖王禮義，將曷加於正理平治也哉！今不然，人之性惡，故古者聖人以人之性惡，以爲偏險而不正，悖亂而不治，故爲之立君上之埶以臨之，明禮義以化之，起法正以治之，重刑罰以禁之，使天下皆出於治、合於善也。是聖王之治而禮義之化也。今當試去君上之埶，無禮義之化，去法正之治，無刑罰之禁，倚而觀天下民人之相與也。若是，則夫彊者害弱而奪之，衆者暴寡而譁之，天下之悖亂而相亡，不待頃矣。用此觀之，然則人之性惡明矣，其善者僞也。（《荀子·性惡》）

閱讀提示：

1. "性善論"和"性惡論"是中國思想史上的重要命題。荀子《性惡》對孟子進行了直接的反駁，荀子是如何反駁孟子的？在針鋒相對的同時，二者之間有没有相通之處？

2. 荀子《性惡》中説"人之性惡，其善者僞也"，又説"可學而能、可事而成之在人者，謂之僞”。在上古漢語中，“爲”“僞”同源反映了什麽文化現象?

第二十一課　天　論[①]

天行有常[②]，不爲堯存[③]，不爲桀亡[④]。應之以治則吉[⑤]，應之以亂則凶。彊本而節用[⑥]，則天不能貧[⑦]；養備而動時[⑧]，則天不能病[⑨]；循道而不忒[⑩]，則天不能禍[⑪]。故水旱不能使之飢，寒暑不能使之疾[⑫]，祆怪不能使之凶[⑬]。本荒而用侈，則天不能使之富；養略

---

① 本篇節選自《荀子・天論》。荀子（約前313—前238），名況，戰國末趙國（今山西安澤縣）人，曾在齊國稷下（今山東臨淄西北）講學，後到楚國任蘭陵（今山東棗莊市）令，晚年居蘭陵從事寫作。荀子受學於儒家，同時又吸收了其他各學派的精髓，形成了自己的思想體系，是先秦時期集大成的思想家。荀子是一位樸素的唯物論者，他認爲自然界有自己的運動規律，是不以人的意志爲轉移的。人們只能按照自然規律去辦事。但他也認爲，人在自然面前又不是無所作爲的，因而主張“制天命而用之”。本課節選自《天論》篇，《天論》是荀子天人觀的集中體現，其“人定勝天”的思想在先秦思想史上具有獨創性。

② 天：指自然界。行：運行。常：恒久不變。

③ 堯：陶唐氏，名放勛，上古五帝之一，傳説中的聖君。

④ 桀：名履癸，夏朝末代君王，傳説中的暴君。

⑤ 應：應對，回應。治：按道理、規律做事。

⑥ 本：這裏指農業生產。

⑦ 貧：形容詞使動用法，使……貧困。

⑧ 養備：衣食足。動時：活動適時。時，四時、季節，名詞用作動詞，按時令行事。

⑨ 病：動詞使動用法，使……疲憊、困頓。

⑩ 循：順着。忒：差錯。

⑪ 禍：名詞用作動詞，加禍。

⑫ 疾：名詞用作動詞，生病。

⑬ 祆怪：自然界的反常變異。祆，“妖”的異體字，也寫作“祅”。《説文・示部》：“祅，地反物爲祅也。”

而動罕[1]，則天不能使之全[2]；倍道而妄行[3]，則天不能使之吉。故水旱未至而飢，寒暑未薄而疾[4]，祆怪未至而凶。受時與治世同[5]，而殃禍與治世異，不可以怨天，其道然也[6]。故明於天人之分[7]，則可謂至人矣[8]。

星隊、木鳴[9]，國人皆恐。曰：是何也？曰：無何也。是天地之變，陰陽之化，物之罕至者也[10]。怪之可也，而畏之非也。夫日月之有蝕，風雨之不時，怪星之黨見[11]，是無世而不常有之[12]。上明而政平，則是雖並世起[13]，無傷也。上闇而政險[14]，則是雖無一至者，無益也。夫星之隊，木之鳴，是天地之變，陰陽之化，物之罕至者也。怪之可也，而畏之非也。

雩而雨[15]，何也？曰：無何也，猶不雩而雨也。日月食而救

---

① 略：不足。罕：少。
② 全：完備。
③ 倍：背離。
④ 薄："迫"的借字，到來。
⑤ 受時：遇到的天時。時，時令。
⑥ 道：規律。指"應之以治則吉，應之以亂則凶"這一道理。
⑦ 天人之分：指自然規律與人事各有不同，所謂天行有常，不爲堯存。分，分別，不同。
⑧ 至人：明至理之人。
⑨ 隊：墜落，後作"墜"。
⑩ 至：出現。
⑪ 黨："儻"的借字，偶然。見：顯現，後作"現"。
⑫ 常："嘗"的借字，曾經。
⑬ 並世起：一個時代中同時出現。
⑭ 險：險惡，這裏指暴虐。
⑮ 雩（yú）：古代求雨的祭祀。

之[①]，天旱而雩，卜筮然後决大事，非以爲得求也，以文之也[②]。故君子以爲文，而百姓以爲神。以爲文則吉，以爲神則凶也。

在天者莫明於日月，在地者莫明於水火，在物者莫明於珠玉，在人者莫明於禮義。故日月不高，則光暉不赫[③]；水火不積，則暉潤不博[④]；珠玉不睹乎外[⑤]，則王公不以爲寶；禮義不加於國家[⑥]，則功名不白[⑦]。故人之命在天，國之命在禮。君人者隆禮尊賢而王[⑧]，重法愛民而霸，好利多詐而危，權謀、傾覆、幽險而亡矣[⑨]。

大天而思之[⑩]，孰與物畜而制之[⑪]？從天而頌之，孰與制天命而用之[⑫]？望時而待之，孰與應時而使之[⑬]？因物而多之[⑭]，孰與騁能而化之[⑮]？思物而物之，孰與理物而勿失之也[⑯]？願於物之所以生，孰

---

① 食："蝕"的借字。

② 文：文飾。

③ 暉："輝"的異體字，日光。赫：顯赫。

④ 潤：水的潤澤。博：廣博。

⑤ 睹：顯現。

⑥ 加：施行。

⑦ 白：顯明。

⑧ 王（wàng）：實現王道。

⑨ 權謀：弄權使謀。傾覆：反覆無信義。幽險：陰暗而險陂。

⑩ 大天：尊天。大，形容詞意動用法，認爲……尊大。思：思慕。

⑪ 孰與：何如，表示反詰語氣。《廣雅·釋言》："與，如也。"物畜：疑當作"蓄物"，轉寫誤倒，這裏指蓄天所生萬物。

⑫ 制：掌握，控制。天命：自然的本性、個性。用：利用。

⑬ "望時"兩句：大意是與其盼望天時而等待，不如因時制宜，使之爲我所用。

⑭ 因：任隨。多：形容詞用作動詞，增多，增長。

⑮ "因物而多之"兩句：大意是與其聽任萬物自然增長，不如施展人的才能來改造萬物。騁，施展。

⑯ 理：治理，管理。

與有物之所以成[①]？故錯人而思天[②]，則失萬物之情[③]。

擴展閱讀

傳書言："荆軻爲燕太子謀刺秦王，白虹貫日。衛先生爲秦畫長平之事，太白蝕昴。"此言精感天，天爲變動也。夫言白虹貫日，太白蝕昴，實也。言荆軻之謀，衛先生之畫，感動皇天，故白虹貫日，太白蝕昴者，虚也。夫以箸撞鐘，以筭擊鼓，不能鳴者，所用撞擊之者小也。今人之形不過七尺，以七尺形中精神，欲有所爲，雖積鋭意，猶箸撞鐘、筭擊鼓也，安能動天？精非不誠，所用動者小也。且所欲害者人也，人不動，天反動乎！

傳書言："湯遭七年旱，以身禱於桑林，自責以六過，天乃雨。"或言："五年。禱辭曰：余一人有罪，無及萬夫。萬夫有罪，在余一人。（天）〔無〕以一人之不敏，使上帝鬼神傷民之命。於是剪其髮，麗其手，自以爲牲，用祈福於上帝。上帝甚説，時雨乃至。"言湯以身禱於桑林自責，若言剪髮麗手，自以爲牲，用祈福於帝者，實也。言雨至，爲湯自責以身禱之故，殆虚言也。……人形長七尺，形中有五常，有癉熱之病，深自剋責，猶不能愈，況以廣大之天，自有水旱之變。湯用七尺之形，形中之誠，自責禱謝，安能得雨邪？人在層臺之上，人從層臺下叩頭，求請臺上之物。臺上之人聞其言，則憐而與之；如不聞其言，雖至誠區區，終無得也。夫天去人，非徒層臺之高也，湯雖自責，天安能聞知而與之雨乎？（《論衡·感虚》）

---

① "願於物之所以生"兩句：大意是與其祈望上天多生出萬物，不如運用規律促使萬物長成。願，祈望。有，"右（佑）"的借字，幫助。

② 錯："措"的借字，措置。這裏指放棄。

③ 情：（萬物）産生、生長和使用的本性，即本來規律。

閱讀提示：

《論衡》爲東漢王充所作。閲讀《感虚》，體會王充是如何反駁“傳書”中的天人感應説的，他對荀子思想有哪些繼承和發展。

第二十二課　正　　名[①]

後王之成名[②]：刑名從商[③]，爵名從周[④]，文名從《禮》[⑤]。散名之加於萬物者[⑥]，則從諸夏之成俗曲期[⑦]；遠方異俗之鄉則因之而爲通[⑧]。散名之在人者，生之所以然者謂之性[⑨]。性之和所生[⑩]，精合感應[⑪]，不事而自然謂之性[⑫]。性之好、惡、喜、怒、哀、樂謂之情[⑬]。情然而心爲之擇謂之慮[⑭]。心慮而能爲之動謂之僞[⑮]。慮積焉、能習

① 本文節選自《荀子・正名》。《正名》是體現荀子語言學思想的重要文章，對語言的產生、名稱與事物的關係以及語言的使用等重要問題進行了比較全面的闡述，具有重要的學術價值。

② 後王：指近時的、當代的君主。成名：確定事物的名稱。

③ 刑名：刑罰的名稱。從：依從、仿照。

④ 爵名：爵位官職的名稱。

⑤ 文名：禮節儀式的名稱。《禮》：指周代的《儀禮》，古代單稱"禮"。

⑥ 散名：一般事物的名稱。加：施加。

⑦ 諸夏：古時中原地區，即黃河流域一帶。成俗：業已形成的習俗。曲期：共同的約定。曲，周遍，普遍。期，約定。

⑧ 因之而爲通：依據中原地區通行習用的名稱進行交流。通，溝通，交流。

⑨ 性：這裏指人天生而有的本質，如耳、目等感官的功能。

⑩ 和：和氣，指陰陽所生之氣。古代思想家認爲，宇宙萬物是由陰陽二氣通過相反相成的相互作用所產生的"和氣"構成的。

⑪ 精合感應：人的感官與外界事物相互接觸感應。精，這裏指人的感官的本能。合，相合，接觸。感應，受外界影響而產生的反應。

⑫ 不事而自然謂之性：不通過後天的人爲努力或社會教化而自然形成的東西叫做本性。事，從事，作爲，這裏指通過後天的人爲努力或社會教化而改變。性，這裏指人的本能反應。

⑬ 情：感情，這裏指人在特定情況下的心理表現。

⑭ 然：代詞，這樣。擇：辨別，選擇。慮：思考。

⑮ 能：指人感官的功能。僞：人爲，這裏大致相當於上文的"事"，指後天努力的行爲。

焉而後成謂之僞[①]。正利而爲謂之事[②]。正義而爲謂之行[③]。所以知之在人者謂之知[④]。知有所合謂之智[⑤]。智所以能之在人者謂之能[⑥]。能有所合謂之能[⑦]。性傷謂之病[⑧]。節遇謂之命[⑨]。是散名之在人者也，是後王之成名也。

故王者之制名[⑩]：名定而實辨[⑪]，道行而志通[⑫]，而愼率民而一焉[⑬]。故析辭擅作名以亂正名[⑭]，使民疑惑，人多辨訟[⑮]，則謂之大姦[⑯]，其罪猶爲符節、度量之罪也[⑰]。故其民莫敢託爲奇辭以亂正

---

① 習：反復地運用。僞：這裏指經過後天的努力和積累而達到修養的成熟階段，與“性”相對。

② 正：符合。利：功利。事：事業，指農工商之類。

③ 行：德行。

④ 所以知：所，助詞，這裏與介詞“以”和動詞“知”組成所字詞組，指認知的能力。

⑤ 知有所合謂之智：人的認知能力與客觀事物相接觸而產生的認識叫做智。

⑥ 句首“智”爲衍文。所以能：指人處置事物的能力。

⑦ 能有所合謂之能：人處置事物的能力與客觀事物相接觸而形成的某種能力叫做才能。

⑧ 性傷：本性受到損傷。

⑨ 節遇：時遇，偶然的遭遇。楊倞注：“節，時也，當時所遇謂之命。”

⑩ 制名：制定事物的名稱。

⑪ 實：指客觀事物。辨：分辨清楚。

⑫ 道：這裏指制定名稱的原則。志通：思想互相交流。

⑬ 愼率民而一焉：謹愼地帶領民衆一致遵守這些名稱。一，統一，一致。

⑭ 析辭：玩弄辭句。擅作名：擅自制造名稱。正名：正確的名稱。

⑮ 辨訟：争論是非。辨，“辯”的借字，争辯。

⑯ 大姦：罪大惡極的壞人。姦，“奸”的借字。

⑰ 其罪猶爲符節、度量之罪也：私造名稱的罪與僞造符節、度量衡的罪一樣重。爲，假造，後分化作“僞”。符節，古代出入門關和傳達政令所用的憑證。度量，指度、量、衡等。

名[①]，故其民慤[②]；慤則易使[③]，易使則公[④]。其民莫敢託爲奇辭以亂正名，故壹於道法而謹於循令矣[⑤]。如是，則其迹長矣[⑥]。迹長功成，治之極也[⑦]，是謹於守名約之功也[⑧]。

今聖王没[⑨]，名守慢[⑩]，奇辭起，名實亂，是非之形不明[⑪]，則雖守法之吏，誦數之儒[⑫]，亦皆亂也。若有王者起，必將有循於舊名[⑬]，有作於新名[⑭]。然則所爲有名[⑮]，與所緣以同異[⑯]，與制名之樞要[⑰]，不可不察也。

異形離心交喻[⑱]，異物名實玄紐[⑲]，貴賤不明，同異不别。如

---

① 託："托"的異體字，憑藉，假託。奇辭：奇異怪癖的言辭。
② 慤（què）：誠實，謹慎。
③ 使：役使。
④ 公："功"的借字，功效。這裏名詞用作動詞，指收到功效、成就功業。
⑤ 壹：專一。道法：遵守法度。循令：遵行政令。
⑥ 迹："績"的借字，功績，功業。
⑦ 極：頂點，頂端。
⑧ 名約：指制名的約定性，即統一的名稱。
⑨ 没（mò）：消失。
⑩ 名守慢：指遵守統一名稱的事怠慢鬆懈了。
⑪ 形："型"的借字，型範，引申指標準。
⑫ 誦數之儒：研究典章制度的儒生。誦，講述。數，這裏指"名數"，即典籍中有關名物制度的内容。
⑬ 循：遵照，沿用。
⑭ 作：創造，創制。
⑮ 所爲有名：所，助詞，在這裏與"爲有名"組成所字詞組，表示動作發生的原因。這句話的意思是説，爲什麽要有名稱的道理，即制名的目的。
⑯ 所緣以同異：所，助詞，在這裏與"緣"組成所字詞組，表示依據。這句話的意思是説，事物名稱有同有異的依據。緣，依照，根據。
⑰ 樞要：關鍵，這裏指制名的基本原則。
⑱ 異形：指不同的人。離心：異心，這裏指各人有不同的想法。交喻：相互曉喻、互相交流。
⑲ 玄："眩"的借字，混亂，混淆。一説當作"互"，交互。紐：繫結。

是，則志必有不喻之患①，而事必有困廢之禍②。故知者爲之分別③，制名以指實④；上以明貴賤，下以辨同異。貴賤明，同異別；如是則志無不喻之患，事無困廢之禍，此所爲有名也。

然則何緣而以同異⑤？曰：緣天官⑥。凡同類同情者⑦，其天官之意物也同⑧；故比方之疑似而通⑨，是所以共其約名以相期也⑩。形體、色、理⑪，以目異⑫。聲音清濁、調竽、奇聲⑬，以耳異。甘、苦、鹹、淡、辛、酸、奇味，以口異。香、臭、芬、鬱、腥、臊、洒、酸、奇臭，以鼻異⑭。疾、養、滄、熱、滑、鈹、輕、重，以形體異⑮。說、故、喜、怒、哀、樂、愛、惡、

① 患：弊病。

② 困廢：困頓廢滯。

③ 知：智慧，後分化作“智”。

④ 指實：表達客觀事物或概念。

⑤ 何緣：賓語前置，疑問代詞“何”作賓語，置於介詞“緣”前。意思是根據什麼。緣，根據。

⑥ 天官：自然具有的感官，指耳、目、口、鼻等感覺器官。

⑦ 同類同情者：這裏指同一族類、具有相同思維習慣的人。

⑧ 意物：對事物的感知。

⑨ 比方：譬喻。疑：“擬”的借字，摹擬，摹仿。疑似：即“擬似”，指摹仿得大體相似。

⑩ 約名：約定的名稱。期：期會，這裏指交流思想。

⑪ 理：紋理。

⑫ 以目異：用眼睛來區別。異，區別。

⑬ 調竽：此處上下文或有脱誤，故存歧解。一説“調竽”即“窕㰌”，指聲音細小與洪大（依劉師培説）；一説“調竽”當爲“調節”，指調節聲音使之和諧（依王先謙説）。奇聲：各種不同的聲音。

⑭ 鬱：草木的腐臭。洒：“漏”的譌字（依楊倞説），馬膻氣。酸：“庮（yǒu）”的譌字（依王念孫説），牛膻氣。奇臭（xiù）：特殊的氣味。

⑮ 養：“癢”的借字，瘙癢。滄：寒冷。鈹：“鈒”的譌字，本字作“澀”，滯澀。形體：身體。

欲，以心異[①]。心有徵知[②]。徵知，則緣耳而知聲可也，緣目而知形可也，然而徵知必將待天官之當簿其類然後可也[③]。五官簿之而不知，心徵之而無説[④]，則人莫不然謂之不知，此所緣而以同異也。

然後隨而命之[⑤]：同則同之，異則異之[⑥]；單足以喻則單，單不足以喻則兼[⑦]；單與兼無所相避則共[⑧]，雖共，不爲害矣[⑨]。知異實者之異名也，故使異實者莫不異名也，不可亂也，猶使異實者莫不同名也[⑩]。故萬物雖衆，有時而欲徧舉之[⑪]，故謂之物。物也者，大共名也[⑫]。推而共之，共則有共[⑬]，至於無共然後止。有時而欲徧舉之[⑭]，故謂之鳥獸。鳥獸也者，大別名也[⑮]。推而別之，別則有別，

---

① 説：内心的開釋喜悦之情，後作“悦”。故：“固”的借字，這裏指煩悶、鬱結（依梁啟雄説）。

② 心：指思維器官。徵知：古代的哲學概念，指通過“心”的思維活動，對耳、目、口、鼻等感官得來的認識進行分類、辨别和取捨。

③ 簿：“薄”的借字，迫近，這裏指接觸。類：事物，這裏指感知的對象。

④ 説：用名稱表達事物的差異。

⑤ 隨：隨即。命之：給事物命名。

⑥ 同則同之，異則異之：同類的事物就使名稱相同，不同的事物就使名稱不同。後一個“同”與“異”，形容詞使動用法。

⑦ 單：單名，指用一個字表示的名稱。兼：複名，兼用兩個或數個字表示的名稱。

⑧ 避：違背。共：共名，指更高一級的類概念。

⑨ 害：妨礙。

⑩ 猶使異實者莫不同名也：“異實”當作“同實”（依王念孫説）。

⑪ 徧：“遍”的異體字，全面。

⑫ 大共名：反映普遍性最高的類的概念。荀子將概念的種屬關係相對地分爲“共名”和“别名”，“共名”相當於種概念，“别名”相當於屬概念。由别名推到最高類的共名即“大共名”，如“物”這個概念，是最大的共名。

⑬ 有：“又”的借字。

⑭ 徧舉：部分地概括。徧，“偏”的譌字（依俞樾説）。

⑮ 大别名：反映普遍性較低的類的概念。如“鳥”或“獸”的概念，是較大的别名。

至於無別然後止。名無固宜[①]，約之以命，約定俗成謂之宜[②]，異於約則謂之不宜。名無固實，約之以命實，約定俗成謂之實名。名有固善，徑易而不拂[③]，謂之善名。物有同狀而異所者[④]，有異狀而同所者，可別也。狀同而爲異所者，雖可合[⑤]，謂之二實。狀變而實無別而爲異者，謂之化[⑥]。有化而無別，謂之一實。此事之所以稽實定數也[⑦]，此制名之樞要也。後王之成名，不可不察也。

擴展閱讀

子路曰："衛君待子而爲政，子將奚先？"

子曰："必也正名乎！"

子路曰："有是哉，子之迂也！奚其正？"

子曰："野哉，由也！君子於其所不知，蓋闕如也。名不正，則言不順；言不順，則事不成；事不成，則禮樂不興；禮樂不興，則刑罰不中；刑罰不中，則民無所錯手足。故君子名之必可言也，言之必可行也。君子於其言，無所苟而已矣！"（《論語·子路》）

閱讀提示：

中國古代語言理論是在先秦名辯學中孕育和發展的。《論語》此章談的雖

① 固：本來。宜：合適，恰當。
② 約定俗成：（事物的名稱）由人們共同約定，習用既久而被社會公認。
③ 徑易：直接平易，明確無歧義。拂：違背。
④ 狀：事物的性狀。所：處所，這裏指事物的實體。
⑤ 合：指合用一個名稱。
⑥ 化：變化。
⑦ 稽實定數：考察事物的實質，確定制定事物名稱的原則。稽，考察。數，這裏指制定名稱並使之與所記録的事物或概念相符合的原則。

是政治問題，但孔子的正名論對名辯學的發展和語言理論的產生都有着重要的影響。閱讀本章，思考孔子爲何提出“正名”思想。結合孔子的闡述，分析語言、思想、政治三者之間的關係。

第五單元

第二十三課　《老子》四章[①]

第　一　章

道可道[②]，非常道[③]；名可名[④]，非常名。無名，天地之始[⑤]；有名，萬物之母[⑥]。故常無，欲以觀其妙。常有，欲以觀其徼[⑦]。此兩

---

① 本篇選自《老子》。老子（約前571—前471），春秋時期思想家，道家學派創始人。《老子》一書亦稱《道德經》。書中用“道”説明宇宙萬物的演變，認爲萬物的生成變化都是“有”和“無”的統一，而“無”是更基本的；同時又將形而上的哲學思考落實到現實層面，提出了獨特的人生見解和政治主張。

② 道可道：前一個“道”是老子哲學的專有名詞，指宇宙萬物的本體。後一個“道”是動詞，是言説的意思。

③ 常：真常，永恒。

④ 名：前一個“名”是老子哲學的專有名詞，指用以稱謂“道”的名稱。後一個“名”是動詞，是稱謂的意思。

⑤ “無名”“有名”兩句：歷來有兩種句讀：（一）無名，天地之始；有名，萬物之母。（二）無，名天地之始；有，名萬物之母。嚴遵、王弼以“無名”“有名”作解，王安石則以“無”“有”爲讀。這裏從第一種句讀。

⑥ 無、有：中國哲學本體論或宇宙論中的一對重要範疇，創始於老子。這裏用來表示“道”蘊涵萬物、創生萬物的過程，即“無”蘊涵着無限的“有”。《老子·四十章》：“天下萬物生於有，有生於無。”

⑦ “常無”“常有”兩句：各家因標點不同而釋義有别。河上公、王弼舊注皆以“常無欲”“常有欲”斷句，司馬光、王安石則以“常無”“常有”斷句，俞樾《諸子平議》：“司馬温公、王荆公并於‘無’字、‘有’字終句，當從之。下云‘此兩者同出而異名，同謂之玄’，正承‘有’‘無’二義而言。若以‘無欲’‘有欲’連讀，既‘有欲’矣，豈得謂之‘玄’？”徼（jiào），邊際。陸德明《經典釋文·老子音義》：“徼，邊也。”一説是“皦”（jiǎo）的借字，光明。《老子·十四章》：“其上不皦，其下不昧。”

者同出而異名，同謂之玄[①]，玄之又玄[②]，衆妙之門。

第八章

上善若水。水善利萬物而不争，處衆人之所惡[③]，故幾於道[④]。居善地，心善淵[⑤]，與善仁[⑥]，言善信，正善治[⑦]，事善能，動善時。夫唯不争，故無尤[⑧]。

第十六章

致虛極[⑨]，守静篤[⑩]，萬物並作[⑪]，吾以觀復[⑫]。夫物芸芸[⑬]，各復歸其根。歸根曰静，是謂復命[⑭]。復命曰常[⑮]，知常曰明，不知常，妄作，凶。知常容[⑯]，容乃公[⑰]，公乃王[⑱]，王乃天[⑲]，天乃道，

---

① 玄：幽昧深遠而不可測知。
② 之：連詞，相當於“而”。
③ 所惡（wù）：厭惡的東西。
④ 幾（jī）：接近。
⑤ 淵：這裏指沉静。
⑥ 與：指和别人相交相接。
⑦ 正：他本作“政”。
⑧ 尤：怨咎。
⑨ 致：推致。
⑩ 篤：甚，深。與“極”義近。
⑪ 作：生成，活動。
⑫ 復：反還，循環往復。
⑬ 芸芸：形容繁盛的樣子。
⑭ 命：本性。
⑮ 常：指萬物運動變化中的永恒規律。
⑯ 容：寬容，包容。
⑰ 公：公正。
⑱ 公乃王：王弼注：“蕩然公平則乃至於無所不周普也。”王，這裏指周全。
⑲ 天：指自然之天。

道乃久，没身不殆[①]。

第三十九章

昔之得一者[②]，天得一以清，地得一以寧，神得一以靈，谷得一以盈[③]，萬物得一以生，侯王得一以爲天下貞[④]。其致之[⑤]。天無以清將恐裂，地無以寧將恐發[⑥]，神無以靈將恐歇[⑦]，谷無以盈將恐竭[⑧]，萬物無以生將恐滅，侯王無以貴高將恐蹶[⑨]。故貴以賤爲本，高以下爲基。是以侯王自謂孤寡不穀[⑩]。此非以賤爲本邪？非乎？故致數輿無輿[⑪]。不欲琭琭如玉[⑫]，珞珞如石[⑬]。

---

① 没（mò）：終，盡。殆：危險。

② 一：道的别名。

③ 谷：河谷。《説文・谷部》："谷，泉出通川爲谷。从水半見，出於口。"此處用本義。

④ 貞：古本多作"正"。貞、正古字多通用。《廣雅・釋詁》："正、伯，長也。"《老子・四十五章》："清静爲天下正。"高亨《老子正詁》："正，長也，君也。"

⑤ 致：推致，推闡。高亨《老子正詁》："'致'猶推也，推而言之如下文也。"

⑥ 發：開裂。一説是"廢"的借字，坍塌。一説認爲《老子》全書多處用"廢"，此處因"廢"字闕壞，失去"广"旁而致誤。

⑦ 歇：消失。《説文・欠部》："歇，息也。一曰气越泄。"

⑧ 竭：同"渴"，枯涸。《説文・水部》："渴，盡也。"

⑨ 侯王無以貴高將恐蹶：此句疑有誤，"貴高"或作"貞"。蹶，僵仆跌倒。《説文・足部》："蹶，僵也。"此處用本義。

⑩ 自謂：他本或作"自稱"。不穀：不善，君王用以自稱的謙辭。《爾雅・釋詁》："穀，善也。"

⑪ 致："至"的借字。數：他本無此字。輿："譽"的借字，稱譽。《莊子・至樂》："至譽無譽。"

⑫ 琭琭（lùlù）：形容玉的華麗珍貴。

⑬ 珞珞（lìlì）：形容石的堅實。

擴展閱讀

水之性，不雜則清，莫動則平；鬱閉而不流，亦不能清。天德之象也。故曰：純粹而不雜，静一而不變，惔而無爲，動而以天行，此養神之道也。（《莊子·刻意》）

夫水淖弱以清，而好灑人之惡，仁也；視之黑而白，精也；量之不可使概，至滿而止，正也；唯無不流，至平而止，義也；人皆赴高，己獨赴下，卑也。卑也者，道之室，王者之器也，而水以爲都居。（《管子·水地》）

天下之物，莫柔弱於水，然而大不可極，深不可測，脩極於無窮，遠淪於無涯，息耗減益，通於不訾。上天則爲雨露，下地則爲潤澤；万物弗得不生，百事不得不成。大包群生，而無好憎；澤及蚑蟯，而不求報；富贍天下而不既，德施百姓而不費；行而不可得窮極也，微而不可得把握也。擊之無創，刺之不傷，斬之不斷，焚之不然，淖溺流遁，錯繆相紛，而不可靡散。利貫金石，强濟天下。動溶無形之域，而翺翔忽區之上；邅回川谷之間，而滔騰大荒之野。有餘不足，與天地取與，授萬物而無所前後。是故無所私而無所公，靡濫振蕩，與天地鴻洞；無所左而無所右，蟠委錯紾，與萬物始終，是謂至德。夫水所以能成其至德於天下者，以其淖溺潤滑也。故老聃之言曰："天下至柔，馳騁天下之至堅，出於無有，入於無間。吾是以知無爲之有益。"（《淮南子·原道訓》）

閱讀提示：

水與人類生活關係極爲密切，通過對水的長期觀察，古人認識到水的獨特品質，先秦兩漢諸子站在各自的角度和立場，通過“水”這一意象闡述了對世界和人生的不同理解。請歸納以上諸子論水的要旨。

第二十四課　《莊子》兩篇[①]

齊　物　論[②]

南郭子綦隱机而坐[③]，仰天而噓[④]，荅焉似喪其耦[⑤]。顔成子游立侍乎前[⑥]，曰："何居乎[⑦]？形固可使如槁木，而心固可使如死灰乎？今之隱机者，非昔之隱机者也。"子綦曰："偃，不亦善乎，而問之也[⑧]！今者吾喪我[⑨]，汝知之乎？女聞人籟而未聞地籟[⑩]，女聞地籟而未聞天籟夫！"

---

① 本篇選自《莊子》。莊子（約前369—前286），名周，戰國宋人。他繼承發展了老子的思想，與老子同爲道家學派的代表人物，世稱"老莊"。《莊子》一書今存33篇，其中内篇7篇，外篇15篇，雜篇11篇。一般認爲内篇爲莊子自著，外篇和雜篇爲其後學所著。

② 《齊物論》出自内篇，本篇的主旨是肯定一切人與物的獨特價值，主張破除自我中心，平等對待萬物。

③ 南郭子綦（qí）：楚人，居於南郭，故以爲號。隱：憑靠。同"㥯"。《説文·㕟部》："㥯，有所依也。"段玉裁《説文解字注》："此與𨸏部'隱'音同義近。"机："几"的借字，案几。

④ 噓：缓缓吐气。

⑤ 荅焉：沮喪的樣子。"荅"，"嗒"的借字，改讀 tà。《經典釋文·莊子音義》："解體貌。"喪：失，猶忘。耦："偶"的借字，匹對，這裏指與精神相對的軀體。

⑥ 顔成子游：姓顔成，名偃，字子游，南郭子綦的弟子。

⑦ 居（jī）：語氣詞，無實義。

⑧ "不亦善乎"句：倒裝句式，即"而問之也，不亦善乎"。而，第二人稱代詞，你。

⑨ 吾：這裏指真我。我：這裏指偏執的我。

⑩ 籟：從孔穴中發出的聲響。

子游曰："敢問其方[①]。"

子綦曰："夫大塊噫氣[②]，其名爲風。是唯无作[③]，作則萬竅怒呺[④]，而獨不聞之翏翏乎[⑤]？山林之畏佳[⑥]，大木百圍之竅穴，似鼻，似口，似耳，似枅[⑦]，似圈[⑧]，似臼，似洼者[⑨]，似污者[⑩]；激者，謞者[⑪]，叱者，吸者，叫者，譹者[⑫]，宎者[⑬]，咬者[⑭]，前者唱于而隨者唱喁[⑮]，泠風則小和[⑯]，飄風則大和[⑰]，厲風濟則衆竅爲虚[⑱]。而獨不見之調調、之刁刁乎[⑲]？"

子游曰："地籟則衆竅是已，人籟則比竹是已[⑳]，敢問天籟。"

---

① 方：道理。

② 大塊：大地。噫（ài）氣：吐氣出聲。

③ 作：發動。

④ 竅（qiào）：穴，孔洞。呺："號"的異體字，大聲叫。

⑤ 翏翏（lùlù）：遠遠襲來的風聲。

⑥ 畏佳（wèicuī）：疊韻聯綿詞，形容山勢的高下盤回，也作"嵬崔"。

⑦ 枅（jī）：柱上方木。

⑧ 圈：杯盂。

⑨ 洼：深池，這裏指深竅。

⑩ 污：小池，這裏指淺竅。

⑪ 謞（xiāo）者：叫呼的聲音，這裏形容箭頭飛去的聲響。

⑫ 譹者：嚎哭的聲音。譹，"嚎"的異體字，嚎哭。

⑬ 宎（yǎo）者：風入孔竅發出的聲響。

⑭ 咬（jiǎo）者：哀切的聲音。

⑮ 于、喁（yú）：表示相應和的聲音。

⑯ 泠（líng）風：輕柔的風，即小風。

⑰ 飄風：疾風。飄，《説文·風部》："飄，回風也。"此處用本義。

⑱ 厲風：烈風。濟：停止。

⑲ 調調、刁刁：形容風吹林木枝葉搖動的樣子。

⑳ 比：並列，比次。

子綦曰："夫吹萬不同，而使其自己也，咸其自取[1]，怒者其誰邪[2]？"

秋水[3]

秋水時至[4]，百川灌河[5]。涇流之大[6]，兩涘渚崖之間，不辯牛馬[7]。於是焉河伯欣然自喜[8]，以天下之美爲盡在己。順流而東行[9]，至於北海，東面而視[10]，不見水端[11]。於是焉河伯始旋其面目[12]，望洋向若而歎[13]，曰："野語有之曰[14]'聞道百[15]，以爲莫己

---

① 咸：皆，都。

② 怒：這裏指發動。其：語氣詞，表示反問。

③ 《秋水》出自《莊子・外篇》，本篇主要通過寓言闡發了莊子相對主義的認識論。莊子認爲萬物的大小、知識的深淺都是相對的。此文也表達了莊子的辯證觀點，告誡人們不要囿於見聞而驕傲自大。

④ 時：按時。

⑤ 灌：注入。河：黄河。

⑥ 涇（jīng）：直流。

⑦ 涘（sì）：水涯，水岸。《說文・水部》："涘，水厓也。"此處用本義。渚（zhǔ）：水中的小塊陸地。涯：河岸。辯："辨"的借字，分辨。

⑧ 於是：在這個時候。焉：語氣詞。河伯：河神。

⑨ 東：方位名詞作狀語，向東。

⑩ 東面：臉朝東。面，面向。

⑪ 端：盡頭。

⑫ 旋：改變。面目：臉色。

⑬ 望洋：疊韻聯綿詞，仰視的樣子。若：海神的名字，即下文的"北海若"。

⑭ 野語：俗語。之：代詞，指代後面的"聞道百以爲莫己若"這句話。

⑮ 聞：聽到。百：概數，指多。

若[1]’者，我之謂也[2]。且夫我嘗聞少仲尼之聞[3]而輕伯夷之義者[4]，始吾弗信，今我睹子之難窮也[5]，吾非至於子之門則殆矣[6]，吾長見笑於大方之家[7]。”

北海若曰：“井鼃不可以語於海者[8]，拘於虛也[9]；夏蟲不可以語於冰者[10]，篤於時也[11]；曲士不可以語於道者[12]，束於教也。今爾出於崖涘，觀於大海，乃知爾醜[13]，爾將可與語大理矣。天下之水，莫大於海，萬川歸之，不知何時止而不盈；尾閭泄之[14]，不知何時已而不虛[15]；春秋不變，水旱不知。此其過江河之流，不可爲量數。而

① 莫己若：賓語前置，否定句中代詞“己”作賓語，置於動詞“若”前。意思是没有誰比得上自己。

② 我之謂：“我”作“謂”的前置賓語，用代詞“之”複指。意思是説的就是我。

③ 少：形容詞意動用法，認爲……少。仲尼：孔子字仲尼。聞：前一個“聞”爲動詞，聽聞；後一個“聞”是名詞，見聞、學識。

④ 輕：形容詞意動用法，認爲……輕。伯夷：商代孤竹國國君之子，和他的弟弟叔齊都不肯接受國君的地位。周武王伐紂，他們又牽住馬勸諫。武王滅商后，他們二人以食周粟爲恥，餓死在首陽山。事見《史記·伯夷叔齊列傳》。義：道義，這裏指合乎道義的行爲。

⑤ 窮：盡。

⑥ 殆：危險。

⑦ 見笑：被譏笑。見，助動詞，表示被動。大方之家：指有很高學識的人。方，道，指學問。

⑧ 鼃：“蛙”的異體字，青蛙。

⑨ 拘：約束。虛：居住的處所，後分化作“墟”。

⑩ 夏蟲：只生活在夏天的昆蟲。

⑪ 篤：固守。

⑫ 曲士：孤陋寡聞的人。曲，古代較小的軍事編制，故有“鄉曲”之稱。

⑬ 醜：這裏指淺陋。

⑭ 尾閭：古代傳説中海水泄出的地方。泄：排出。

⑮ 已：停止。虛：空，這裏指海水排盡。

吾未嘗以此自多者[①]，自以比形於天地而受氣於陰陽[②]，吾在天地之間，猶小石小木之在大山也。方存乎見少[③]，又奚以自多[④]！計四海之在天地之間也，不似礨空之在大澤乎[⑤]？計中國之在海内[⑥]，不似稊米之在大倉乎[⑦]？號物之數謂之萬[⑧]，人處一焉[⑨]；人卒九州[⑩]，穀食之所生，舟車之所通，人處一焉。此其比萬物也，不似豪末之在於馬體乎[⑪]？五帝之所連[⑫]，三王之所争[⑬]，仁人之所憂，任士之所勞[⑭]，盡此矣！伯夷辭之以爲名，仲尼語之以爲博，此其自多也，不似爾向之自多於水乎？”

擴展閲讀

歐陽子方夜讀書，聞有聲自西南來者，悚然而聽之，曰：“異哉！”初淅瀝以蕭颯，忽奔騰而砰湃，如波濤夜驚，風雨驟至。其觸於物也，鏦鏦錚錚，

① 多：誇獎。

② 以：認爲。比：“庇”的借字，寄托。

③ 方：正在。存：在。見：見識。

④ 奚以：憑藉什麽。奚，疑問代詞，什麽。

⑤ 礨空（lěikǒng）：蟻穴。空，“孔”的借字。澤：草澤。

⑥ 中國：指黄河流域一代。處於九州之中，故稱中國。

⑦ 稊（tí）：一種長得像稗草的野草。大（tài）倉：大糧倉。大，後分化作“太”。

⑧ 號：稱呼。

⑨ 處：居處。

⑩ 卒：“萃”的借字，聚集。

⑪ 豪：“毫”的借字，指動物身上的細毛。

⑫ 五帝：上古傳説的五位帝王。其説不一，《史記・五帝本紀》以黄帝、顓頊、帝嚳、堯、舜爲五帝。所連：連續從事的事業。

⑬ 三王：指夏、商、周三代之君。所争：争奪的東西。

⑭ 任士：擔負職務的人。

金鐵皆鳴。又如赴敵之兵，銜枚疾走，不聞號令，但聞人馬之行聲。余謂童子："此何聲也？汝出視之。"童子曰："星月皎潔，明河在天，四無人聲，聲在樹間。"余曰："噫嘻，悲哉！此秋聲也，胡爲而來哉？蓋夫秋之爲狀也：其色慘淡，烟霏雲斂；其容清明，天高日晶；其氣慄冽，砭人肌骨；其意蕭條，山川寂寥。故其爲聲也，凄凄切切，呼號憤發。豐草緑縟而争茂，佳木葱蘢而可悦；草拂之而色變，木遭之而葉脱。其所以摧敗零落者，乃其一氣之餘烈。夫秋，刑官也，於時爲陰；又兵象也，於行爲金，是謂天地之義氣，常以肅殺而爲心。天之於物，春生秋實，故其在樂也，商聲主西方之音，夷則爲七月之律。商，傷也，物既老而悲傷；夷，戮也，物過盛而當殺。嗟乎！草木無情，有時飄零。人爲動物，惟物之靈；百憂感其心，萬事勞其形；有動於中，必摇其精。而況思其力之所不及，憂其智之所不能；宜其渥然丹者爲槁木，黝然黑者爲星星。奈何非金石之質，欲與草木而争榮？念誰爲之戕賊，亦何恨乎秋聲！"童子莫對，垂頭而睡。但聞四壁蟲聲唧唧，如助余之歎息。（歐陽修《秋聲賦》）

閱讀提示：

1. 唐宋文章受先秦諸子影響至深，閱讀歐陽修的《秋聲賦》，看看其中是否有受到《莊子・齊物論》影響之處。

2. 請找出《秋聲賦》中的聯綿詞，體會聯綿詞在這篇文章中的文學表達作用。

第二十五課　尚　　賢[①]

子墨子言曰[②]："今者王公大人爲政於國家者[③]，皆欲國家之富，人民之衆，刑政之治[④]。然而不得富而得貧，不得衆而得寡，不得治而得亂，則是本失其所欲[⑤]，得其所惡[⑥]。是其故何也[⑦]？"子墨子言曰："是在王公大人爲政於國家者，不能以尚賢事能爲政也[⑧]。是故國有賢良之士衆，則國家之治厚[⑨]，賢良之士寡，則國家之治薄[⑩]。故大人之務[⑪]，將在於衆賢而已[⑫]。"

① 本篇節選自《墨子·尚賢上》。《墨子》是先秦墨家學派的代表作。墨家學派的創始人墨翟，戰國時魯國人，中國歷史上著名的思想家。墨家學派主張"兼愛""非攻""節用""尚同""尚賢"等，主要代表了社會中下層民衆的思想，在戰國時期曾與儒家學派並稱爲"顯學"。《墨子》原書七十一篇，今存五十一篇。秦漢以後，墨學衰微，《墨子》一書的研究者也很少。直到清末，隨着小學的昌明和學術界對古代文獻典籍的深入研究，《墨子》的校勘、注釋才得到重視。清代著名學者孫詒讓的《墨子閒詁》是整理《墨子》一書的集大成著作，也是我們閱讀這部書最重要的參考書。本文的文字即以《墨子閒詁》爲依據。

② 子墨子：墨子的弟子對墨子的敬稱。

③ 今者：現在。王公大人：指天子諸侯及卿大夫等治理國家的貴族。

④ 刑政：刑事與政務。治：治理得好，與"亂"相對。

⑤ 則：連詞，表順承關係。是：指示代詞，在句中作主語。本：名詞作狀語，從根本上。所欲：要得到的東西。

⑥ 所惡（wù）：厭惡的東西。

⑦ 是其：指示代詞連用，這。

⑧ 事：任用。

⑨ 厚：程度强。

⑩ 薄：程度弱。

⑪ 務：專力從事的事情。

⑫ 衆：形容詞使動用法，使……衆多。

曰:“然則衆賢之術將奈何哉[①]?”

子墨子言曰:“譬若欲衆其國之善射御之士者,必將富之貴之[②],敬之譽之,然後國之善射御之士,將可得而衆也。況又有賢良之士[③],厚乎德行[④],辯乎言談[⑤],博乎道術者乎?此固國家之珍,而社稷之佐也,亦必且富之貴之[⑥],敬之譽之,然後國之良士亦將可得而衆也。”

是故古者聖王之爲政也,言曰:“不義不富[⑦],不義不貴,不義不親[⑧],不義不近。”是以國之富貴人聞之,皆退而謀曰[⑨]:“始我所恃者[⑩],富貴也,今上舉義不辟貧賤[⑪],然則我不可不爲義。”親者聞之,亦退而謀曰:“始我所恃者親也,今上舉義不辟疏[⑫],然則我不可不爲義。”近者聞之,亦退而謀曰:“始我所恃者近也,今上舉義不辟遠,然則我不可不爲義。”遠者聞之,亦退而謀曰:“我始以遠爲無恃,今上舉義不辟遠,然則我不可不爲義。”逮至遠鄙郊外

① 術:方法。奈何:怎樣。
② 富:形容詞使動用法,使……富有。貴:形容詞使動用法,使……高貴。
③ 況:何況。
④ 乎:介詞,於。
⑤ 辯:有辯才。
⑥ 且:時間副詞,將要。
⑦ 不義不富:條件複句,不義則不富。以下三句結構相同。義,合乎道理的行爲。富,形容詞使動用法,使……富有。下句中“貴”字用法與此同。
⑧ 親:親愛。這裏指與君王關係親近。
⑨ 謀:謀劃,商量。
⑩ 始:先前。恃:憑藉。
⑪ 上:國君。舉:選拔。義:合乎道義的人。辟:避開,後作“避”。
⑫ 疏:關係遠,這裏指關係遠的人。

之臣[①]、門庭庶子[②]、國中之衆[③]、四鄙之萌人[④]，聞之皆競爲義。是其故何也？曰：上之所以使下者，一物也；下之所以事上者，一術也。譬之富者，有高牆深宫[⑤]，牆立既[⑥]，謹上爲鑿一門[⑦]。有盜人入，闔其自入而求之[⑧]，盜其無自出。是其故何也？則上得要也[⑨]。

故古者聖王之爲政，列德而尚賢[⑩]。雖在農與工肆之人[⑪]，有能則舉之。高予之爵[⑫]，重予之禄[⑬]，任之以事[⑭]，斷予之令[⑮]，曰：爵位不高則民弗敬，蓄禄不厚則民不信，政令不斷則民不畏。舉三者授之賢者，非爲賢賜也，欲其事之成。故當是時，以德就列[⑯]，以官服事[⑰]，以勞殿賞[⑱]，量功而分禄。故官無常貴，而民無終賤。有能則舉

① 逮至：同義詞連用，及至。遠鄙：距離國都遥遠的邊邑。鄙，邊邑。郊：古代距離國都百里之外的地區。

② 門庭庶子：指在宫廷裏擔任保衛工作的諸侯公族及卿大夫子弟，其中正式授職的稱士，未正式授職的稱庶子。

③ 國：都城。衆：普通百姓。

④ 萌："氓"的借字，農民。

⑤ 宫：房屋。

⑥ 牆立既：孫詒讓《墨子閒詁》認爲，"牆立既"可能是"宫牆既立"之誤，傳抄中脱漏了"宫"字，"既立"又誤倒作"立既"。

⑦ 謹上："謹"爲"僅"的借字，"上"爲"止"字的訛字。僅止，義同"僅只"。

⑧ 闔：關閉。自入：所由進入的地方，指門。自，介詞，由。

⑨ 要（yào）：關鍵。

⑩ 列德：給有德的人安排職位。列，名詞使動用法，使……獲得位次。

⑪ 雖：即使。工：手工業。肆：店鋪。

⑫ 予：給。爵：爵位。

⑬ 禄：俸禄。

⑭ 任：任命。

⑮ 斷予之令：即"予之斷令"，給予他們決斷政令的權利。

⑯ 以德就列：根據品德的高低出任一定的職位。

⑰ 以官服事：根據官職給予任事的許可權。官，官職。服事，從事職事。

⑱ 以勞殿賞：根據功勞的大小決定賞賜的多少。勞，功勞。殿，定，決定。

之，無能則下之[①]。舉公義[②]，辟私怨[③]，此若言之謂也[④]。故古者堯舉舜於服澤之陽[⑤]，授之政[⑥]，天下平[⑦]；禹舉益於陰方之中[⑧]，授之政，九州成[⑨]；湯舉伊尹於庖廚之中[⑩]，授之政，其謀得[⑪]；文王舉閎夭、泰顛於罝罔之中[⑫]，授之政，西土服。故當是時，雖在於厚祿尊位之臣，莫不敬懼而施[⑬]；雖在農與工肆之人，莫不競勸而尚意[⑭]。故士者，所以爲輔相承嗣也[⑮]。故得士則謀不困，體不勞，名立而功成，美章而惡不生[⑯]，則由得士也。

① 下：名詞使動用法，使……地位在下。

② 舉公義：選拔以公益標準認爲合乎道義的人。舉，選拔。

③ 辟私怨：排除以個人恩怨作標準判斷。辟，排除。

④ 此若言之謂：賓語前置，“此若言”作“謂”的前置賓語，用代詞“之”複指。意思是：説的就是這個意思。此若，指示代詞連用，相當於“這”。

⑤ 服澤：地名，其地不詳。陽：山的南面，水的北面。

⑥ 授之政：雙賓語。之，人稱代詞，代舜，作“授”的賓語。

⑦ 平：安定，太平。

⑧ 禹：原爲夏后氏部落首領，後奉舜之命治理洪水，有功，被舜選爲繼承人，在舜死後擔任部落首領。益：即伯益，舜時爲主管畜牧狩獵的官員，又幫助禹治水有功，被禹選定爲接班人。陰方：地名，其地不詳。

⑨ 九州：傳説禹時分天下爲九州，即冀、豫、雍、揚、兖、徐、梁、青、荆。成：平定。

⑩ 湯：商代的開國國君。伊尹：名伊，尹是官名，商湯時的大臣，幫助商湯滅夏建國。傳説他本爲廚師，是商湯妻子的陪嫁奴隸。

⑪ 謀：謀略。得：實現。

⑫ 閎（hóng）夭、泰顛：周文王時的大臣。曾經用計謀使被囚禁的周文王獲釋，後又輔佐周武王滅紂。罝（jū）罔：捕獵的網。這裏指從事罝罔漁獵之事。罔，後作“網”。

⑬ 施：“惕”的借字，改讀 tì，戒懼。

⑭ 勸：勉力。意：孫詒讓認爲是“悳”的訛字，“悳”即道德的“德”的本字。

⑮ 輔相：輔佐。承嗣：即“丞司”，副職官員。

⑯ 章：顯揚，後作“彰”。

是故子墨子言曰："得意，賢士不可不舉；不得意，賢士不可不舉。尚欲祖述堯舜禹湯之道[①]，將不可以不尚賢。夫尚賢者，政之本也。"

擴展閱讀

燕昭王收破燕後即位，卑身厚幣以招賢者，欲將以報讎。故往見郭隗先生，曰："齊因孤國之亂，而襲破燕，孤極知燕小力少，不足以報。然得賢士與共國，以雪先王之耻，孤之願也。敢問以國報讎者柰何？"郭隗先生對曰："帝者與師處，王者與友處，霸者與臣處，亡國與役處。詘指而事之，北面而受學，則百己者至。先趨而後息，先問而後嘿，則什己者至。人趨己趨，則若己者至。馮几據杖，眄視指使，則厮役之人至。若恣睢奮擊，呴籍叱咄，則徒隸之人至矣。此古服道致士之法也。王誠博選國中之賢者，而朝其門下，天下聞王朝其賢臣，天下之士必趨於燕矣。"

昭王曰："寡人將誰朝而可？"郭隗先生曰："臣聞古之君人有以千金求千里馬者，三年不能得。涓人言於君曰：'請求之。'君遣之，三月得千里馬，馬已死，買其首五百金，反以報君。君大怒曰：'所求者生馬，安事死馬而捐五百金？'涓人對曰：'死馬且買之五百金，況生馬乎？天下必以王爲能市馬，馬今至矣。'於是不能期年，千里之馬至者三。今王誠欲致士，先從隗始。隗且見事，況賢於隗者乎？豈遠千里哉？"

於是昭王爲隗築宫而師之，樂毅自魏往，鄒衍自齊往，劇辛自趙往，士争湊燕。（《戰國策·燕策一》）

---

① 尚："倘"的借字，倘若。一説：尚，"上"的借字，向上。祖述：效法。

閱讀提示：

通过郭隗勸諫燕昭王“卑身厚幣以召賢者”這件事，進一步體會《墨子·尚賢》關於選拔人才的思想。

第二十六課　存　　韓[①]

韓事秦三十餘年[②]，出則爲扞蔽[③]，入則爲席薦[④]，秦特出鋭師取地而韓隨之，怨懸於天下[⑤]，功歸於强秦。且夫韓入貢職，與郡縣無異也。今臣竊聞貴臣之計，舉兵將伐韓。夫趙氏聚士卒，養從徒，欲贅天下之兵[⑥]，明秦不弱[⑦]，則諸侯必滅宗廟，欲西面行其意，非一日之計也。今釋趙之患，而攘内臣之韓[⑧]，則天下明趙氏之計矣[⑨]。

夫韓，小國也，而以應天下四擊[⑩]，主辱臣苦，上下相與同憂久矣。修守備，戒强敵，有蓄積，築城池以守固。今伐韓未可一年而

① 本篇節選自《韓非子・存韓》。作者韓非（约前280—前233），戰國末韓國人，法家思想集大成者。原爲韓國貴族，口吃，不善言谈而善於著述，與李斯同師荀卿。數次上書諫説韓王變法，未被採納，乃發憤著書立説，以求聞達。秦王嬴政慕其名，遺書韓王邀其出使秦國。入秦後，遭李斯、姚賈誣害，死於獄中。《存韓》又名《韓非上秦王言存韓書》，是韓非上書勸秦王勿攻韓的議論。

② 韓事秦三十餘年：韓釐王二十三年，趙、魏攻韓華陽，韓請秦救，秦敗趙、魏於華陽下。此役距韓非入秦三十餘年。事，服侍、依附。

③ 扞（hàn）蔽：屏障。

④ 薦：草墊，席子。

⑤ 懸：繫，結。

⑥ 贅：綴連，聯合。

⑦ 明：這裏指宣揚、傳佈。

⑧ 釋：消除，解除。攘：排除。

⑨ 則天下明趙氏之計矣：那麼天下也就明白趙國所推行的合縱之利了。

⑩ 四擊：這裏指韓西有秦，南有楚，東有齊，北有趙、魏，四面受敵。

滅，拔一城而退[①]，則權輕於天下[②]，天下摧我兵矣[③]。韓叛則魏應之，趙據齊以爲原[④]，如此，則以韓、魏資趙假齊以固其從[⑤]，而以與争强，趙之福而秦之禍也。夫進而擊趙不能取，退而攻韓弗能拔，則陷鋭之卒勤於野戰[⑥]，負任之旅罷於内攻[⑦]，則合羣苦弱以敵而共二萬乘[⑧]，非所以亡韓之心也[⑨]。均如貴臣之計[⑩]，則秦必爲天下兵質矣[⑪]。陛下雖以金石相弊[⑫]，則兼天下之日未也。

今賤臣之愚計，使人使荆[⑬]，重幣[⑭]用事之臣，明趙之所以欺秦者；與魏質以安其心[⑮]，從韓而伐趙[⑯]，趙雖與齊爲一，不足患也。二國事畢，則韓可以移書定也[⑰]。是我一舉[⑱]，二國有亡形，則荆、

① 拔：攻取。

② 權：威勢。輕：輕視。這裏是被動用法。

③ 摧：折，敗。我：這裏指秦。

④ 據：依靠。原：高原，這裏指依靠。王先慎《韩非子集解》："若山原然。"

⑤ 資：幫助。假：憑藉。固：形容詞使動用法，使……鞏固。從（zòng）：合縱，後寫作"縱"。

⑥ 陷：突入，攻破。鋭：精鋭之師，這裏指敵軍。勤：形容詞用作動詞，勞苦從事。

⑦ 負任之旅：指運轉輜重的軍士。罷："疲"的借字，疲憊。攻："供"的借字，供給。

⑧ 合羣苦弱：召集"勤於野戰""罷於内攻"的軍隊。敵：對付。二萬乘：指趙、齊兩個大國。

⑨ 亡：動詞使動用法，使……滅亡。

⑩ 均："洵"的借字，信，確實。

⑪ 爲天下兵質：成爲衆矢之的。兵，武器。質，的，箭靶。

⑫ 以金石相弊：與金石齊壽。以，"與"的借字。弊，敗壞，竭盡。

⑬ 荆：楚國。

⑭ 重幣：這裏指厚賂。幣，名詞用作動詞，用財物賄賂。

⑮ 質：人質。

⑯ 從：動詞使動用法，使……跟從。

⑰ 移書：書函往來。這裏指對待韓國可發一紙檄文定服，不須加兵。

⑱ 舉：行動。

魏又必自服矣。故曰："兵者，凶器也。"不可不審用也[①]。以秦與趙敵，衡加以齊[②]，今又背韓[③]，而未有以堅荆、魏之心[④]。夫一戰而不勝，則禍搆矣[⑤]。計者，所以定事也，不可不察也。趙、秦强弱，在今年耳。且趙與諸侯陰謀久矣。夫一動而弱於諸侯，危事也；爲計而使諸侯有意我之心[⑥]，至殆也；見二疏[⑦]，非所以强於諸侯也。臣竊願陛下之幸孰圖之[⑧]！夫攻伐而使從者間焉[⑨]，不可悔也。

擴展閲讀

詔以韓客之所上書，書言"韓之未可舉"，下臣斯，甚以爲不然。秦之有韓，若人之有腹心之病也。虚處則㤥然，若居濕地，著而不去，以極走則發矣。夫韓雖臣於秦，未嘗不爲秦病，今若有卒報之事，韓不可信也。秦與趙爲難，荆蘇使齊，未知何如。以臣觀之，則齊、趙之交未必以荆蘇絶也；若不絶，是悉趙而應二萬乘也。夫韓不服秦之義，而服於强也，今專於齊、趙，則韓必爲腹心之病而發矣。韓與荆有謀，諸侯應之，則秦必復見崤塞之患。非之來也，未必不以其能存韓也，爲重於韓也。辯説屬辭，飾非詐謀，以釣利於秦，而以韓利闚陛下。夫秦、韓之交親，則非重矣，此自便之計也。臣視非之言，文其淫説，靡辯才甚。臣恐陛下淫非之辯而聽其盜心，因不詳察事情。今

① 審：慎重。
② 衡：同"横"。齊在秦之東，故曰衡加也。
③ 背：棄去。
④ 堅：形容詞使動用法，使……堅定。
⑤ 搆："構"的異體字，連結，造成。
⑥ 意：疑慮，後作"臆"。
⑦ 見：顯露，後作"現"。疏：疏忽，這裏指上文危事、至殆二事。
⑧ 熟：仔細。圖：考慮。
⑨ 間：間隙。這裏指有機可乘。

以臣愚議：秦發兵而未名所伐，則韓之用事者以事秦爲計矣。臣斯請往見韓王，使來入見；大王見，因内其身而勿遣，稍召其社稷之臣，以與韓人爲市，則韓可深割也。因令象武發東郡之卒，闚兵於境上而未名所之，則齊人懼而從蘇之計，是我兵未出而勁韓以威擒，强齊以義從矣。聞於諸侯也，趙氏破膽，荆人狐疑，必有忠計。荆人不動，魏不足患也，則諸侯可蠶食而盡，趙氏可得與敵矣。願陛下幸察愚臣之計，無忽。（李斯《上秦王駁議韓非書》）

閱讀提示：

韓非的《上秦王書》意欲説服秦王以保存韓國，李斯在《駁議書》中則針鋒相對地駁斥了韓非的存韓主張，兩人的立場完全不同。請結合相關史實，分析李斯反駁韓非的目的。

第二十七課　孟春之月[①]

孟春之月[②]，日在營室[③]，昏參中[④]，旦尾中[⑤]。其日甲乙[⑥]，其帝太皞[⑦]，其神句芒[⑧]，其蟲鱗[⑨]，其音角[⑩]，律中太蔟[⑪]，其數

---

① 本篇選自《吕氏春秋·孟春紀》，題目爲後加。《吕氏春秋》又名《吕覽》，相傳爲秦相國吕不韋召集門下賓客集體編撰，全書分十二紀、八覽、六論，共一百六十篇，内容廣博。書中以儒、道思想爲主，兼採百家學説，故世稱“雜家”。東漢高誘最早爲《吕氏春秋》作注。本篇主要記述了孟春這一時節的祭祀禮儀、職務、法令、禁令，反映了古人陰陽五行的思想，同時也提出要遵循自然，政令應以自然規律爲依據。《吕覽》十二月紀與《禮記·月令》文字略同，可參看。

② 孟春之月：春季的第一個月，即夏曆正月。孟，始。

③ 日在營室：太陽運行的位置在營室宿。營室，星宿名，即室宿。

④ 昏參（shēn）中：黄昏時，參星位於南天正中。參，星宿名。

⑤ 旦尾中：拂曉，尾星位於南天正中。尾，星宿名。

⑥ 其：代詞，指代孟春之月。甲乙：古代以十天干記日，又以十天干與五行相配，甲乙爲木，丙丁爲火，戊己爲土，庚辛爲金，壬癸爲水。

⑦ 太皞：即伏羲氏，爲東方之帝。秦漢陰陽家以五帝（東方爲太皞，南方爲炎帝，西方爲少昊，北方爲顓頊，中央爲黄帝）配四時五方，認爲太皞以木德王天下，故配東方，爲司春之神。

⑧ 句（gōu）芒：少皞氏之子，名重，輔佐木德之帝，被尊爲木德之神。

⑨ 蟲：泛指一切動物。古人將動物分爲鱗、介、毛、羽、倮（同“裸”）五類，與五行相配，鱗屬木，爲春季的動物。

⑩ 角（jué）：五聲之一。宫商角徵羽爲五聲，古人將五聲與五行相配，角屬木。

⑪ 律中（zhòng）：古人把葭莩的灰塞在律管里，與它相應的律管裏的灰就飛動起來，這就叫作律中。太蔟（còu）：十二律之一。十二律分陰陽兩類：黄鐘、太蔟、姑洗、蕤賓、夷則、無射爲陽律，也稱“六律”；大吕、夾鐘、中吕、林鐘、南吕、應鐘爲陰律，也稱“六吕”。將十二律與一年十二月相配，孟春爲太蔟。

八[①]，其味酸[②]，其臭羶[③]，其祀户[④]，祭先脾[⑤]。東風解凍，蟄蟲始振[⑥]，魚上冰，獺祭魚[⑦]，候鴈北。

是月也，天氣下降，地氣上騰，天地和同，草木繁動。王布農事，命田舍東郊[⑧]，皆修封疆[⑨]，審端徑術[⑩]。善相丘陵、阪險、原隰[⑪]，土地所宜，五穀所殖，以教道民[⑫]，必躬親之。田事既飭[⑬]，先定準直[⑭]，農乃不惑。

是月也，命樂正入學習舞[⑮]。乃修祭典，命祀山林川澤，犧牲無

① 八：與五行“木”相配的數字。古人將從一到十的數，以奇偶分爲天、地之數，如天一、地二、天三、地四等。又將一二三四五與五行相配，一爲水、二爲火、三爲木、四爲金、五爲土。木爲天三，根據天地相配合的原則，要以地八與之相配而成，八即成就木之成數。

② 酸：五味之一。與五行“春季”相配的是酸味。

③ 臭（xiù）：氣味。羶：“膻”的異體字，膻味。食草木的動物有羶味，孟春屬木，故言羶。

④ 祀户：應舉行的祭祀是户祭。户，五祀（祀户、竈、門、行、中霤）之一。

⑤ 祭先脾：祭祀時以脾爲先、爲上。脾，五臟與五行相配，以脾配木。

⑥ 蟄（zhé）蟲：蟄伏過冬的動物。振：動，這裏指蘇醒。

⑦ 獺祭魚：這句話的意思是水獺將捕得的魚布列在水邊，而後食之。祭，殺。

⑧ 田：田畯，古代主管農事的官。舍：住。

⑨ 修：治理。封疆：疆界，這裏指土地、疆域的分界。

⑩ 審端：仔細端正。徑術：田間的小路及溝洫。徑，田間小路。術，“遂”的借字，小溝。

⑪ 相：察看。阪險：斜坡稱阪，陡坡稱險。原隰（xí）：高平的地稱原，低濕的地稱隰。

⑫ 道：引導，讀作 dǎo，後作“導”。

⑬ 飭（chì）：整頓，整治。

⑭ 準直：端正平直封疆徑術。準，平。

⑮ 樂正：樂官之長。學：太學。

用牝，禁止伐木，無覆巢，無殺孩蟲、胎夭、飛鳥①，無麛無卵②，無聚大衆，無置城郭③，揜骼霾髊④。

是月也，不可以稱兵⑤，稱兵必有天殃。兵戎不起⑥，不可以從我始。無變天之道，無絶地之理，無亂人之紀。

孟春行夏令則風雨不時，草木早槁，國乃有恐；行秋令則民大疫，疾風暴雨數至，藜莠蓬蒿竝興⑦；行冬令則水潦爲敗⑧，霜雪大摯⑨，首種不入。

擴展閱讀

不違農時，穀不可勝食也。數罟不入洿池，魚鱉不可勝食也。斧斤以時入山林，材木不可勝用也。穀與魚鱉不可勝食，材木不可勝用，是使民養生喪死無憾也。養生喪死無憾，王道之始也。（《孟子·梁惠王上》）

聖王之制也：草木榮華滋碩之時，則斧斤不入山林，不夭其生，不絶其長也。黿鼉、魚鱉、鰌鱣孕別之時，罔罟毒藥不入澤，不夭其生，不絶其長也。春耕、夏耘、 秋收、冬藏，四者不失時，故五穀不絶而百姓有餘食也。

① 孩蟲：幼蟲。胎夭：尚未出生或剛出生的小動物。飛鳥：才會飛的小鳥。
② 麛（mí）：幼鹿，泛指幼兽。 麛、卵，名詞用作動詞，殺幼獸、取鳥卵。
③ 置：設立。這裏指大興土木等工事。
④ 揜（yǎn）：掩埋。骼：枯骨。霾（mái）："埋"的借字，埋葬。髊（cī）：尚有腐肉的死人骨頭。
⑤ 稱：舉事，這裏指發動戰爭。
⑥ 兵戎不起：這裏指不可發動戰爭的時候。
⑦ 藜（lí）：草名。莠：狗尾草，田間雜草。
⑧ 潦（lào）："澇"的異體字，水災。
⑨ 摯（zhì）：到。

汙池、淵沼、川澤，謹其時禁，故魚鱉優多而百姓有餘用也。斬伐養長不失其時，故山林不童而百姓有餘材也。（《荀子·王制》）

旦聞禹之禁，春三月，山林不登斧，以成草木之長；夏三月，川澤不入網罟，以成魚鱉之長。且以并農力執，成男女之功。夫然則有生而不失其宜，萬物不失其性，人不失其事，天不失其時，以成萬財。萬財既成，放此爲人。此謂正德。（《逸周書·大聚解》）

閱讀提示：

古人重視對自然資源和生態環境的保護，這種保護最突出的表現是"守時""按時"，找出"時"的"按時"意義在漢語雙音詞中的存留。

第六單元

第二十八課　項 羽 本 紀[①]

項王軍壁垓下[②]，兵少食盡，漢軍及諸侯兵圍之數重。夜聞漢軍四面皆楚歌[③]，項王乃大驚曰：“漢皆已得楚乎？是何楚人之多也[④]！”項王則夜起[⑤]，飲帳中。有美人名虞，常幸從[⑥]；駿馬名騅[⑦]，常騎之。於是項王乃悲歌忼慨[⑧]，自爲詩曰：“力拔山兮氣蓋世，時不利兮騅不逝[⑨]。騅不逝兮可奈何，虞兮虞兮奈若何[⑩]！”歌數闋[⑪]，美人和之[⑫]。項王泣數行下[⑬]，左右皆泣，莫能仰視。

---

① 本篇節選自《史記·項羽本紀》。主要記述西楚霸王項羽垓下被圍和烏江自刎的史事。《史記》原名《太史公書》，漢司馬遷撰。司馬遷（前145—約前90），字子長，西漢夏陽（今陝西韓城市南）人，我國歷史上著名的史學家和文學家。《史記》記載了我國從遠古到漢武帝時的歷史，是我國第一部紀傳體通史。項羽（前232—前202），名籍，字羽。秦末下相（今江蘇宿遷市西）人。跟從叔父項梁在吴中起義，攻入函谷關滅秦，自立爲西楚霸王。不久與劉邦争天下，最終失敗，自刎而亡。

② 壁：名詞用作動詞，筑壁壘。垓（gāi）下：地名，在今安徽靈壁縣東南。

③ 楚歌：楚國的地方民歌。

④ 是：指示代詞，這裏。何……之……：固定句式，可譯作“爲什麽……這麽……”。

⑤ 則：連詞，表示承接，可譯爲“於是”“就”。

⑥ 幸從：因受寵而隨從。

⑦ 騅（zhuī）：毛色青白相間的馬。

⑧ 忼慨（kāngkǎi）：雙聲聯綿詞，又作“慷慨”，情緒悲憤激昂的樣子。

⑨ 逝：離去，這裏指奔跑。

⑩ 奈若何：把你怎麽安排。若，人稱代詞，你。

⑪ 闋（què）：樂曲一段終了爲一闋。

⑫ 和（hè）：以詩歌酬答。

⑬ 泣：眼淚。

於是項王乃上馬騎[①]，麾下壯士騎從者八百餘人[②]，直夜潰圍南出[③]，馳走[④]。平明[⑤]，漢軍乃覺之，令騎將灌嬰以五千騎追之[⑥]。項王渡淮，騎能屬者百餘人耳[⑦]。項王至陰陵[⑧]，迷失道，問一田父[⑨]，田父紿曰"左"[⑩]。左，乃陷大澤中。以故漢追及之。項王乃復引兵而東，至東城[⑪]，乃有二十八騎[⑫]。漢騎追者數千人。項王自度不得脱[⑬]。謂其騎曰："吾起兵至今八歲矣[⑭]，身七十餘戰[⑮]，所當者破[⑯]，所擊者服，未嘗敗北[⑰]，遂霸有天下。然今卒困於此[⑱]，此天之亡我[⑲]，非戰之罪也。今日固決死[⑳]，願爲諸君快戰[㉑]，必三勝之，爲

① 馬騎（jì）：騎的馬。

② 麾（huī）下：部下。麾，用作指揮的旌旗。騎（jì）：騎兵。

③ 直夜：當夜，在夜裏。直，"值"的借字，當，在。潰：突破。南：名詞作狀語，向南。

④ 馳走：急馳奔逃。

⑤ 平明：天亮的時候。

⑥ 騎將：統率騎兵的將領。灌嬰：劉邦部將，後封爲潁陰侯。

⑦ 屬（zhǔ）：連接，這裏引申指跟隨。

⑧ 陰陵：古地名，在今安徽定遠縣西北。

⑨ 田父：農夫。

⑩ 紿（dài）："詒"的借字，欺騙。

⑪ 東城：古地名，在今安徽定遠縣東南。

⑫ 乃：副詞，僅，只。

⑬ 度（duó）：動詞，揣度。

⑭ 八歲：八年，項羽隨項梁起兵是在公元前209年，垓下被圍是在公元前202年。

⑮ 身：自身，這裏指親身參加。

⑯ 當：遇到，遇上。

⑰ 敗北：失敗。

⑱ 卒：副詞，最終。

⑲ 亡：動詞使動用法，使……敗亡。

⑳ 固：副詞，一定。決死：決一死戰。

㉑ 快戰：痛快地打一仗。

諸君潰圍，斬將，刈旗[①]，令諸君知天亡我，非戰之罪也。”乃分其騎以爲四隊，四嚮。漢軍圍之數重。項王謂其騎曰：“吾爲公取彼一將。”令四面騎馳下，期山東爲三處[②]。於是項王大呼馳下，漢軍皆披靡[③]，遂斬漢一將。是時，赤泉侯爲騎將[④]，追項王，項王瞋目而叱之[⑤]，赤泉侯人馬俱驚，辟易數里[⑥]，與其騎會爲三處。漢軍不知項王所在，乃分軍爲三，復圍之。項王乃馳，復斬漢一都尉[⑦]，殺數十百人，復聚其騎，亡其兩騎耳。乃謂其騎曰：“何如？”騎皆伏曰[⑧]：“如大王言。”

於是項王乃欲東渡烏江[⑨]。烏江亭長檥船待[⑩]，謂項王曰：“江東雖小[⑪]，地方千里[⑫]，衆數十萬人，亦足王也[⑬]。願大王急渡。今獨臣有船[⑭]，漢軍至，無以渡。”項王笑曰：“天之亡我，我何渡爲[⑮]！且籍與江東子弟八千人渡江而西，今無一人還，縱江東父

① 刈（yì）：砍倒。
② 期：約定。山東：這裏指山的東邊。
③ 披靡（pīmǐ）：疊韻聯綿詞，形容散亂倒下的樣子，這裏指漢軍散亂潰敗。
④ 赤泉侯：劉邦部將楊喜，後封爲赤泉侯。
⑤ 瞋（chēn）目：睜大眼睛。叱（chì）：大聲呵斥。
⑥ 辟易（pìyì）：疊韻聯綿詞，退避讓開。張守節《史記正義》：“人馬俱驚，開張易舊處，乃至數里。”
⑦ 都尉：低於校尉的統兵武職。
⑧ 伏：折服。
⑨ 烏江：指烏江浦，渡口名，在今安徽和縣東北四十里長江西岸。
⑩ 亭長：低級的地方官。秦時每十里設一亭，亭有亭長。檥（yǐ）：“艤”的借字，攏船靠岸。
⑪ 江東：指今長江下游南岸的江蘇、安徽地區。
⑫ 地方：土地方圓。
⑬ 王：動詞，稱王，讀作 wàng。
⑭ 獨：副詞，僅，只。
⑮ 何……爲：固定用法，表示反詰，可譯作“爲什麼……呢”。爲，語氣詞。

兄憐而王我[1]，我何面目見之？縱彼不言，籍獨不愧於心乎[2]？”乃謂亭長曰：“吾知公長者[3]。吾騎此馬五歲，所當無敵，嘗一日行千里，不忍殺之，以賜公。”乃令騎皆下馬步行，持短兵接戰[4]。獨籍所殺漢軍數百人。項王身亦被十餘創[5]。顧見漢騎司馬吕馬童[6]，曰：“若非吾故人乎[7]？”馬童面之[8]，指王翳曰[9]：“此項王也。”項王乃曰：“吾聞漢購我頭千金[10]，邑萬户，吾爲若德[11]。”乃自刎而死[12]。

擴展閱讀

一、詩詞兩首：

生當作人杰，死亦爲鬼雄。至今思項羽，不肯過江東。（李清照《絶句》）

勝敗兵家事不期，包羞忍恥是男兒。江東子弟多才俊，卷土重來未可知。

① 縱：連詞，表示讓步關係，可譯作“即使”。憐：同情，愛憐。王我：讓我稱王。王，動詞使動用法，使……稱王。

② 獨：副詞，表示反問，可譯作“難道”。

③ 長者：年高有德的人。

④ 短兵：短小輕便的武器，如刀、劍之類。接戰：交戰。

⑤ 被：遭受。

⑥ 顧：回頭看。 騎司馬：官名，騎兵將領。吕馬童：姓吕名馬童，原是項羽部將，後背楚歸漢。

⑦ 若：人稱代詞，你。故人：舊友。

⑧ 面：名詞用作動詞，面對，面向。

⑨ 指：指給，指示。王翳（yì）：劉邦部將，後封爲杜衍侯。

⑩ 購：懸賞徵求。《説文·貝部》：“購，以財有所求也。从貝，冓聲。”此處用本義。

⑪ 爲若德：雙賓語，這裏指給你好處。德，恩德。

⑫ 自刎（wěn）：割脖子自殺。

（杜牧《題烏江亭》）

閱讀提示：

項羽烏江自刎是中國歷史上慷慨悲涼的一幕，歷來爲文人墨客所追詠。在杜牧和李清照的詩歌中，關於項羽是否應南渡烏江，出現了兩種相反的觀點。結合你對項羽事跡的瞭解，請談談你讀這兩首詩的感想。

二、韓信數項羽之失曰："有功當封爵者，印刓敝，忍不能予。"由斯言也，信之所以徒任爲將而不與聞天下之略，且以不保其終者，胥在是矣。……若夫項羽之所以失者，非吝封爵之故。信之說，不如陳平之言之允也。陳平曰："項王所任愛，非諸項、即妻之昆弟，雖有奇士不能用。"故羽非盡不知人，有蔽之者也。瑣瑣姻亞，踞膴仕，持大權，而士惡得不蔽？雖然，亦有由爾。羽，以詐興者也；事懷王而弒之，屬宋義而戕之，漢高入關而抑之，田榮之衆來附而斬艾掠奪之。積忮害者，以己度人而疑人之忮己。輕殘殺者，大怨在側而怨不可狎。左顧右盼，亦唯是兄弟姻黨之足恃爲援。則使輕予人以權，己且爲懷王，己且爲宋義。惴惴慄慄，戈戟交於夢寐，抑惡能不厚疑天下哉？然而其疑無救也。爲漢王之腹心者項伯也，其兄弟也；追而迫之剄者吕馬童也，其故人也。從之於大敗之餘者三十餘騎，而兄弟姻亞不與焉。懷慝求援，而終以孤立。非刓印不與者甚己而賊之，其親戚之叛已久矣。不疚於天，則天無不祐；不媿於人，則人皆可馭。正義以行乎坦道，而居天下之廣居；無所偏黨，而賞罰可以致慎而無所徇；得失之幾，在此而不在彼，明矣。不然，舍親賢，行誘餌，賤名器，以徇游士貪夫之競躁，固項羽之所不屑爲者也。（王夫之《讀通鑒論·項羽重爵賞非失》）

閱讀提示：

歷代史學家對項羽失敗的原因多有探討，其中清代大思想家王夫之的《讀通鑒論》最具代表性。請結合王夫之的觀點，思考項羽兵敗自刎的歷史原因。

第二十九課　伯夷列傳[①]

夫學者載籍極博[②]，猶考信於六藝[③]。詩書雖缺[④]，然虞夏之文可知也[⑤]。堯將遜位[⑥]，讓於虞舜，舜禹之間，岳牧咸薦[⑦]，乃試之於位，典職數十年[⑧]，功用既興，然後授政。示天下重器[⑨]，王者大統[⑩]，傳天下若斯之難也。而説者曰堯讓天下於許由[⑪]，許由不受，耻之逃隱。及夏之時，有卞隨、務光者[⑫]。此何以稱焉[⑬]？太

① 本篇選自《史記·伯夷列傳》。伯夷，與文中的叔齊同爲商末孤竹君的兒子。

② 載籍：書籍，典籍。博：廣博。

③ 考信：考查其真實情況。六藝（yì）：儒家的六經，即《易》《書》《詩》《禮》《樂》《春秋》。

④ 據傳古詩有三千餘篇，孔子删定爲三百零五篇；又傳孔子求得黄帝玄孫帝魁之書，迄秦穆公，凡三千三百三十篇，乃删以一百篇爲"尚書"，後又亡四十二篇，故曰"詩書雖缺"。

⑤ 虞夏：虞舜、夏禹的合稱。虞，舜帝的國號。文：典籍文獻。《尚書》有堯典、舜典、大禹謨，記述虞舜夏禹禪讓之事，故云"虞夏之文可知也"。

⑥ 遜位：讓位。遜，辭讓，退讓。

⑦ 岳牧：堯舜時期四岳十二牧的簡稱，是當時的一些部落首領。咸：副詞。全，都。薦：推薦。

⑧ 典職：掌管職事。典，主持、掌管。

⑨ 重器：也稱大器、神器，比喻天下、政權，這裏指天下猶如王者的重器。

⑩ 大統：帝業，帝位。

⑪ 許由：傳説中的隱士。相傳堯讓天下於許由，不受，遁居於潁水之陽、箕山之下。堯又召爲九州之長，由不願聞，洗耳於潁水之濱。事見《莊子·逍遙遊》《莊子·外物》等篇。

⑫ 卞隨：傳説中的隱士。相傳商湯將討伐夏桀，曾和卞隨商量，卞隨拒不回答。湯戰勝夏桀之後，讓天下於卞隨，卞隨認爲受到侮辱，自投潁水而死。務光：傳説中的隱士。相傳商湯讓天下於務光，不受，負石沉水而死。事見《莊子·讓王》。

⑬ 稱：稱頌，稱説。

史公曰：余登箕山[①]，其上蓋有許由冢云。孔子序列古之仁聖賢人[②]，如吴太伯、伯夷之倫詳矣[③]。余以所聞由、光義至高，其文辭不少概見[④]，何哉？

孔子曰："伯夷、叔齊，不念舊惡[⑤]，怨是用希[⑥]。""求仁得仁，又何怨乎[⑦]？"余悲伯夷之意，睹軼詩可異焉[⑧]。其傳曰：伯夷、叔齊，孤竹君之二子也[⑨]。父欲立叔齊，及父卒，叔齊讓伯夷。伯夷曰："父命也[⑩]。"遂逃去。叔齊亦不肯立而逃之。國人立其中子。於是伯夷、叔齊聞西伯昌善養老[⑪]，盍往歸焉[⑫]。及至，西伯卒，武王載木主[⑬]，號爲文王，東伐紂。伯夷、叔齊叩馬而諫曰[⑭]："父死不葬，爰

① 箕山：在今河南登封東南。
② 序列：叙述，論述。序，叙述。列，陳述，説明。
③ 倫：輩，類。
④ 少：稍微，略微。概見：概略的記載。
⑤ 舊惡：過去的怨恨。
⑥ 是用：由此。是，代詞，這。用，介詞，由。希：稀少，後作"稀"。語出《論語·公冶長》。
⑦ 又何怨乎：賓語前置，疑問代詞"何"作賓語，置於動詞"怨"前。語出《論語·述而》。
⑧ 軼詩：指未編入《詩經》的古詩。這裏指下文的《采薇歌》。異：與……不同。焉：兼詞，相當於"於是"。司馬貞《史記索隱》："可異焉者：按《論語》云'求仁得仁，又何怨乎'，今其詩云'我安適矣，于嗟徂兮，命之衰兮'。是怨詞也，故云可異焉。"
⑨ 孤竹君：指商代孤竹國的國君。
⑩ 命：命令。
⑪ 西伯昌：指周文王姬昌，周武王的父親。養老：奉養老年人。
⑫ 歸：歸往，歸附。
⑬ 木主：木製的神位。
⑭ 叩："扣"的借字，拉住，勒住。諫：直言規勸。

及干戈[1]，可謂孝乎？以臣弑君，可謂仁乎？”左右欲兵之[2]。太公曰：“此義人也。”扶而去之。武王已平殷亂，天下宗周[3]，而伯夷、叔齊恥之[4]，義不食周粟[5]，隱於首陽山[6]，采薇而食之[7]。及餓且死[8]，作歌。其辭曰：“登彼西山兮[9]，采其薇矣。以暴易暴兮[10]，不知其非矣。神農、虞、夏忽焉没兮[11]，我安適歸矣[12]？于嗟徂兮[13]，命之衰矣！”遂餓死於首陽山。

由此觀之，怨邪非邪[14]？

或曰：“天道無親，常與善人[15]。”若伯夷、叔齊，可謂善人者非邪？積仁絜行如此而餓死[16]！且七十子之徒，仲尼獨薦顔淵爲好

---

① 爰：連詞，於是，就。
② 兵：名詞用作動詞，用兵器殺傷。
③ 宗：歸往，歸向。
④ 恥：名詞意動用法，把……當作羞恥。
⑤ 周粟：周代的禄食。
⑥ 首陽山：山名，在今山西永濟市南。
⑦ 薇：野豌豆，可以作羹。
⑧ 餓：極度飢餓。
⑨ 西山：即首陽山。
⑩ 以暴易暴：用暴虐代替暴虐。
⑪ 神農：傳説中的三皇之一。忽焉：快速的様子。没：消逝。
⑫ 適：前往，去。
⑬ 于嗟：即“吁嗟”，感嘆詞。徂（cú）：往，去。
⑭ 由此觀之，怨邪非邪：這句話的意思是，前文孔子説伯夷、叔齊無怨，但從軼詩來看，他們似乎是有所怨恨的，這究竟是怎麽回事呢？
⑮ 與（yù）：扶助，支持。語出《老子・七十九章》。
⑯ 絜（jié）：清潔，後作“潔”。

學[①]。然回也屢空[②]，糟糠不厭[③]，而卒蚤夭[④]。天之報施善人[⑤]，其何如哉？盜蹠日殺不辜[⑥]，肝人之肉[⑦]，暴戾恣睢[⑧]，聚黨數千人横行天下，竟以壽終。是遵何德哉？此其尤大彰明較著者也[⑨]。若至近世，操行不軌[⑩]，專犯忌諱[⑪]，而終身逸樂，富厚累世不絶[⑫]。或擇地而蹈之[⑬]，時然後出言[⑭]，行不由徑[⑮]，非公正不發憤[⑯]，而遇禍災者，不可勝數也。余甚惑焉，儻所謂天道[⑰]，是邪非邪?

子曰："道不同，不相爲謀[⑱]。"亦各從其志也。故曰："富貴如可求，雖執鞭之士[⑲]，吾亦爲之。如不可求，從吾所好。""歲寒，

① 薦：推舉。事見《論語・雍也》。
② 屢空：經常處於貧困。
③ 糟：酒糟。糠：穀皮。這裏指粗劣的食物。厭：飽。
④ 蚤："早"的借字。
⑤ 報：報答。施：賜予。
⑥ 盜蹠（zhí）：又作"盜跖"。相傳爲古代的大盜。日：名詞作狀語，每日。不辜：指無罪之人。辜，罪。事見《莊子・盜跖》。
⑦ 肝人之肉：（盜蹠）取人肝而食之。
⑧ 恣睢（zìsuī）：放縱暴虐。
⑨ 較著：顯著。較，明顯。著，顯著。
⑩ 不軌：超出常規，不合法度。
⑪ 忌諱：禁忌。
⑫ 累世：歷代，數代。累，積累。
⑬ 擇地而蹈之：選好了地方才下脚。意思是説，該去的地方才去。擇，選擇。蹈，踐行。
⑭ 時然後出言：看好時機才説話。意思是説，該説的時候才説。
⑮ 行不由徑：走路不抄小道，比喻爲人正直，人品端方。徑，小路。
⑯ 發憤：發憤振作。
⑰ 儻（tǎng）：連詞，假若，如果。
⑱ 語出《論語・衛靈公》。
⑲ 執鞭之士：執鞭駕車之人，用以比喻卑賤的差役。

然後知松柏之後凋[①]。”舉世混濁，清士乃見。豈以其重若彼，其輕若此哉[②]？

“君子疾没世而名不稱焉[③]。”賈子曰[④]：“貪夫徇財[⑤]，烈士徇名，夸者死權[⑥]，衆庶馮生[⑦]。”“同明相照，同類相求。”“雲從龍，風從虎，聖人作而萬物覩[⑧]。”伯夷、叔齊雖賢，得夫子而名益彰。顔淵雖篤學[⑨]，附驥尾而行益顯[⑩]。巖穴之士[⑪]，趣舍有時若此[⑫]，類名堙滅而不稱[⑬]，悲夫！閭巷之人[⑭]，欲砥行立名者[⑮]，非附青雲之士[⑯]，惡能施于後世哉[⑰]？

① 語出《論語·子罕》。

② 豈以其重若彼，其輕若此哉：這句話的意思是，孔子輕視富貴，稱贊松柏之後凋，難道會因爲盜蹠横行天下，伯夷、許由、顔淵等人貧困受難而有所改變嗎？

③ 疾：痛恨。語出《論語·衛靈公》。

④ 賈子：即賈誼，曾作《鵩鳥賦》。“貪夫徇財”四句引自《鵩鳥賦》。

⑤ 徇：“殉”的借字，死。此處是爲動用法，爲……而死。

⑥ 夸者：貪圖權勢以炫耀、矜誇的人。死：爲動用法，爲……而死。權：權力，權勢。

⑦ 衆庶：大衆，平凡的人。馮（píng）生：貪生。馮，依靠，後作“憑”。

⑧ 覩（dǔ）：“睹”的異體字，看見。以上五句語出《周易·乾》。

⑨ 篤學：專心好學。

⑩ 附驥尾：附在千里馬的尾巴上。這裏指用來比喻追隨前輩、名人之後。

⑪ 巖穴之士：指隱士，古時隱士多山居。

⑫ 趣（qū）舍有時：指出仕和退隱都正合時機。趣，趨向，歸向。舍，捨弃。

⑬ 類：善。堙滅：埋没，泯滅。

⑭ 閭巷之人：居住在里巷中的人，這裏指平民。

⑮ 砥（dǐ）：本義爲磨刀石，這裏引申爲磨煉。

⑯ 青雲之士：這裏用來比喻位高名顯之人。

⑰ 施（yì）：延續，延及。

擴展閱讀

士之特立獨行，適於義而已，不顧人之是非。皆豪傑之士，信道篤而自知明者也。

一家非之，力行而不惑者寡矣。至於一國、一州非之，力行而不惑者，蓋天下一人而已矣。若至於舉世非之，力行而不惑者，則千百年乃一人而已耳。若伯夷者，窮天地、亘萬世而不顧者也。昭乎日月不足爲明，崒乎泰山不足爲高，巍乎天地不足爲容也。

當殷之亡，周之興，微子賢也，抱祭器而去之。武王、周公，聖也，從天下之賢士，與天下之諸侯而往攻之，未嘗聞有非之者也。彼伯夷、叔齊者，乃獨以爲不可。殷既滅矣，天下宗周，彼二子乃獨恥食其粟，餓死而不顧。繇是而言，夫豈有求而爲哉？信道篤而自知明也。

今世之所謂士者，一凡人譽之，則自以爲有餘；一凡人沮之，則自以爲不足。彼獨非聖人而自是如此。夫聖人，乃萬世之標準也。余故曰：若伯夷者，特立獨行、窮天地、亘萬古而不顧者也。雖然，微二子，亂臣賊子接跡於後世矣。（韓愈《伯夷頌》）

閱讀提示：

在《伯夷頌》中，韓愈贊賞伯夷的哪些品質？他和司馬遷對伯夷、叔齊的評價有哪些異同之處？

第三十課 管仲列傳[①]

管仲夷吾者，潁上人也[②]。少時常與鮑叔牙游[③]，鮑叔知其賢。管仲貧困，常欺鮑叔，鮑叔終善遇之[④]，不以爲言[⑤]。已而鮑叔事齊公子小白[⑥]，管仲事公子糾。及小白立爲桓公[⑦]，公子糾死，管仲囚焉。鮑叔遂進管仲[⑧]。管仲既用，任政於齊，齊桓公以霸，九合諸侯[⑨]，一匡天下[⑩]，管仲之謀也。

管仲曰："吾始困時，嘗與鮑叔賈[⑪]，分財利多自與，鮑叔不以我爲貪，知我貧也。吾嘗爲鮑叔謀事而更窮困，鮑叔不以我爲愚，

---

① 本篇節選自《史記·管晏列傳》，主要講述春秋時代齊國名相管仲的事跡。題目爲編者所加。管仲（？—前645），名夷吾，春秋前期齊相，曾輔佐齊桓公成就霸業，桓公尊稱他爲"仲父"，死後謚號爲"敬"，所以又稱管敬仲。

② 潁上：潁水之濱。

③ 鮑叔牙：齊國大夫。

④ 遇：對待。

⑤ 不以爲言：不把管仲的事情當作談論的内容，即不和别人説。言，談論，説。

⑥ 事：侍奉，爲……服務。

⑦ 立：即位。公元前685年，齊襄公在齊國内亂中被殺，這時齊襄公的兩個弟弟，即逃到莒國的公子小白和逃到魯國的公子糾，均回到齊國争奪君位，結果小白勝利，公子糾被殺。在戰鬥中，管仲曾射中小白的帶鉤。公子糾死，管仲請囚。事見《左傳·莊公九年》《國語·齊語》等。

⑧ 進：動詞使動用法，使……進。這裏意爲舉薦。

⑨ 九合諸侯：召集諸侯盟會。九，"糾"的借字。《説文·丩部》："糾，繩三合也。"段玉裁注："凡交合之謂之糾，引伸爲糾合諸侯之糾。"一説：九，多次。

⑩ 一匡天下：整頓和匡正天下。匡，匡正。

⑪ 賈（gǔ）：做生意，經商。

知時有利不利也。吾嘗三仕三見逐於君[①]，鮑叔不以我爲不肖[②]，知我不遭時也。吾嘗三戰三走，鮑叔不以我爲怯，知我有老母也。公子糾敗，召忽死之[③]，吾幽囚受辱，鮑叔不以我爲無恥，知我不羞小節而恥功名不顯于天下也[④]。生我者父母，知我者鮑子也。”

鮑叔既進管仲，以身下之[⑤]。子孫世禄於齊[⑥]，有封邑者十餘世，常爲名大夫。天下不多管仲之賢而多鮑叔能知人也[⑦]。

管仲既任政相齊，以區區之齊在海濱[⑧]，通貨積財[⑨]，富國彊兵，與俗同好惡。故其稱曰[⑩]：“倉廩實而知禮節[⑪]，衣食足而知榮辱，上服度則六親固[⑫]。四維不張[⑬]，國乃滅亡。下令如流水之原[⑭]，令順民心。”故論卑而易行[⑮]。俗之所欲，因而予之；俗之所否，因而

① 見：助動詞，表示被動。

② 不肖：不賢，不善。《説文·肉部》：“肖，骨肉相似也。从肉，小聲。不似其先，故曰不肖也。”

③ 召忽：周召公之後，仕於齊，曾輔佐公子糾。公子糾失敗后，召忽自殺。死之：爲動用法，爲……死。

④ 羞、恥：形容詞意動用法，以……爲羞恥。

⑤ 下：方位名詞作動詞，處於……之下。

⑥ 世禄：世世代代做官。

⑦ 多：形容詞意動用法，以……爲多，這裏指稱贊。

⑧ 區區：小的樣子。

⑨ 通貨：使貨物流通，這裏指發展商業。

⑩ 稱：稱説。語出《管子·牧民》篇。

⑪ 倉廩：糧倉。

⑫ 上服度：在上位的人所用之物合乎制度。服，服御，使用。度，名詞用作動詞，合乎法度。

⑬ 四維：《管子·牧民》：“國有四維……一曰禮，二曰義，三曰廉，四曰恥。”維，綱紀。

⑭ 原：流水的源頭，後作“源”。

⑮ 卑：平易，這裏指切合實際。

去之。其爲政也，善因禍而爲福，轉敗而爲功。貴輕重[①]，慎權衡[②]。桓公實怒少姬[③]，南襲蔡，管仲因而伐楚，責包茅不入貢於周室[④]。桓公實北征山戎[⑤]，而管仲因而令燕修召公之政[⑥]。於柯之會[⑦]，桓公欲背曹沫之約，管仲因而信之[⑧]，諸侯由是歸齊。故曰："知與之爲取，政之寶也[⑨]。"

管仲富擬於公室，有三歸[⑩]、反坫[⑪]，齊人不以爲侈。管仲卒，齊國遵其政，常彊於諸侯。後百餘年而有晏子焉。

擴展閱讀

子曰："管仲之器小哉。"或曰："管仲儉乎？"曰："管氏有三歸，官

① 貴輕重：重視分清事物的輕重。

② 權衡：衡量斟酌利弊得失。

③ 怒少姬：對蔡少姬發怒。事見《左傳・僖公三年》。

④ 責包茅不入貢於周室：譴責楚國不給周王室進貢苞茅。事見《左傳・僖公四年》。包茅，也作"苞茅"，束成捆的茅草，楚地出產，古代祭祀中用以濾酒。

⑤ 山戎：即北戎，古代北方的少數民族之一。事見《左傳・莊公三十年》及《國語・燕語》。

⑥ 召公：名奭，姬姓，周文王庶子。采邑在召（今陝西岐山縣西南），故稱召公、召伯，其子封於燕。《史記・齊太公世家》記載齊伐山戎後，管仲"命燕君復修召公之政，納貢於周，如成康之時。諸侯聞之，皆從齊"。

⑦ 柯之會：齊桓公攻魯，約請魯莊公在柯地會盟。曹沫（一説即曹劌）爲魯莊公的侍從，用匕首劫持齊桓公，脅迫齊桓公訂立了退還所占魯地的盟約。事見《史記・刺客列傳》。

⑧ 信：誠實，這裏指履行諾言。事見《史記・魯周公世家》。

⑨ 知與之爲取：知道給予就是取得的道理。語出《管子・牧民》。

⑩ 三歸：臺名。《説苑・善説》："管仲築三歸之臺以自傷於民。"

⑪ 反坫（diàn）：古代諸侯宴會時，在正堂兩旁設有放空杯子的土臺叫作"坫"。諸侯互相敬酒後，將空杯反置在其上。管仲不是諸侯，因此有反坫是不合乎禮制的。

事不攝，焉得儉？”“然則管仲知禮乎？”曰：“邦君樹塞門，管氏亦樹塞門；邦君爲兩君之好，有反坫，管氏亦有反坫；管氏而知禮，孰不知禮？”（《論語·八佾》）

或問子產。子曰：“惠人也。”問子西。曰：“彼哉！彼哉！”問管仲。曰：“人也。奪伯氏駢邑三百，飯疏食，没齒無怨言。”（《論語·憲問》）

子路曰：“桓公殺公子糾，召忽死之，管仲不死。曰‘未仁’乎？”子曰：“桓公九合諸侯，不以兵車，管仲之力也。如其仁，如其仁！”

子貢曰：“管仲非仁者與？桓公殺公子糾，不能死，又相之。”子曰：“管仲相桓公，霸諸侯，一匡天下，民到於今受其賜。微管仲，吾其被髮左衽矣！豈若匹夫匹婦之爲諒也？自經於溝瀆而莫之知也！”（《論語·憲問》）

閱讀提示：

1. 閱讀以上三段《論語》，請評論孔子對管仲的評論。

2.“豈若匹夫匹婦之爲諒也”，在這句話中，“諒”是什么意思？查閱工具書，考察“諒”和“信”的詞義特點。

第三十一課　諸　子　略[①]

儒家者流[②]，蓋出於司徒之官[③]，助人君順陰陽[④]、明教化者也。游文於六經之中[⑤]，留意於仁義之際[⑥]，祖述堯舜[⑦]，憲章文武[⑧]，宗師仲尼，以重其言，於道最爲高。孔子曰："如有所譽[⑨]，其有所試[⑩]。"唐虞之隆[⑪]，殷周之盛，仲尼之業[⑫]，已試之效者也[⑬]。然惑者既失精微，而辟者又隨時抑揚[⑭]，違離道本，苟以譁衆取寵[⑮]。後

① 本篇節選自《漢書·藝文志》。《漢書·藝文志》是中國歷史上現存的第一部目録學著作。其中"藝"指群經、諸子之書，"文"指詩賦文辭。作者班固（32—92），字孟堅。東漢扶風安陵（今陝西咸陽市東北）人，我國歷史上著名史學家、文學家，著名史學家班彪之子。

② 流：品類，流派。

③ 司徒：官名，周時爲六卿之一，掌管教化民衆和行政事務。

④ 順陰陽：調順陰陽。

⑤ 游文：潛心文字。六經：指《易》《書》《詩》《禮》《樂》《春秋》六部儒家經典。

⑥ 留意：關心，用心於。際：中間，裏邊。

⑦ 祖：宗尚。述：遵循。

⑧ 憲：效法。章：效法。文武：指周文王、周武王的治國之道。

⑨ 譽：贊譽，稱譽。

⑩ 試：考查，驗證。以上二句語出《論語·衛靈公》。

⑪ 隆：興盛。

⑫ 業：功業。

⑬ 效：效驗，功效。

⑭ 辟（pì）者：邪僻不正之人。辟，後作"僻"。抑揚：浮沉進退，這裏有曲解附會之意。

⑮ 苟：副詞，只。譁衆取寵：用浮誇的言行，博取衆人的稱贊和支持。譁，喧譁。寵，尊崇。

進循之[①]，是以五經乖析[②]，儒學寖衰[③]，此辟儒之患。

道家者流，蓋出於史官[④]，歷記成敗存亡禍福古今之道[⑤]，然後知秉要執本[⑥]，清虛以自守[⑦]，卑弱以自持[⑧]，此君人南面之術也[⑨]。合於堯之克攘[⑩]，《易》之嗛嗛[⑪]，一謙而四益[⑫]，此其所長也。及放者爲之[⑬]，則欲絶去禮學[⑭]，兼棄仁義，曰獨任清虛可以爲治[⑮]。

陰陽家者流，蓋出於羲和之官[⑯]，敬順昊天[⑰]，歷象日月星辰[⑱]，

---

① 後進：後輩。循：遵循，效法。

② 乖析：支離破碎。乖，分離。析，割裂。

③ 寖：副詞，逐漸。後作“浸”。

④ 史官：主管文書、典籍，搜集史料，修撰史書的官員。

⑤ 歷記：詳細記述。歷，盡，遍。

⑥ 秉要（yào）執本：把握事物的關鍵和根本。秉，秉持、把握。要，綱要、關鍵。

⑦ 清虛以自守：賓語前置，“清虛”作介詞“以”的前置賓語。清虛，清淨虛無。自守，自我保護。

⑧ 卑弱以自持：賓語前置，“卑弱”作介詞“以”的前置賓語。卑弱，卑微柔弱。自持，自我克制。

⑨ 南面：古代以坐北朝南爲尊位。君主朝見群臣，皆面向南面而坐，故用南面來指代君位。

⑩ 克：能。攘：“讓”的借字，退讓，謙讓。

⑪ 嗛：“謙”的借字，改讀 qiān，謙虛。

⑫ 一謙而四益：出自《周易·彖傳》，謂“天道虧盈而益謙，地道變盈而流謙，鬼神害盈而福謙，人道惡盈而好謙”。意思是謙道有來自天道、地道、鬼神、人道四個方面的庇佑。

⑬ 放者：恣縱曠放的人。

⑭ 絶：斷絶。去：廢除。禮學：通過禮制治理國家的思想學術。

⑮ 任：任用。治：治國。

⑯ 羲和：官名，負責觀察天象，制訂曆法。

⑰ 昊（hào）天：蒼天，上天。

⑱ 歷象：推算觀測天體的運行。

敬授民時[①]，此其所長也。及拘者爲之[②]，則牽於禁忌[③]，泥於小數[④]，舍人事而任鬼神[⑤]。

法家者流，蓋出於理官[⑥]，信賞必罰[⑦]，以輔禮制。《易》曰："先王以明罰飭法[⑧]。"此其所長也。及刻者爲之[⑨]，則無教化，去仁愛，專任刑法而欲以致治[⑩]，至於殘害至親，傷恩薄厚[⑪]。

名家者流，蓋出於禮官[⑫]。古者名位不同[⑬]，禮亦異數[⑭]。孔子曰："必也正名乎[⑮]！名不正則言不順，言不順則事不成。"此其所長也。及警者爲之[⑯]，則苟鉤鈲析亂而已[⑰]。

① 敬授民時：雙賓語，這裏指羲和之官記録天時以告民。

② 拘者：拘泥死板的人。

③ 牽：牽制，拘泥。禁忌：忌諱的事物。

④ 泥（nì）：拘執，不變通。小數：術數，如陰陽卜筮、鬼神仙道、祈禳厭勝之類。

⑤ 舍：捨棄，後作"捨"。

⑥ 理官：官名，負責治獄。

⑦ 信賞必罰：使獎賞信實，使懲罰確定。意即賞罰分明。信，形容詞使動用法，使……信實。必，形容詞使動用法，使……確定。

⑧ 先王以明罰飭法：語出《周易·噬嗑》之象辭。明，修明，彰明。飭，整頓，整飭。

⑨ 刻者：苛嚴刻薄的人。

⑩ 專：專門，單一。致治：使國家得到治理。

⑪ 薄厚：使親厚的關係變得淡漠。薄，形容詞使動用法，使……變薄。

⑫ 禮官：掌管禮儀教化之官。

⑬ 名位：名分，地位。

⑭ 異數：等級不同，制度不一。

⑮ 正名：孔子提出的政治思想，指辨正名稱、名分，使名實相符。語出《論語·子路》。

⑯ 警（jiào）者：以詭辯之術互相詰難的人。

⑰ 鉤鈲（pì）析亂：曲解穿鑿，支離破碎，以致混亂。鈲，劈破、分解。

墨家者流，蓋出於清廟之守[①]。茅屋采椽[②]，是以貴儉[③]；養三老、五更[④]，是以兼愛[⑤]；選士大射[⑥]，是以上賢[⑦]；宗祀嚴父[⑧]，是以右鬼[⑨]；順四時而行，是以非命[⑩]；以孝視天下[⑪]，是以上同[⑫]，此其所長也。及蔽者爲之[⑬]，見儉之利，因以非禮[⑭]，推兼愛之意，而不知別親疏。

從横家者流，蓋出於行人之官[⑮]。孔子曰："誦《詩》三百，使於四方[⑯]，不能專對[⑰]，雖多，亦奚以爲？"又曰："使乎，使乎[⑱]！"

---

① 清廟：太廟，古代帝王的宗廟。守：官守。

② 茅屋采椽：用茅草做的屋頂，用柞木做的椽子，形容房屋簡陋。采，"棌"的借字，改讀 cài，柞木。

③ 貴儉：以簡樸爲貴。貴，形容詞意動用法，以……爲貴。

④ 三老、五更：兩者均爲古代鄉官之名。以年老致仕者爲之，掌管地方教化，天子以父兄之禮養之。

⑤ 兼愛：墨子提出的倫理思想，主張愛無差别等級，不分厚薄親疏。

⑥ 選士：周代選拔人才的制度，通過射禮等方式選拔鄉人中德業有成者。大射：周代爲祭祀、選拔人才而舉行的射禮。

⑦ 上："尚"的借字，崇尚，尊崇。

⑧ 宗祀嚴父：祭祀祖宗，尊重父輩。

⑨ 右：尊尚。古人以右爲尊。

⑩ 非命：墨子提出的思想，懷疑命運，相信人爲。

⑪ 視：以事物示人，"示"的借字。

⑫ 上同：即"尚同"。墨子提出的政治思想，主張在"尚賢"的基礎上，推選賢者仁人，使地位居下者逐層服從於居上者，以達到治世的理想。

⑬ 蔽者：昏昧不明的人。蔽，蒙蔽。

⑭ 非：反對。

⑮ 行人：使節，掌管列國邦交之職。

⑯ 使：出使。

⑰ 專對：任使節时獨自隨機應答。專，獨自。

⑱ 使：使者。這句話是孔子稱贊衛國大夫蘧伯玉派來的使者，贊其能夠很好地完成出使任務。

言其當權事制宜[①]，受命而不受辭，此其所長也。及邪人爲之，則上詐諼而棄其信[②]。

雜家者流，蓋出於議官[③]。兼儒、墨，合名、法，知國體之有此[④]，見王治之無不貫[⑤]，此其所長也。及盪者爲之[⑥]，則漫羨而無所歸心[⑦]。

農家者流，蓋出於農稷之官[⑧]。播百穀，勸耕桑[⑨]，以足衣食，故八政一曰食[⑩]，二曰貨。孔子曰"所重民食"，此其所長也。及鄙者爲之，以爲無所事聖王[⑪]，欲使君臣並耕，誖上下之序[⑫]。

小説家者流，蓋出於稗官[⑬]，街談巷語、道聽塗説者之所造也[⑭]。孔子曰："雖小道，必有可觀者焉，致遠恐泥，是以君子弗

---

① 權事制宜：權衡事理，制定恰當的應對辦法。宜，適宜的方式、方法。

② 詐諼（xuān）：欺詐，欺騙。

③ 議官：言官，諫官。

④ 國體：這裏指國家的典章制度，治國之法。

⑤ 貫：貫穿，貫徹。

⑥ 盪（dàng）者：散漫無主見的人。

⑦ 漫羨：散漫無際。漫，散漫。羨，超過適當的限度。歸心：心之所歸，即主見。

⑧ 農稷之官：負責農業生産的官員。

⑨ 勸：鼓勵。桑：種桑養蠶。

⑩ 八政：古代國家施政的八個方面。《尚書·洪範》："八政，一曰食，二曰貨，三曰祀，四曰司空，五曰司徒，六曰司寇，七曰賓，八曰師。"

⑪ 無所事聖王：不需要聖王，天下也能得到治理。

⑫ 誖：違背，擾亂。序：秩序，次序。

⑬ 稗（bài）官：小官。稗，細米，形容卑微。

⑭ 道聽塗説：在道路上聽到，在道路上傳説，泛指没有根據的傳聞。道、塗，名詞作狀語，在路上。造：作。

爲也[1]。”然亦弗滅也[2]。閭里小知者之所及，亦使綴而不忘[3]。如或一言可采，此亦芻蕘狂夫之議也[4]。

諸子十家，其可觀者九家而已。皆起於王道既微，諸侯力政[5]，時君世主，好惡殊方[6]，是以九家之術蠭出並作[7]，各引一端[8]，崇其所善，以此馳説[9]，取合諸侯[10]。其言雖殊，辟猶水火[11]，相滅亦相生也。仁之與義，敬之與和，相反而皆相成也。《易》曰：“天下同歸而殊塗，一致而百慮[12]。”今異家者各推所長[13]，窮知究慮[14]，以明其指[15]，雖有蔽短，合其要歸[16]，亦六經之支與流裔[17]。使其人遭明王聖主[18]，得其所折中[19]，皆股肱之材

① 語出《論語·子張》。
② 滅：消除，廢除。
③ 綴：縫合，連綴，這裏指組織文字以成篇章。
④ 芻蕘（ráo）：割草採薪之人，這裏指草野之人。狂夫：狂放無知之人。
⑤ 力政：以武力爲政。
⑥ 方：方向，旨趣。
⑦ 蠭（fēng）：“蜂”的異體字，此處名詞作狀語，像蜂群一樣衆多。
⑧ 引：倡導，持取。
⑨ 馳説：奔走遊説。
⑩ 取合：取容，取得認可。
⑪ 辟：譬如，後作“譬”。
⑫ 致：志向，目標。慮：思慮。語出《周易·繫辭下》。
⑬ 推：推行，闡發。
⑭ 窮：尋求根源。究：深入探求，達到極致。
⑮ 指：意旨，意向。
⑯ 要歸：要旨，要點所在。
⑰ 支與流裔：分支黨與，支流末裔，這裏指諸子是六經的支流。支，分支。與，黨與。流，末流。裔，衣服的邊緣，引申爲末流之義。
⑱ 遭：遭逢，遇到。
⑲ 折中：調節使之適中、適度。

已[①]。仲尼有言："禮失而求諸野[②]。"方今去聖久遠，道術缺廢，無所更索[③]，彼九家者，不猶瘉於野乎[④]？若能修六藝之術，而觀此九家之言，舍短取長，則可以通萬方之略矣[⑤]。

擴展閱讀

孔子脩成、康之道，述周公之訓，以教七十子，使服其衣冠，脩其篇籍，故儒者之學生焉。墨子學儒者之業，受孔子之術，以爲其禮煩擾而不説，厚葬靡財而貧民，服傷生而害事，故背周道而用夏政。禹之時，天下大水，禹身執虆垂，以爲民先，剔河而道九岐，鑿江而通九路，辟五湖而定東海。當此之時，燒不暇撌，濡不給扢，死陵者葬陵，死澤者葬澤，故節財、薄葬、閑服生焉。

齊桓公之時，天子卑弱，諸侯力征，南夷北狄，交伐中國，中國之不絶如綫。齊國之地，東負海而北障河，地狹田少，而民多智巧。桓公憂中國之患，苦夷狄之亂，欲以存亡繼絶，崇天子之位，廣文武之業，故管子之書生焉。

齊景公内好聲色，外好狗馬，獵射亡歸，好色无辯，作爲路寢之臺，族鑄大鐘，撞之庭下，郊雉皆呴，一朝用三千鐘贛，梁丘據、子家噲導於左右，故晏子之諫生焉。

晚世之時，六國諸侯，谿異谷别，水絶山隔，各自治其境内，守其分地，握其權柄，擅其政令，下無方伯，上無天子，力征争權，勝者爲右，恃連與

① 股肱：大腿和胳膊，用以比喻國家的棟樑之材。
② 野：民間。
③ 更：副詞，再，又。索：尋求。
④ 瘉（yù）："愈"的借字，勝過，超過。
⑤ 萬方：萬邦諸侯。略：治國方略。

國，約重致，剖信符，結遠援，以守其國家，持其社稷，故縱横脩短生焉。

申子者，韓昭釐之佐。韓，晉别國也，地墽民險，而介於大國之間。晉國之故禮未滅，韓國之新法重出，先君之令未收，後君之令又下。新故相反，前後相繆，百官背亂，不知所用，故刑名之書生焉。

秦國之俗，貪狼强力，寡義而趨利，可威以刑而不可化以善，可勸以賞而不可厲以名，被險而帶河，四塞以爲固，地利形便，畜積殷富，孝公欲以虎狼之勢而吞諸侯，故商鞅之法生焉。（《淮南子·要略》）

閲讀提示：

《淮南子》又名《淮南鴻烈》，是西漢淮南王劉安主持撰寫的一部論文集。關於諸子百家的起源，《淮南子·要略》提出了和《漢書·藝文志》不同的見解，分析二者不同的見解以及他們的觀點不同的出發点。

第七單元

第三十二課　段太尉逸事狀[①]

太尉始爲涇州刺史時[②]，汾陽王以副元帥居蒲[③]，王子晞爲尚書[④]，領行營節度使[⑤]，寓軍邠州[⑥]，縱士卒無賴[⑦]。邠人偷嗜暴惡

① 本篇選自《柳河東集》卷八。柳宗元（773—819），字子厚，河東（今山西永濟市）人，所以後人又稱他爲"柳河東"。柳宗元是唐代著名文學家，古文運動的倡導者，唐宋散文八大家之一。段太尉：名秀實。字成公，唐汧（qiān）陽（今陝西千陽縣）人。纍官至涇原鄭潁節度使、司農卿。德宗建中四年（783年），朱泚（cǐ）反，段秀實被殺。興元元年（784年）追贈太尉。狀：又稱"行狀"，是文體的一種。"逸事狀"是行狀的變體，只記録散失未經記載的事，至於死者的世系、名字、爵里、壽年以及其他生平事跡，不詳細記載。

② 涇州：故治在今甘肅涇川縣北。代宗大曆十二年（777年），邠寧節度使白孝德薦段秀實爲涇州刺史。

③ 汾陽王：即郭子儀，肅宗時，因平安（禄山）史（思明）之亂有功，封汾陽王。汾陽，在今山西陽曲縣。蒲：蒲州，現山西省永濟市，是唐朝河中府治所在地。

④ 晞：即郭晞，郭子儀的第三子，隨父征伐有功，官至御史中丞，卒贈兵部尚書。郭晞當時爲左散騎常侍。

⑤ 領：兼管。古時兼代官職的稱謂。行營：本來是指軍中大將出征或巡視時臨時駐紮的地方，以區别於"大本營"，實際上常常變成一種派出辦事機關。這裏指副元帥郭子儀的行營。

⑥ 寓軍：在轄區之外駐軍。郭晞轄區本在朔方，時郭晞率朔方軍援邠，遂駐軍於邠，所以説"寓軍"。

⑦ 無賴：這裏指强横無恥、放刁撒潑等行爲作風。

者[①]，卒以貨竄名軍伍中[②]，則肆志，吏不得問。日群行丐取於市[③]，不嗛[④]，輒奮擊，折人手足，椎釜鬲瓮盎[⑤]，盈道上，袒臂徐去，至撞殺孕婦人。邠寧節度使白孝德以王故，戚不敢言[⑥]。

太尉自州以狀白府[⑦]，願計事。至則曰："天子以生人付公理[⑧]，公見人被暴害，因恬然[⑨]。且大亂，若何？"孝德曰："願奉教[⑩]。"太尉曰："某爲涇州[⑪]，甚適，少事。今不忍人無寇暴死[⑫]，以亂天子邊事。公誠以都虞候命某者[⑬]，能爲公已亂，使公之人不得害。"孝德曰："幸甚[⑭]！"如太尉請[⑮]。

既署一月[⑯]，晞軍士十七人入市取酒[⑰]，又以刃刺酒翁，壞釀

① 偷：懶惰。嗜：貪婪。暴：兇殘。惡：行爲品質壞。
② 貨：金錢財物的總稱。竄名軍伍中：把自己的名字偷偷寫進軍籍之中。《説文·穴部》："竄，匿也。从鼠在穴中。"此處用本義。
③ 丐：求取，本作"匄"。《説文·亡部》："匄，气（乞）也。"這裏是强要的意思。
④ 嗛（qiè）："慊"的借字，滿足。
⑤ 椎：槌擊。釜：斂口圓底鍋。鬲（lì）：似鼎而足中空的煮飯用具。盎：盆。釜鬲瓮盎在此處均泛指盛物的器皿。
⑥ 戚：憂愁，悲傷。後分化作"感"。
⑦ 狀：向上陳述事情的文章。白：稟告。府：節度使府，即白孝德。
⑧ 生人：生民，百姓。因避唐太宗李世民諱，唐人往往改"民"爲"人"。公：指白孝德。理：即"治"，爲避唐高宗李治諱而改。
⑨ 恬然：安閑的樣子。
⑩ 奉教：接受您的教誨。
⑪ 某：自稱之詞，相當於"我"。
⑫ 無寇暴死：在没有寇亂的情況下被人殘害而死。寇，入侵的外敵。
⑬ 誠：副詞，表示假設，如果真的……。都虞侯：軍中執法官。
⑭ 幸甚：好極了。幸，敬辭。
⑮ 如：順從。《説文·女部》："如，從隨也。从女从口。"此處用本義。
⑯ 署：攝官，指代理、暫任或試充官職。
⑰ 取：搶奪。

器，酒流溝中。太尉列卒取十七人，皆斷頭注槊上[①]，植市門外。晞一營大譟，盡甲[②]。孝德震恐，召太尉曰："將奈何？"太尉曰："無傷也！請辭於軍[③]。"孝德使數十人從太尉，太尉盡辭去。解佩刀，選老躄者一人持馬[④]，至晞門下。甲者出，太尉笑且入曰："殺一老卒，何甲也？吾戴吾頭來矣！"甲者愕。因諭曰[⑤]："尚書固負若屬邪[⑥]？副元帥固負若屬耶？奈何欲以亂敗郭氏[⑦]？爲白尚書，出聽我言。"晞出見太尉。太尉曰："副元帥勳塞天地，當務始終[⑧]。今尚書恣卒爲暴，暴且亂，亂天子邊，欲誰歸罪？罪且及副元帥。今邠人惡子弟以貨竄名軍籍中，殺害人，如是不止，幾日不大亂[⑨]？大亂由尚書出，人皆曰尚書倚副元帥不戢士[⑩]。然則郭氏功名，其與存者幾何[⑪]？"

言未畢，晞再拜曰："公幸教晞以道，恩甚大，願奉軍以從。"顧叱左右曰："皆解甲散還火伍中[⑫]，敢譁者死！"太尉曰：

---

① 斷頭注槊上：即梟首示衆。注，附著。槊，長矛。

② 甲：名詞用作動詞，穿上鎧甲。

③ 辭：説解。

④ 躄（bì）：跛。持馬：牽馬。

⑤ 因：趁機。諭：曉諭，這裏指"開導"。

⑥ 固：本來，確實，真的。若屬：你們。

⑦ 敗：毀壞。《説文·攴部》："敗，毀也。从攴貝。"此處用本義。

⑧ 當務始終：應當努力做到有始有終。務，努力從事。《説文·力部》："務，趣也。"此處用本義。

⑨ 幾日不大亂：還能有幾天不發生大亂。意思是不久就要大亂。

⑩ 戢：《説文·戈部》："戢，藏兵也。从戈，咠聲。"引申爲管束、約束。

⑪ 與：句中語氣詞，無義。

⑫ 散還火伍：散開回到隊伍中去。火伍，古代兵制，五人爲伍。唐兵制，十人一竈。共竈起火做飯，故十人爲火，"火"成了軍隊基層編制單位。

“吾未晡食①，請假設草具②。”既食，曰：“吾疾作，願留宿門下。”命持馬者去，旦日來。遂臥軍中，晞不解衣，戒候卒擊柝衛太尉③。旦，俱至孝德所，謝不能④，請改過。邠州由是無禍。

先是，太尉在涇州爲營田官⑤。涇大將焦令諶取人田⑥，自占數十頃，給與農⑦，曰：“且熟，歸我半。”是歲大旱，野無草，農以告諶。諶曰：“我知入數而已，不知旱也。”督責益急。且饑死，無以償⑧，即告太尉。太尉判狀，辭甚巽⑨，使人求諭諶⑩。諶盛怒，召農者曰：“我畏段某邪？何敢言我！”取判鋪背上⑪，以大杖擊二十，垂死，輿來庭中⑫。太尉大泣曰：“乃我困汝！”即自取水洗去血，裂裳衣瘡⑬，手注善藥⑭，旦夕自哺農者然後食。取騎馬

① 晡（bū）食：吃晚飯。段玉裁《説文解字注》：“餔，申時食也……餔，一作晡。”申時，相當於現在下午三點至五點這段時間。古人一日兩餐，“晡食”指吃第二頓飯，也就是“吃晚飯”。

② 假設：借用。草具：古代與太牢具（豐美的飯食）相對，指粗劣的飯食。

③ 戒：命令，告誡。後分化作“誡”。候卒：負責巡邏警衛的士兵。柝（tuò）：巡夜時敲的木梆子。

④ 謝：承認錯誤或罪過。不能：無能，没有才能。

⑤ 先是：在這以前。營田官：經營管理墾田的官。段秀實任涇州刺史前，曾在白孝德手下任支度（duó）營田副使，協助節度使掌管地方財政，召集流民爲官府墾田。

⑥ 焦令諶（chén）：人名。

⑦ 給與農：（佃）給農民。

⑧ 無以償：没有條件（辦法）償還。

⑨ 判狀：裁決書。巽（xùn）：恭順。

⑩ 諭：告，這裏是把判決書的内容告訴焦令諶。

⑪ 判：判決書。

⑫ 輿：抬。

⑬ 裂裳衣瘡：撕下衣服，（給受傷的農民）包紮傷口。裳，本指下衣，這裏指衣服。衣，包紮，名詞用作動詞，讀作yì。

⑭ 手：名詞作狀語，親手。注：敷。

賣，市穀代償，使勿知。淮西寓軍帥尹少榮，剛直士也。入見諶，大罵曰："汝誠人邪[①]？涇州野如赭[②]，人且饑死，而必得穀，又用大杖擊無罪者。段公，仁信大人也，而汝不知敬。今段公唯一馬，賤賣市穀入汝，汝又取，不恥[③]。凡爲人[④]，傲天災、犯大人、擊無罪者[⑤]，又取仁者穀，使主人出無馬，汝將何以視天地，尚不愧奴隸耶！"諶雖暴抗[⑥]，然聞言則大愧，流汗不能食，曰："吾終不可以見段公。"一夕自恨死[⑦]。

及太尉自涇州以司農徵[⑧]，戒其族："過岐，朱泚幸致貨幣[⑨]，慎勿納[⑩]。"及過，泚固致大綾三百匹[⑪]。太尉婿韋晤堅拒，不得

① 誠：副詞，真正、確實。

② 野如赭（zhě）：田野（旱得）像赤土。赭，《説文·赤部》："赭，赤土也。从赤，者聲。"此處用本義。

③ 不恥：不知羞恥。

④ 凡：總凡，統括之詞。

⑤ 傲：這裏指輕視。大人：對長者的尊稱，這裏指段秀實。

⑥ 抗：違忤、抗拒，這裏指蠻横而聽不進別人的話。

⑦ 自恨死：自恨而死。段秀實始爲涇州刺史是在唐代宗廣德二年（764年），爲涇州營田官又在此之前，則焦令諶應死於廣德二年前。事實上，焦令諶在代宗大曆八年（773年）猶在世，任涇原兵馬使。"蓋宗元得於傳聞，其實令諶不死也。"（《通鑒·考異》）

⑧ 以司農徵：以司農卿的職務被召到京城，即被召到京城做司農卿。司農，漢代官名，又稱大司農，掌錢糧禄米。

⑨ 朱泚幸致貨幣：朱泚萬一送財禮。朱泚，唐代宗時爲盧龍部將，德宗時拜爲太尉。段秀實"以司農徵"時，朱泚駐軍於岐州（治所在今陝西寶鷄市）。幸，萬一。致，送。

⑩ 慎：禁戒之詞，千萬。

⑪ 固：堅持，一定。大綾：薄而細緻的帛。

命[①]。至都，太尉怒曰："果不用吾言！"晤謝曰："處賤[②]，無以拒也。"太尉曰："然終不以在吾第[③]。"以如司農治事堂[④]，棲之梁木上。泚反，太尉終[⑤]，吏以告泚，泚取視，其故封識具存[⑥]。

太尉逸事如右[⑦]。

元和九年月日，永州司馬員外置同正員柳宗元謹上史館[⑧]。今之稱太尉大節者出入[⑨]，以爲武人一時奮不慮死，以取名天下，不知太尉之所立如是[⑩]。宗元嘗出入岐周邠斄間[⑪]，過真定，北上馬嶺[⑫]，歷亭障堡戍[⑬]，竊好問老校退卒[⑭]，能言其事。太尉爲人姁姁[⑮]，常

---

① 不得命：得不到對方的允許，意即拒絕不掉。命，古人常把對方對自己所説的話稱作"命"，這是一種客氣的説法。

② 處賤：（我）處於低賤地位。

③ 第：住宅。

④ 如：往。治事堂：辦事廳堂。

⑤ 泚反，太尉終：朱泚反叛朝廷，太尉故去。按：德宗建中四年（783年），涇原節度使姚令言作亂，擁朱泚爲大秦皇帝，不久改國號爲"漢"。朱泚反叛時，秀實面叱，并用手板打他，因此被害。

⑥ 封識（zhì）：封簽、封條。識，標記，多指封條上所寫的字。

⑦ 右：以前文章自右而左直行書寫，先寫的在右邊。

⑧ 永州司馬員外置同正員：這是指柳宗元當時的官職。員外置同正員，在定員之外設置的與定員之内的正員待遇相同的官。

⑨ 出入：有出入，與事實不符。

⑩ 所立如是：所建立的業績如此。

⑪ 周：在今陝西岐山縣。斄（tái）：在今陝西武功縣境。

⑫ 真定：一説即今河北省正定縣，一説疑作"真寧"，唐縣名，今甘肅正寧縣。馬嶺：山名，在今甘肅慶陽市西北。

⑬ 歷：經過、到過。《説文·止部》："歷，過也。从止，厤聲。"亭障堡戍：指各種邊防工事。亭障，古在邊塞險要處築墻置亭，派人防守，叫亭障。堡，用土築成的堡壘。戍，守衛這裏指守邊士兵的駐防地。

⑭ 竊：謙辭，私自、私下。老校退卒：年老的低級軍官和退伍和士兵。

⑮ 姁姁（qúqú）：和悦的樣子。

低首拱手行步，言氣卑弱，未嘗以色待物[①]。人視之，儒者也。遇不可[②]，必達其志[③]，決非偶然者。會州刺史崔公來[④]，言信行直，備得太尉遺事，覆校無疑，或恐尚逸墜，未集太史氏[⑤]，敢以狀私於執事[⑥]。謹狀[⑦]。

擴展閱讀

［建中］四年，朱泚盜據宫闕，源休教泚僞迎鑾駕，陰濟逆志。泚乃遣其將韓旻領馬步三千疾趨奉天。時蒼黄之中，未有武備。泚以秀實嘗爲涇原節度，頗得士心，後罷兵權，以爲蓄憤且久，必肯同惡，乃召與謀議。秀實初詐從之，陰説大將劉海賓、何明禮、姚令言判官岐靈岳同謀殺泚，以兵迎乘輿。三人者，皆秀實夙所獎遇，遂皆許諾。及韓旻追駕，秀實以爲宗社之危，期於頃刻，乃使人走諭靈岳，竊令言印。不遂，乃倒用司農印印符以追兵。旻至駱驛得符，軍人亦莫辯其印文，惶遽而迴。秀實謂海賓等曰："旻之來，吾黨無遺類矣！我當直搏殺泚，不得則死，終不能向此賊稱臣。"乃與海賓約，事急爲繼，而令明禮應於外。明日，泚召秀實議事，源休、姚令言、李忠臣、李子平皆在坐。秀實戎服，與泚並膝，語至僭位，秀實勃然而起，執休腕奪其象笏，奮躍而前，唾泚面大罵曰："狂賊，吾恨不斬汝萬段，我豈逐汝反耶！"

① 色：顔色，神色，這裏指傲慢的神色。物：指人。
② 不可：這裏指看不過去的事。
③ 必達其志：一定實現他（想要加以糾正）的想法。
④ 崔公：崔能。
⑤ 未集太史氏：不能集中到史官手裏。太史氏，史官。"未集"和"太史氏"是動補關係。
⑥ 敢以狀私於執事：我冒昧地把這篇逸事狀私自交給您。這裏是指交給韓愈，柳宗元曾有《與史官韓愈致段秀實太尉逸事狀》。
⑦ 狀：名詞用作動詞，寫了這篇行狀。

遂擊之。泚舉臂自捍，纔中其額，流血匍匐而走。兇徒愕然，初不敢動；而海賓等不至，秀實乃曰："我不同汝反，何不殺我！"兇黨群至，遂遇害焉。海賓、明禮、靈岳相次被殺。德宗在奉天聞其事，惜其委用不至，垂涕久之。（《舊唐書·段秀實傳》）

朱泚反，以秀實失兵，必恨憤，且素有人望，使騎往迎。秀實與子弟訣而入，泚喜曰："公來，吾事成矣。"秀實曰："將士東征，宴賜不豐，有司過耳，人主何與知？公本以忠義聞天下，今變起蒼卒，當諭衆以禍福，掃清宫室，迎乘輿，公之職也。"泚默然。秀實知不可，乃陽與合，陰結將軍劉海賓、姚令言判官岐靈岳、都虞候何明禮，欲圖泚。三人者，皆秀實素所厚。會源休教泚僞迎天子，遣將韓旻領鋭師三千疾馳奉天。秀實以爲宗社之危不容喘，乃遣人諭大吏岐靈岳竊取令言印，不獲，乃倒用司農印追其兵。旻至駱驛，得符還。秀實謂海賓曰："旻之來，吾等無遺類。我當直搏殺賊，不然則死。"乃約事急爲繼，而令明禮應於外。翌日，泚召秀實計事，源休、姚令言、李忠臣、李子平皆在坐。秀實戎服與休並，語至僭位，勃然起，執休腕，奪其象笏，奮而前，唾泚面大駡曰："狂賊！可磔萬段，我豈從汝反邪！"遂擊之。泚舉臂捍笏，中額，流血幭面，匍匐走。賊衆未敢動，而海賓等無至者。秀實大呼曰："我不同反，胡不殺我！"遂遇害，年六十五。海賓、明禮、靈岳等皆繼爲賊害。帝在奉天，恨用秀實不極才，垂涕悔悵。

初，秀實自涇州被召，戒其家曰："若過岐，朱泚必致贈遺，慎毋納。"至岐，泚固致大綾三百，家人拒，不遂。至都，秀實怒曰："吾終不以汚吾第。"以置司農治堂之梁間。吏後以告泚，泚取視，其封帕完新。（《新唐書·段秀實傳》）

閱讀提示：

結合《舊唐書》《新唐書》中兩段有關朱泚造反的材料，補充《段太尉逸事狀》中這一事件的相關背景，並體會《舊唐書》《新唐書》之間的差異。

第三十三課　柳子厚墓誌銘[①]

子厚，諱宗元[②]。七世祖慶，爲拓跋魏侍中[③]，封濟陰公[④]。曾伯祖奭[⑤]，爲唐宰相[⑥]，與褚遂良、韓瑗俱得罪武后[⑦]，死高宗朝。皇考諱鎮[⑧]，以事母棄太常博士，求爲縣令江南[⑨]。其後以不能媚權

① 本篇選自《昌黎先生集》卷三十二。韓愈（768—824），字退之，唐鄧州南陽（今河南修武縣）人。因爲昌黎（今河北昌黎縣）韓氏是望族，他常自稱"昌黎韓愈"，所以後人又稱他爲韓昌黎。韓愈是唐代著名文學家，是當時古文運動的倡導者，唐宋散文八大家之一。柳子厚，柳宗元，字子厚。墓誌銘：古代的一種文體，是對死者表示紀念的刻石文字，通常分兩部分，"誌"是死者的生平事迹，"銘"是對死者的悼念和讚頌。這篇墓誌銘的銘文很短，而且没有韻，可以說是一種變格。

② 諱宗元：名宗元。諱，避忌。古人爲表示對死者的尊敬，行文不直接稱其名，而要在其名之前加一"諱"字。

③ 拓跋魏：即北魏。公元386年鮮卑拓跋珪建立北魏，統一了北方，與南朝並列。因國君姓拓跋，後改姓元，所以稱爲拓跋魏或元魏，也稱後魏。侍中：官名，北魏侍中位同宰相。

④ 濟陰：郡名，在今山東菏澤市一帶。

⑤ 奭（shì）：指柳奭，唐高宗皇后王氏之舅，曾爲中書令，及王氏廢、武則天立爲后，柳奭貶爲愛州刺史。

⑥ 宰相：官名。唐朝並無宰相的職稱。唐初沿用隋制，以中書省、門下省、尚書省三長官共議國政，代替宰相之職。柳奭曾爲中書令，所以韓愈說他"爲唐宰相"。

⑦ 褚遂良：唐錢塘人，高宗時爲尚書右僕射。高宗廢王氏立武則天爲皇后，褚曾叩頭流血以諫，因而遭到貶黜，憂憤而卒。韓瑗：高宗時爲侍中，因力救褚遂良，亦被貶而死。

⑧ 皇考：對亡父的尊稱。皇，大，這裏是敬稱。考，老。

⑨ 求爲縣令江南：請求在江南做個縣令。

貴失御史[①]。權貴人死，乃復拜侍御史。號爲剛直，所與遊，皆當世名人。

子厚少精敏，無不通達。逮其父時[②]，雖少年，已自成人，能取進士第[③]，嶄然見頭角[④]。衆謂柳氏有子矣[⑤]。其後以博學宏詞授集賢殿正字[⑥]。儁傑廉悍[⑦]，議論證據今古[⑧]，出入經史百子[⑨]，踔厲風發[⑩]，率常屈其座人[⑪]。名聲大振，一時皆慕與之交。諸公要人，争欲令出我門下，交口薦譽之[⑫]。

---

① 權貴：此指宰相竇参、御史中丞盧佋等人。按：唐德宗貞元三年（787年），柳宗元的伯祖柳渾當上宰相（兵部侍郎同中書門下平章事），第二年，柳鎮入朝爲殿中御史。到任不久，因不肯與竇参等人誣陷穆贊，並爲穆平反冤獄，結果得罪竇参等人。貞元五年，鎮被貶爲夔州（今重慶奉節縣）司馬。貞元八年四月，竇参貶死，柳鎮得以復職。

② 逮其父時：趕上父親還在世的時候。逮，及。柳宗元於貞元九年（793年）春中進士，而柳鎮卒於同年五月。

③ 能取進士第：靠自己的才能中了進士。能，名詞作狀語。唐代應試者常需有顯官達人向考官薦舉才可及第，所以韓愈在這裏特加説明柳宗元是憑自己才能中第的。進士第，進士的等第名次。進士是唐科舉考試的科目之一。

④ 嶄然：高峻的様子、高超地。見（xiàn）：顯露，後作“現”。

⑤ 子：這裏是好兒子的意思。

⑥ 博學宏詞：當時禮部考選進士及第者的科目之一。集賢殿：官署名，全稱是“集賢殿書院”，掌刊輯經籍、搜集佚書之事，置博士、正字等官。正字：掌管校刊文字工作的官。

⑦ 儁傑：才能出衆。儁：“俊”的異體字，《説文·人部》：“俊，材過千人也。”傑，《説文·人部》：“材過萬人也。”此處用本義。廉：方正，有棱角，有志節。悍：勇敢。

⑧ 議論證據今古：議論時常以古今之事作證據。

⑨ 出入經史百子：能自由運用經史諸子的典籍。百子，指諸子百家。

⑩ 踔厲風發：形容柳宗元雄辯之辭高遠嚴正，有如疾風之驟至。踔，騰躍。

⑪ 率（shuài）：通常。屈：形容詞使動用法，使……屈服。

⑫ 交口：同時開口説話，聲音交錯。

貞元十九年[1]，由藍田尉拜監察御史[2]。順宗即位[3]，拜禮部員外郎。遇用事者得罪[4]，例出爲刺史[5]。未至，又例貶永州司馬。居閑[6]，益自刻苦，務記覽[7]，爲詞章[8]，汎濫停蓄[9]，爲深博無涯涘[10]。而自肆於山水間[11]。

元和中，嘗例召至京師，又偕出爲刺史[12]，而子厚得柳州。既至，歎曰："是豈不足爲政邪？"因其土俗，爲設教禁[13]，州人順

---

① 貞元：唐德宗李适（kuò）年號。貞元十九年爲公元803年。

② 藍田尉：藍田縣縣尉。藍田，縣名，今陝西藍田縣。尉，縣令的副職。按：柳宗元於貞元十二年由集賢殿正字調藍田尉。監察御史：官名。

③ 順宗即位：順宗李誦於公元805年二月即位。建號永貞，同年八月退位，由憲宗李純即位，建號元和。

④ 用事者：當權者，這裏指王叔文等。按：順宗即位後，因病不能親理朝政，由王叔文執掌大權。王叔文提升韋執誼爲尚書左丞、同中書門下平章事，又引用柳宗元、劉禹錫等新進之士，對政治進行了某些改革，史稱"永貞革新"。爲時不到一年，憲宗即位，將王叔文貶黜，後又"賜叔文死"。

⑤ 例出爲刺史：照例貶出京師去做刺史。

⑥ 居閑：處在閑暇的時候。按：州司馬本爲刺史手下掌管軍事的僚佐。但"自武德（唐高宗李淵的年號）以來，上中下郡司馬之事盡去，惟員與俸在"（白居易《江州司馬廳記》）。故唐中葉以後，司馬已成有職無權的冗員，常用來安置被貶的官員。

⑦ 務記覽：以記誦、閱覽爲務。

⑧ 爲詞章：做文章。

⑨ 汎濫停蓄：形容文筆汪洋恣肆，如江河之泛濫；凝練雄厚，如淵水之停蓄。

⑩ 爲：這裏有"達到"的意思。涯涘（sì）：邊際。

⑪ 肆：放縱，這裏指盡情、無拘無束。

⑫ 偕出爲刺史：一同出京（到遠州）任刺史。《資治通鑒·唐紀五十五》："王叔文之黨坐謫官者，凡十年不量移，執政有憐其才欲漸進之者，悉召至京師。諫官争言其不可，上與武元衡亦惡之。三月乙酉，皆以爲遠州刺史，官雖進而地益遠。"

⑬ 教禁：教令、禁令。

賴。其俗以男女質錢[①]，約不時贖，子本相侔[②]，則没爲奴婢。子厚與設方計[③]，悉令贖歸。其尤貧力不能者，令書其傭，足相當，則使歸其質[④]。觀察使下其法於他州[⑤]，比一歲[⑥]，免而歸者且千人[⑦]。衡湘以南爲進士者，皆以子厚爲師，其經承子厚口講指畫爲文詞者，悉有法度可觀[⑧]。

其召至京師而復爲刺史也，中山劉夢得禹錫亦在遣中[⑨]，當詣播州[⑩]。子厚泣曰："播州非人所居，而夢得親在堂[⑪]，吾不忍夢得之窮[⑫]，無辭以白其大人，且萬無母子俱往理。"請於朝，將拜疏[⑬]，願以柳易播，雖重得罪[⑭]，死不恨。遇有以夢得事白上者，夢得於

① 以男女質錢：拿子女做押（向别人）借錢。質，抵押。

② 子本：子錢（利息）和本錢。侔：等。

③ 與設方計：給（借債人）設法。方，方法。計，計劃。

④ 傭：這裏指奴婢應得的工錢。足相當：工錢數與所欠本息完全相等。

⑤ 觀察使：官名，唐分全國爲十道，道設觀察使，考察州縣政績。柳州屬嶺南道，觀察使爲裴行立。

⑥ 比：及、到。

⑦ 免而歸者：免於没爲奴婢而回家的男女。

⑧ "其經承子厚"句：那些經受承蒙柳子厚口授指點做文章的人，（做出的文章）都合乎規範，值得一看。"口"和"指"都是名詞作狀語，分别是"用口"和"用手指"的意思。

⑨ 中山：地名，在今河北定州市。劉夢得：即劉禹錫，自稱爲中山靖王劉勝之後。"永貞革新"失敗後，劉禹錫貶爲朗州（在今湖南常德市）司馬。元和十年召回京師，又被放回播州（在今貴州遵義市西）刺史，改刺連州（今廣東連州市）。

⑩ 詣：往，到……去。

⑪ 親在堂：指母親在堂，即母親健在。

⑫ 窮：困窘。

⑬ 拜疏：給皇帝上疏。

⑭ 重（chóng）：再次。

是改刺連州[①]。嗚呼！士窮乃見節義。今夫平居里巷相慕悦[②]，酒食游戲相徵逐[③]，詡詡强笑語以相取下[④]，握手出肺肝相示，指天日涕泣，誓生死不相背負，真若可信；一旦臨小利害，僅如毛髮比[⑤]，反眼若不相識。落陷穽，不一引手救，反擠之[⑥]，又下石焉者，皆是也[⑦]。此宜禽獸夷狄所不忍爲，而其人自視以爲得計。聞子厚之風，亦可以少愧矣。

子厚前時少年，勇於爲人[⑧]，不自貴重顧藉[⑨]，謂功業可立就，故坐廢退[⑩]。既退，又無相知有氣力得位者推挽[⑪]，故卒死於窮裔[⑫]。材不爲世用，道不行於時也。使子厚在臺省時[⑬]，自持其身[⑭]，已能如司馬刺史時，亦自不斥；斥時，有人力能舉之，且必復用不窮。

① 刺：名詞用作動詞，做刺史。

② 平居里巷：平日居於里巷，即平日家居的時候。

③ 徵逐：招呼，追隨。

④ 詡詡（xǔxǔ）：生動活潑的樣子，這裏指故作姿態、花言巧語。强（qiǎng）：勉强。取下：取人之下，願居對方之下。

⑤ 比：一樣。

⑥ 擠：《説文·手部》："擠，排也。"這裏指推下去。

⑦ 皆是也：到處都是這樣啊。"今夫平居里巷……皆是也"是一個單句，"平居里巷……下石焉"和"者"組成"者"字詞組，作主語，"是"是謂語。"今"是句首狀語。

⑧ 勇於爲人：在做人處事方面總是勇進當先。一説："人"當是"民"，因避諱作"人"。

⑨ 顧藉（jiè）：顧惜，愛惜。

⑩ 坐廢退：因受牽連而被貶斥。坐，犯罪，因受牽連而犯罪也叫坐。這裏作者爲避諱柳子厚參加王叔文集團而獲罪這件事，所以這樣説。

⑪ 推挽：推薦救援。

⑫ 窮裔：邊遠地區。

⑬ 使：連詞，假使，假如。在臺省時：指在御史臺任監察御史和尚書省任禮部員外郎時。

⑭ 持：約束。

然子厚斥不久，窮不極[①]，雖有出於人，其文學辭章，必不能自力以致必傳於後如今[②]，無疑也。雖使子厚得所願，爲將相於一時，以彼易此，孰得孰失，必有能辨之者。

子厚以元和十四年十一月八日卒，年四十七。以十五年七月十日，歸葬萬年先人墓側[③]。子厚有子男二人：長曰周六，始四歲；季曰周七，子厚卒乃生。女子二人，皆幼。其得歸葬也，費皆出觀察使河東裴君行立[④]。行立有節概[⑤]，重然諾，與子厚結交，子厚亦爲之盡[⑥]，竟賴其力。葬子厚於萬年之墓者，舅弟盧遵[⑦]。遵，涿人[⑧]，性謹慎，學問不厭。自子厚之斥，遵從而家焉，逮其死不去。既往葬子厚，又將經紀其家[⑨]，庶幾有始終者[⑩]。

銘曰："是惟子厚之室[⑪]，既固既安，以利其嗣人[⑫]。"

---

① 極：極點，最高限度。

② "其文學辭章"句：他的文學辭章一定不能因他自己專心竭力而達到必定流傳於後世的地步，就像今天這樣。

③ 萬年：唐縣名，故城在今陝西西安市臨潼區。

④ 河東：郡名，郡治在今山西永濟市。裴行立：绛州稷山（今山西稷山縣）人，當時任桂管（今廣西桂林市一帶）觀察使，是柳宗元的上級。

⑤ 節概：節操氣概。

⑥ 盡：盡了心力。

⑦ 舅弟：舅家的弟弟，表弟。

⑧ 涿：今河北涿州市。

⑨ 經紀：料理。

⑩ 庶幾：差不多，近於。

⑪ 室：這裏指幽室，即墓穴。

⑫ 嗣人：繼承人，後代。

擴展閱讀

余觀八司馬，皆天下之奇材也。一爲叔文所誘，遂陷於不義。至今士大夫欲爲君子者，皆羞道而喜攻之。然此八人者，既困矣，無所用於世，往往能自强以求别於後世，而其名卒不廢焉。而所謂欲爲君子者，吾多見其初而已，要其終，能毋與世俯仰以自别於小人者少耳！復何議於彼哉？（王安石《臨川先生文集·讀柳宗元傳》）

閱讀提示：

韓愈在《柳子厚墓誌銘》中寫到了柳宗元被貶失意，而王安石則認爲柳宗元雖然失意，但也有所得，體會兩者的差異。

第三十四課　黄州新建小竹樓記[①]

黄岡之地多竹[②]，大者如椽[③]，竹工破之，刳去其節[④]，用代陶瓦，比屋皆然[⑤]，以其價廉而工省也。

子城西北隅[⑥]，雉堞圮毁[⑦]，蓁莽荒穢[⑧]，因作小樓二間，與月波樓通[⑨]。遠吞山光，平挹江瀨[⑩]，幽闃遼敻[⑪]，不可具狀。夏宜急雨，有瀑布聲；冬宜密雪，有碎玉聲。宜鼓琴，琴調和暢；宜詠詩，詩

---

① 本篇選自《小畜集》。《小畜集》是北宋王禹偁自編詩文别集，取《易》小畜卦以爲集名。凡三十卷，賦二卷，詩十一卷，文十七卷，本篇選自卷十七。王禹偁（954—1001年），字元之，濟州鉅野（今山東巨野縣）人。北宋詩人、散文家，直言敢諫，屢遭貶謫，因貶至黄州（今湖北黄岡市），世稱王黄州。本篇即作於貶官黄州時期。

② 黄岡：地名，在今湖北黄岡市黄州區及團風縣境。

③ 椽（chuán）：架屋瓦的木條。

④ 刳（kū）：剖開，挖空。

⑤ 比屋：挨家挨户。比，並列，連。

⑥ 子城：附屬於大城的小城，如内城及附郭的月城。隅：城墻角落。

⑦ 雉堞（dié）：指城墻。城牆長三丈高一丈爲雉。堞，女牆，即城上端凸凹疊起之牆。圮（pǐ）毁：毁壞。

⑧ 蓁（zhēn）：叢生的荆棘。莽：叢生的草木。穢：荒蕪，田中雜草。

⑨ 月波樓：黄州城西北角城樓。

⑩ 挹（yì）：舀，酌取，與前面的“吞”一樣，在這裏比喻收入眼底。瀨（lài）：從沙石間流過的水。

⑪ 闃（qù）：寂静。敻（xiòng）：遠。

韻清絶；宜圍棋，子聲丁丁然①；宜投壺②，矢聲錚錚然③；皆竹樓之所助也。

公退之暇④，被鶴氅衣⑤，戴華陽巾⑥，手執《周易》一卷，焚香默坐，消遣⑦世慮。江山之外，第見風帆沙鳥⑧，煙雲竹樹而已。待其酒力醒，茶煙歇，送夕陽，迎素月⑨，亦謫居之勝概也⑩。

彼齊雲、落星⑪，高則高矣；井幹、麗譙⑫，華則華矣。止於貯妓女⑬，藏歌舞，非騷人之事⑭，吾所不取。

吾聞竹工云："竹之爲瓦，僅十稔⑮，若重覆之，得二十稔。"

---

① 丁丁（zhēngzhēng）：伐木聲，典出《詩經・小雅・伐木》："伐木丁丁。"唐宋時人常用以形容琴聲、棋聲、漏聲、佩玉聲等。

② 投壺：古人宴會時的遊戲。設特製之壺，賓主以次投矢其中，中多者爲勝，負者飲。

③ 錚錚：形容金屬、玉器等相撞擊聲。

④ 公退之暇：辦完公事回家的空閑。公，公事。退，返回。

⑤ 鶴氅（chǎng）：鳥羽製裘，用作外套，美稱鶴氅。

⑥ 華陽巾：道冠。

⑦ 消遣：消解，排遣。

⑧ 第：但，且。

⑨ 素：潔白。

⑩ 勝：事物優越美好叫勝，比如"名勝""形勝"。概：景象，狀況。

⑪ 齊雲：樓名。古名月華樓，唐曹恭王所建，後又名飛雲閣。唐白居易有《齊雲樓晚望偶題十韻》詩，即此。元末吴朱元璋克平江，執張士誠，其羣妾焚死於此。古址在舊吴縣（今江蘇蘇州市）子城上。落星：樓名，在今江蘇南京市東北。

⑫ 井幹（hán）：樓名。在漢長安（在今陝西西安市）建章宫北。麗譙（qiáo）：壯美的高樓。

⑬ 妓女：以歌舞爲業的女人。

⑭ 騷人：指詩人。自《離騷》以降，作詩者多倣效之，故稱詩人爲騷人。

⑮ 稔（rěn）：成熟。古代穀物一年一熟，因稱年爲稔。

噫！吾以至道乙未歲[①]，自翰林出滁上[②]；丙申[③]，移廣陵[④]；丁酉[⑤]，又入西掖[⑥]；戊戌歲除日[⑦]，有齊安之命[⑧]；已亥閏三月[⑨]到郡。四年之間，奔走不暇，未知明年又在何處，豈懼竹樓之易朽乎？幸後之人與我同志，嗣而葺之[⑩]，庶斯樓之不朽也[⑪]。

擴展閱讀

今黄州城雉器甲，復不及滁、揚。萬一水旱爲災，盜賊竊發，雖思禦備，何以枝梧。蓋太祖削諸侯跋扈之勢，太宗杜僭僞覬望之心，不得不爾。其如設法救世，久則弊生，救弊之道，在乎從宜。疾若轉規，固不可膠柱而鼓瑟也。今江、淮諸州，大患有三：城池墮圮，一也；兵仗不完，二也；軍不服習，三也；濮賊之興，慢防可見。望陛下特紆宸斷，許江、淮諸郡，酌民户衆寡，城池大小，並置守捉。軍士多不過五百人，閱習弓劍，然後漸葺城壁，繕完甲胄，則郡國有禦侮之備，長吏免剽略之虞矣。（《宋史・王禹偁傳》）

---

① 至道：宋趙炅（太宗）年號。乙未歲：至道元年，即995年。

② 翰林：翰林院官名。出：指從京城貶官到外地。滁（chú）：地名，在今安徽滁州市。

③ 丙申：至道二年，即996年。

④ 廣陵：地名，在今江蘇揚州市廣陵區。

⑤ 丁酉：至道三年，即997年。

⑥ 西掖：中書省的别稱。

⑦ 戊戌：宋真宗咸平元年，即998年。歲除：年終之日。

⑧ 齊安：黄州郡名齊安。咸平元年，王禹偁因參與編寫《太祖實録》直書趙匡胤篡位，被貶黄州。

⑨ 己亥：咸平二年，即999年。

⑩ 嗣：繼承，接續。葺：修理房屋。

⑪ 庶：副詞，表示希望。

閱讀提示：

王禹偁是宋初有名的直臣，心懷積極用世的政治抱負，敢於直言諷諫而屢受貶謫。文段節選自王禹偁任職黄州時上奏疏文。結合選文，思考《黄州新建小竹樓記》言竹樓“易朽”而“不朽”的原因。

第三十五課　六　國　論[①]

六國破滅，非兵不利，戰不善，弊在賂秦。賂秦而力虧，破滅之道也。或曰："六國互喪，率賂秦耶？"曰："不賂者以賂者喪，蓋失强援，不能獨完。"故曰：弊在賂秦也。

秦以攻取之外，小則獲邑，大則得城。較秦之所得，與戰勝而得者，其實百倍；諸侯之所亡，與戰敗而亡者，其實亦百倍。則秦之所大欲，諸侯之所大患，固不在戰矣。思厥先祖父[②]暴霜露[③]、斬荆棘，以有尺寸之地。子孫視之不甚惜，舉以予人，如棄草芥，今日割五城，明日割十城，然後得一夕安寢。起視四境，而秦兵又至矣。然則諸侯之地有限，暴秦之欲無厭，奉之彌繁，侵之愈急，故不戰而强弱勝負已判矣。至於顛覆，理固宜然。古人云："以地事秦，猶抱薪救火，薪不盡，火不滅[④]。"此言得之。

---

① 本篇選自《嘉祐集》，題目爲後加（原題爲《六國》）。《嘉祐集》是北宋時期蘇洵的散文集。蘇洵（1009—1066年），眉州眉山（今四川眉山市）人，與其子蘇軾、蘇轍合稱"三蘇"，均被列入"唐宋八大家"。宋仁宗嘉祐年間（1056—1064年），蘇洵得歐陽修推譽，將其二十二篇文章推薦給朝廷，名動京師，曰《嘉祐集》。六國，戰國末期先後爲秦所吞併之韓、趙、魏、楚、燕、齊。此篇論六國以賂秦而亡，以暗鍼朝廷對强敵契丹之厚賂。

② 厥：指示代詞，他的，相當於"其"。

③ 暴（pù）：曬，曝露。後分化作"曝"。

④ 語出《史記·魏世家》："夫以地事秦，猶抱薪救火，薪不盡，火不滅。"另見《戰國策·魏策三》："以地事秦，譬猶抱薪而救火也，薪不盡，則火不止。"

齊人未嘗賂秦，終繼五國遷滅[①]，何哉？與嬴而不助五國也[②]。五國既喪，齊亦不免矣。燕、趙之君，始有遠略，能守其土，義不賂秦。是故燕雖小國而後亡，斯用兵之效也[③]。至丹以荆卿爲計[④]，始速禍焉[⑤]。趙嘗五戰於秦，二敗而三勝[⑥]。後秦擊趙者再，李牧連卻之[⑦]。洎牧以讒誅[⑧]，邯鄲爲郡[⑨]，惜其用武而不終也。且燕、趙處秦革滅殆盡之際[⑩]，可謂智力孤危[⑪]，戰敗而亡，誠不得已。向使三國各愛其地，齊人勿附於秦，刺客不行[⑫]，良將猶在[⑬]，則勝負之數[⑭]，存亡之理，當與秦相較，或未易量[⑮]。

① 遷：離散。

② 與：親附。嬴：秦之先伯翳爲舜調訓鳥獸，舜賜嬴氏。

③ 效：效果。

④ 丹：燕太子丹。荆卿：荆軻。《史記·燕召公世家》記載：“太子丹陰養壯士二十人，使荆軻獻督亢地圖於秦，因襲刺秦王。秦王覺，殺軻，使將軍王翦擊燕。”

⑤ 速：招致。

⑥ 趙嘗五戰於秦，二敗而三勝：據《戰國策·燕策一》：“蘇秦將爲從，北説燕文侯曰：‘……秦趙五戰，秦再勝而趙三勝。’”蘇洵襲用此語，考之史實，確非實指。

⑦ 李牧：趙末名將。卻：動詞使動用法，使……退兵。《史記·趙世家》記載：“三年……李牧率師與戰肥下，卻之。封牧爲武安君。四年，秦攻番吾，李牧與之戰，卻之。”

⑧ 洎（jì）：及，等到。《説文·水部》：“洎，灌釜也。”誅：殺戮，這裏是被動用法。

⑨ 邯鄲爲郡：邯鄲成爲秦郡。秦滅趙後，把趙國都城邯鄲一帶改爲秦的邯鄲郡。邯鄲，地名，在今河北邯鄲市。

⑩ 革：革除。這裏是説秦將六國革除消滅殆盡。

⑪ 智力孤危：智謀和國力窮竭，國家孤立危急。

⑫ 刺客：指荆軻。

⑬ 良將：指廉頗、李牧。

⑭ 數：命運。

⑮ 易：容易。量（liáng）：衡量。

嗚呼！以賂秦之地封天下之謀臣，以事秦之心禮天下之奇才，並力西嚮，則吾恐秦人食之不得下咽也[①]。悲夫，有如此之勢，而爲秦人積威之所劫[②]，日削月割，以趨於亡。爲國者無使爲積威之所劫哉[③]！

夫六國與秦皆諸侯，其勢弱於秦，而猶有可以不賂而勝之之勢。苟以天下之大，下而從六國破亡之故事[④]，是又在六國下矣。

擴展閱讀

且夫天下非小弱也，雍州之地，崤函之固，自若也。陳涉之位，非尊於齊、楚、燕、趙、韓、魏、宋、衛、中山之君也；鉏櫌棘矜，非銛於鉤戟長鎩也；謫戍之衆，非抗於九國之師也；深謀遠慮，行軍用兵之道，非及曩時之士也。然而成敗異變，功業相反。試使山東之國，與陳涉度長絜大，比權量力，則不可同年而語矣。然秦以區區之地，致萬乘之權，招八州而朝同列，百有餘年矣。然後以六合爲家，崤函爲宮，一夫作難而七廟墮，身死人手，爲天下笑者，何也？仁義不施，而攻守之勢異也。（賈誼《過秦論》）

閱讀提示：

《過秦論》和《六國論》同屬借古諷今之史論，議論了秦與六國的歷史得

---

① 食之不得下咽：喻秦或將爲六國所滅。典出《史記·秦始皇本紀》："高死之後，賓婚未得盡相勞，餐未及下咽，酒未及濡脣，楚兵已屠關中。"

② 劫：脅迫。

③ 無："毋"的借字，改讀wù，不要。

④ 下：降低身份，暗指宋賂契丹。故事：舊的事情，不要誤解爲合成詞。

失。對比兩篇文章對六國滅亡原因的論述，思考其在語言、結構和主旨上的異同。

第八單元

第三十六課　定 之 方 中

《毛詩鄭箋》

定之方中美衛文公也衛爲狄所滅東徙渡河野處漕邑齊桓公攘戎狄而封之文公徙居楚丘始建城市而營宫室得其時制百姓説之國家殷富焉春秋閔公二年冬狄人入衛衛懿公及狄人戰于熒澤而敗宋桓公迎衛之遺民渡河立戴公以廬於漕戴公立一年而卒魯僖公二年齊桓公城楚丘而封衛於是文公立而建國焉○定丁佞反下同定星名爾雅云營室謂之定孫炎云定正也衛爲狄所滅一本作狄人本或作衛懿公爲狄所滅非也漕音曹攘如羊反説音悦熒迥丁反廬力居反定之方中作于楚宫定營室也方中昏正四方楚宫楚丘之宫也仲梁子曰初立楚宫也箋云楚宫謂宗廟也定星昏中而正於是可以營制宫室故謂之營室定昏中而正謂小雪時其體與東壁連正四方揆之以日作于楚室揆度也度日出日入以知東西南視定北準極以正南北室猶宫也箋云楚室居室也君子將營宫室宗廟爲先廄庫爲次居室爲後○揆葵癸反度待洛反下同視字又作眡音同廄居又反樹之榛栗椅桐梓漆爰伐琴瑟椅梓屬箋云爰曰也樹此六木於宫者曰其長大可伐以爲琴瑟言豫備也○榛側巾反椅於宜反草木疏云梓實桐皮曰椅也梓音子漆音七長丁丈反升彼虚矣以望楚矣望楚與堂景山與京虚漕虚也楚丘有堂邑者景山大山京高丘也箋云自河以東夾於濟水文公將徙登漕之虚以望楚丘觀其旁邑及其丘山審其高下所依倚乃後建國焉慎之至也○虚起居反本或作墟夾居洽反濟節禮反倚於綺反降觀于桑地勢宜蠶可以居民卜云其吉終然允臧龜曰卜允信臧善也建國必卜之故建邦能命龜田能施命作器能銘使能造命升高能賦師旅能誓山川能説喪紀

能誄祭祀能語君子能此九者可謂有德音可以爲大夫〇使所吏反能説如字鄭志問曰山川能説何謂也答曰兩讀或言説説者説其形勢也或曰述述者述其故事也述讀如遂事不諫之遂傴本又作讄又作誄皆力水反説文云讄禱也累功德以求福也誄謚也爲卿大夫一本無卿字靈雨既零命彼倌人星言夙駕説于桑田零落也倌人主駕者箋云靈善也星雨止星見夙早也文公於雨下命主駕者雨止爲我晨早駕欲往爲辭説于桑田教民稼穡務農急也〇倌音官徐古患反説文云小臣也星言韓詩云星精也説毛始鋭反舍也鄭如字辭説見賢遍反爲于僞反匪直也人非徒庸君秉心塞淵秉操也箋云塞充實也淵深也〇操七刀反騋牝三千馬七尺以上曰騋騋馬與牝馬也箋云國馬之制天子十有二閑馬六種三千四百五十六匹邦國六閑馬四種千二百九十六匹衛之先君兼邶鄘而有之而馬數過礼制今文公滅而復興徙而能富馬有三千雖非礼制國人美之〇騋牝上音來馬六尺已上也下頻忍反徐扶死反上時掌反種章勇反下同過礼一本作過礼制復符富反定之方中三章章七句

第三十七課　曲　　禮

《禮記注》

夫禮者所以定親疏決嫌疑別同異明是非也禮不妄説人爲近佞媚也君子説之不以其道則不説也○夫音扶凡發語之端皆然後放此疏所居反或作疎決徐古穴反嫌户恬反别彼列反下注下文同説音悦又始悦反注同佞乃定反口才曰佞媚眉忌反意向曰媚不辭費爲傷信君子先行其言而後從之○辭本又作詞同説文以詞爲言詞之字辭不受也後皆放此費芳味反言而不行爲辭費禮不踰節不侵侮不好狎爲傷敬也人則習近爲好狎○侮徐云撫反輕慢也好呼報反注同脩身踐言謂之善行踐履也言履而行之○行下孟反下行脩同行脩言道禮之質也言道言合於道質猶本也禮爲之文飾耳禮聞取於人不聞取人謂君人者取於人謂高尚其道取人謂制服其身○取於舊七樹反謂趣就師求道也皇如字謂取師之道取人如字謂制師使從己禮聞來學不聞往教尊道藝道德仁義非禮不成教訓正俗非禮不備分争辨訟非禮不決君臣上下父子兄弟非禮不定宦學事師非禮不親班朝治軍涖官行法非禮威嚴不行禱祠祭祀供給鬼神非禮不誠不莊分辨皆别也宦仕也班次也涖臨也莊敬也學或爲御○辨皮勉反徐方勉反上下上謂公卿下謂大夫士宦音患朝直遥反涖本亦作莅徐音利沈力二反又力位反禱丁老反鄭云求福曰禱祠音詞求得曰祠共音恭本或作供莊側良反徐側亮反學或爲御鄭此注爲見他本也後放此是以君子恭敬撙節退讓以明禮撙猶趨也○撙祖本反趨士俱反就也向也鸚鵡能言不離飛鳥猩猩能言不離禽獸今人而無禮雖能言不亦禽獸之心乎夫唯禽獸無禮故父子聚麀聚猶共也鹿牝曰麀○嬰本或作鸚厄耕反母本或作鵡同音武諸葛恪茂后反離力智反下同狌本又作猩音生禽獸盧本作走獸麀音憂牝鹿也牝頻忍反徐扶盡反舊扶允反是故聖人作爲

禮以教人使人以有禮知自別於禽獸太上貴德太上帝皇之世其民施而不惟報〇大音泰注同大上謂三皇五帝之世施始豉反下同其次務施報三王之世禮始興焉禮尚往來往而不來非禮也來而不往亦非禮也人有禮則安無禮則危故曰禮者不可不學也夫禮者自卑而尊人雖負販者必有尊也而況富貴乎負販者尤輕恌志利宜若無禮然〇販方萬反恌吐彫反富貴而知好禮則不驕不淫貧賤而知好禮則志不懾懾猶怯惑〇好呼報反下同懾之涉反怯丘劫反何胤云憚所行爲怯

第三十八課　大學之道

《大學章句》

大學之道在明明德在親民在止於至善程子曰親當作新○大學者大人之學也明明之也明德者人之所得乎天而虛靈不昧以具衆理而應萬事者也但爲氣稟所拘人欲所蔽則有時而昏然其本體之明則有未嘗息者故學者當因其所發而遂明之以復其初也新者革其舊之謂也言既自明其明德又當推以及人使之亦有以去其舊染之污也止者必至於是而不遷之意至善則事理當然之極也言明明德新民皆當至於至善之地而不遷蓋必其有以盡夫天理之極而無一毫人欲之私也此三者大學之綱領也知止而后有定定而后能靜靜而后能安安而后能慮慮而后能得后與後同後放此○止者所當止之地即至善之所在也知之則志有定向靜謂心不妄動安謂所處而安慮謂處事精詳得謂得其所止物有本末事有終始知所先後則近道矣明德爲本新民爲末知止爲始能得爲終本始所先末終所後此結上文兩節之意古之欲明明德於天下者先治其國欲治其國者先齊其家欲齊其家者先脩其身欲脩其身者先正其心欲正其心者先誠其意欲誠其意者先致其知致知在格物治平聲後放此○明明德於天下者使天下之人皆有以明其明德也心者身之所主也誠實也意者心之所發也實其心之所發欲其一於善而無自欺也致推極也知猶識也推極吾之知識欲其所知無不盡也格至也物猶事也窮至事物之理欲其極處無不到也此八者大學之條目也物格而后知至知至而后意誠意誠而后心正心正而后身脩身脩而后家齊家齊而后國治國治而后天下平治去聲後放此○物格者物理之極處無不到也知至者吾心之所知無不盡也知既盡則意可得而實矣意既實則心可得而正矣脩身以上明明德之事也齊家以下新民之事也物格知至則知所止矣意誠以下則皆得所止之序也自天子以至於庶人壹

是皆以脩身爲本壹是一切也正心以上皆所以脩身也齊家以下則舉此而錯之耳其本亂而末治者否矣其所厚者薄而其所薄者厚未之有也本謂身也所厚謂家也此兩節結上文兩節之意

右經一章蓋孔子之言而曾子述之凡二百五字**其傳十章則曾子之意而門人記之也舊本頗有錯簡今因程子所定而更考經文別爲序次如左**凡千五百四十六字○凡傳文雜引經傳若無統紀然文理接續血脈貫通深淺始終至爲精密熟讀詳味久當見之今不盡釋也

第三十九課　不見諸侯

《孟子章句》

陳代曰不見諸侯宜若小然今一見之大則以王小則以霸且志曰枉尺而直尋宜若可爲也陳代孟子弟子也代見諸侯有來聘請見孟子孟子有所不見以爲孟子欲以是爲介故言此介得無爲狹小乎如一見之儻得行道可以輔致霸王乎志記也枉尺直尋欲使孟子屈己信道故言宜若可爲也孟子曰昔齊景公田招虞人以旌不至將殺之虞人守苑囿之吏也招之當以皮冠而以旌故招之而不至也志士不忘在溝壑勇士不忘喪其元孔子奚取焉取非其招不往也如不待其招而往何哉志士守義者也君子固窮故常念死無棺椁没溝壑而不恨也勇士義勇者也元首也以義則喪首不顧也孔子奚取取守死善道非禮招己則不往言虞人不得其招尚不往如何君子而不待其招直事妄見諸侯者何爲也且夫枉尺而直尋者以利言也如以利則枉尋直尺而利亦可爲與尺小尋者尚可任大就小而以要其利也昔者趙簡子使王良與嬖奚乘終日而不獲一禽嬖奚反命曰天下之賤工也趙簡子晉卿也王良善御者也嬖奚簡子幸臣也以不能得一禽故反命於簡子謂王良天下鄙賤之工師也或以告王良良曰請復之聞嬖奚賤之故請復與乘强而後可强嬖奚乃肯行一朝而獲十禽嬖奚反命曰天下之良工也以一朝得十禽故謂之良工簡子曰我使掌與女乘掌主也使王良主與女乘謂王良良不可王良不肯曰吾爲之範我馳驅終日不獲一爲之詭遇一朝而獲十範法也王良曰我爲之法度之御應禮之射正殺之禽不能得一横而射之曰詭遇非禮之射則能獲十言嬖奚小人也不習於禮也詩云不失其馳舍矢如破我不貫與小人乘請辭詩小雅車攻之篇也言御者不失馳驅之法則射者必中之順毛而入順毛而出一發貫臧應矢而死者如破矣此君子之射也貫習也我不習與小人乘不願掌與嬖奚同

乘故請辭御者且羞與射者比比而得禽獸雖若丘陵弗爲也如枉道而從彼何也孟子引此以喻陳代云御者尚知羞恥此射者不欲與比子如何欲使我枉正道而從彼驕慢諸侯而見之乎且子過矣枉己者未有能直人者也謂陳代之言過謬也人當以直矯枉耳己自枉曲何能正人

第四十課　橘　　頌

《楚辭補注》

橘頌美橘之有是德故曰頌管子篇名有國頌説者云頌容也陳爲國之形容后皇嘉樹橘徠服兮后后土也皇皇天也服習也言皇天后土生美橘樹異於衆木來服習南土便其風氣屈原自喻才德如橘樹亦異於衆也便其風氣一云便且遂也一云便其性也補曰禹貢淮海惟揚州厥包橘柚錫貢漢書江陵千樹橘與千户侯等異物志云橘爲樹白華赤實皮既馨香又有善味徠與來同説文云周所受瑞麥來麰天所來也故爲行來之來受命不遷生南國兮南國謂江南也遷徙也言橘受天命生於江南不可移徙種於北地則化而爲枳也屈原自比志節如橘亦不可移徙深固難徙更壹志兮屈原見橘根深堅固終不可徙則專一己志守忠信也緑葉素榮紛其可喜兮緑猶青也素白也言橘青葉白華紛然盛茂誠可喜也以言己行清白可信任也榮一作華補曰爾雅草謂之榮木謂之華此言素榮則亦通稱也曹植賦曰朱實不萌焉得素榮李尤七歎曰白華緑葉扶踈冬榮金衣素裏班理内充皆謂橘也曾枝剡棘圓果摶兮剡利也棘橘枝刺若棘也摶圜也楚人名圜爲摶言橘枝重累又有利棘以象武也其實圓摶又象文也以喻己有文武能方圓也圓果一作圜實摶一作槫補曰曾音增重也剡音琰方言曰凡草木刺人江湘之閒謂之棘注引曾枝剡棘説文云摶圜也其字從手槫柩車也其字從木音同義異青黄雜糅一作揉文章爛兮言橘葉青其實黄雜糅俱盛爛然而明以言己敏達道德亦爛然有文章也補曰橘實初青既熟則黄若以青爲葉則上文已言緑葉矣精色内白類可任兮精明也類猶貌也言橘實赤黄其色精明内懷潔白以言賢者亦然外有精明之貌内有潔白之志故可任以道而事用之也一云類任道兮補曰青黄雜糅言其外之文精色内白言其中之質也紛緼宜脩一作修姱而不醜兮紛緼盛貌醜惡也言橘類紛緼而盛如人宜修飾形容盡好無有醜惡也補

曰紛音墳縕音氳集韻葐蕴積也姱好也嗟爾幼志有以異兮爾汝也幼小也言嗟乎衆臣女少小之人其志易徙有異於橘也獨立不遷豈不可喜兮屈原言己之行度獨立堅固不可遷徙誠可喜也補曰自此以下申前義以明己志深固難徙廓其無求兮補曰凡與世遷徙者皆有求也吾之志舉世莫得而傾之者無求於彼故也蘇世獨立横而不流兮蘇寤也言屈原自知爲讒佞所害心中覺寤然不可變節猶行忠直横立自持不隨俗人也補曰死而更生曰蘇魏都賦曰非蘇世而居正閉心自慎不終失過兮言己閉心捐欲敕慎自守終不敢有過失也一云終不過兮一云終不失過兮補曰閉必結切闔也俗作閇非是秉德無私參天地兮秉執也言己執履忠正行無私阿故參配天地通之神明使知之也補曰天無私覆地無私載秉德無私則與天地參矣願歲並謝與長友兮謝去也言己願與橘同心並志歲月雖去年且衰老長爲朋友不相遠離也補曰説文云謝辭去也此言己年雖與歲月俱逝願長與橘爲友也淑離不淫梗其有理兮淑善也梗强也言己雖設與橘離别猶善持己行梗然堅强終不淫惑而失義也年歲雖少可師長兮言己年雖幼少言有法則行有節度誠可師用長老而事之補曰言可爲人師長行比伯夷置以爲像兮像法也伯夷孤竹君之子也父欲立伯夷伯夷讓弟叔齊叔齊不肯受兄弟弃國俱去之首陽山下周武王伐紂伯夷叔齊扣馬諫之曰父死不葬謀及干戈可謂孝乎以臣弑君可謂忠乎左右欲殺之太公曰不可引而去之遂不食周粟而餓死屈原亦自以脩飾潔白之行不容於世將餓餒而終故曰以伯夷爲法也補曰行下孟切比音鼻近也韓愈曰伯夷者特立獨行亘萬世而不顧者也屈原獨立不遷宜與伯夷無異乃自謂近於伯夷而置以爲像尊賢之詞也

第四十一課　離　婁

《孟子集注》

孟子曰離婁之明公輸子之巧不以規矩不能成方員師曠之聰不以六律不能正五音堯舜之道不以仁政不能平治天下離婁古之明目者公輸子名班魯之巧人也規所以爲員之器也矩所以爲方之器也師曠晉之樂師知音者也六律截竹爲筩陰陽各六以節五音之上下黄鐘太蔟姑洗蕤賓夷則無射爲陽大吕夾鐘仲吕林鐘南吕應鐘爲陰也五音宫商角徵羽也范氏曰此言治天下不可無法度仁政者治天下之法度也今有仁心仁聞而民不被其澤不可法於後世者不行先王之道也聞去聲○仁心愛人之心也仁聞者有愛人之聲聞於人也先王之道仁政是也范氏曰齊宣王不忍一牛之死以羊易之可謂有仁心梁武帝終日一食蔬素宗廟以麪爲犧牲斷死刑必爲之涕泣天下知其慈仁可謂有仁聞然而宣王之時齊國不治武帝之末江南大亂其故何哉有仁心仁聞而不行先王之道故也故曰徒善不足以爲政徒法不能以自行徒猶空也有其心無其政是謂徒善有其政無其心是謂徒法程子嘗言爲政須要有綱紀文章謹權審量讀法平價皆不可闕而又曰必有關雎麟趾之意然後可以行周官之法度正謂此也詩云不愆不忘率由舊章遵先王之法而過者未之有也詩大雅假樂之篇愆過也率循也章典法也所行不過差不遺忘者以其循用舊典故也聖人既竭目力焉繼之以規矩準繩以爲方員平直不可勝用也既竭耳力焉繼之以六律正五音不可勝用也既竭心思焉繼之以不忍人之政而仁覆天下矣勝平聲○準所以爲平繩所以爲直覆被也此言古之聖人既竭耳目心思之力然猶以爲未足以遍天下及後世故制爲法度以繼續之則其用不窮而仁之所被者廣矣故曰爲高必因丘陵爲下必因川澤爲政不因先王之道可謂智乎丘陵本高川澤本下爲高下者因之則用力少而成功多矣鄒氏曰自

章首至此論以仁心仁聞行先王之道是以惟仁者宜在高位不仁而在高位是播其惡於衆也仁者有仁心仁聞而能擴而充之以行先王之道者也播惡於衆謂貽患於下也上無道揆也下無法守也朝不信道工不信度君子犯義小人犯刑國之所存者幸也朝音潮○此言不仁而在高位之禍也道義理也揆度也法制度也道揆謂以義理度量事物而制其宜法守謂以法度自守工官也度即法也君子小人以位而言也由上無道揆故下無法守無道揆則朝不信道而君子犯義無法守則工不信度而小人犯刑有此六者其國必亡其不亡者僥倖而已故曰城郭不完兵甲不多非國之災也田野不辟貨財不聚非國之害也上無禮下無學賊民興喪無日矣辟與闢同喪去聲○上不知禮則無以教民下不知學則易與爲亂鄒氏曰自是以惟仁者至此所以責其君詩曰天之方蹶無然泄泄蹶居衛反泄弋制反○詩大雅板之篇蹶顛覆之意泄泄怠緩悦從之貌言天欲顛覆周室群臣無得泄泄然不急救正之泄泄猶沓沓也沓徒合反○沓沓即泄泄之意蓋孟子時人語如此事君無義進退無禮言則非先王之道者猶沓沓也非詆毁也故曰責難於君謂之恭陳善閉邪謂之敬吾君不能謂之賊范氏曰人臣以難事責於君使其君爲堯舜之君者尊君之大也開陳善道以禁閉君之邪心唯恐其君或陷於有過之地者敬君之至也謂其君不能行善道而不以告者賊害其君之甚也鄒氏曰自詩云天之方蹶至此所以責其臣○鄒氏曰此章言爲治者當有仁心仁聞以行先王之政而君臣又當各任其責也

第四十二課　彊　國

《荀子集解》

刑范正刑與形同范法也刑范铸劒规模之器也○郝懿行曰刑與型同范與笵同皆鑄作器物之法也楊注非金錫美工冶巧火齊得火齊得谓生孰齊和得宜考工記云金有六齊齊才細反剖刑而莫邪已剖開也莫邪古之良劒然而不剝脱不砥厲則不可以斷繩剝脱謂刮去其生澀砥厲謂磨淬也剝脱之砥厲之則劙盤盂刎牛馬忽然耳劙割也音戾劙盤盂刎牛馬蓋古用試劒者也戰國策趙奢謂田單曰吴干將之劒肉試則斷牛馬金試則截盤盂盤盂皆銅器猶劇鐘無聲及斬牛馬者也忽然言易也○盧文弨曰劙宋本作𠝤元刻作蠡皆訛今改正彼國者亦彊國之剖刑已如彊國之初開刑也然而不教誨不調一則入不可以守出不可以戰教誨之調一之則兵勁城固敵國不敢嬰也彼國者亦有砥厲禮義節奏是也節奏有法度也○先謙案節奏包法度在内不能訓節奏爲有法度説見富國篇故人之命在天國之命在禮人君者隆禮尊賢而王重法愛民而霸好利多詐而危權謀傾覆幽險而亡幽深傾險使下難知則亡也○盧文弨曰正文及注亡字上元刻竝有盡字宋本無威有三有道德之威者有暴察之威者有狂妄之威者暴察謂暴急嚴察也此三威者不可不孰察也禮樂則修分義則明分謂上下有分義謂各得其宜舉錯則時愛利則形形見也愛利人之心見於外也○郝懿行曰形韓詩外傳六作刑刑者法也愛人利人皆有法不爲私恩小惠注云形見非是如是百姓貴之如帝高之如天帝天神也親之如父母畏之如神明故賞不用而民勸罰不用而威行夫是之謂道德之威禮樂則不修分義則不明舉錯則不時愛利則不形然而其禁暴也察其誅不服也審其刑罰重而信其誅殺猛而必申商之比黭然而雷擊之如牆厭之黭然卒至之貌説文

云黭黑色猶闇然黭烏感反厭讀爲壓○郝懿行曰黭與奄同奄然猝乍之貌而與如古通用奄然如雷擊之如墻壓之皆言綦察之威所劫韓詩外傳六黭作闇而作如劉台拱曰韓詩外傳作如雷擊之此而字義亦作如王念孫曰古書多以而如互用而其義則皆爲如小雅都人士篇彼都人士垂帶而厲彼君子女卷髮如蠆大戴記衛將軍文子篇滿而不滿實如虛見善如不及孟子離婁篇文王視民如傷望道而未之見皆其證如是百姓劫則致畏見劫脅之時則畏也○盧文弨曰正文致字據宋本補韓詩外傳六亦同嬴則敖上稍嬴緩之則敖謾嬴音盈○盧文弨曰俗本上字在下句首今從宋本移正外傳亦同郝懿行曰嬴猶盈也此言百姓被威劫脅則氣怯而致畏放縱寬舒則氣盈而敖上嬴與贏同贏有餘也有餘即弛緩故注訓嬴爲緩執拘則最得閒則散最聚也閒隙也公羊傳曰會猶最也何休曰最聚也○郝懿行曰最依字書當作冣音才句切即古聚之假借字也俗作最非韓詩外傳六作聚是矣王引之曰説文冣積也徐鍇云古以聚物之聚爲冣冣與最字相似世人多見最少見冣故書傳中冣字皆譌作最韓詩外傳作執拘則聚即冣字也隱元年公羊傳及何注皆本作冣今譌作最（楊所見本已然）辯見經義述聞敵中則奪敵人得中道則奪其國一曰中擊也丁仲反○俞樾曰此以民情言不以敵國言楊注非是敵當讀爲適古字通用論語里仁篇無適也釋文曰鄭本作敵禮記玉藻篇敵者不在釋文曰敵本作適竝其證也上文言劫則致畏嬴則敖上執拘則最得閒則散竝就其一偏者而言之此云敵中謂適乎其中也既不用道德之威而用綦察之威適乎其中則反失其所以爲綦察矣故曰適中則奪下文曰非劫之以形埶非振之以誅殺則無以有其下正承此文而言足見楊注之非非劫之以形埶非振之以誅殺則無以有其下振動夫是之謂綦察之威無愛人之心無利人之事而日爲亂人之道百姓讙敖則從而執縛之刑灼之不和人心讙喧嘩也敖喧噪也亦讀爲嗷謂叫呼之聲嗷嗷然也五刀反如是下比周賁潰以離上矣賁讀爲憤憤然也民逃其上曰潰○郝懿行曰賁與奔古字通賁潰謂奔走潰散而去也賁韓詩外傳六作憤此作賁二義俱

通似不必依彼讀憒也傾覆滅亡可立而待也夫是之謂狂妄之威此三威者不可不孰察也道德之威成乎安彊暴察之威成乎危弱狂妄之威成乎滅亡也

第四十三課 相忘於江湖

《莊子集解》

泉涸魚相與處於陸相呴以溼相濡以沫不如相忘於江湖喻貪生懼死不如相忘於自然泉涸四語又見天運篇與其譽堯而非桀不如兩忘而化其道宣云此道字輕謂是非之道言譽堯非桀不如兩忘其道好生惡死不如兩忘其累案二語又見外物篇下三字作閉其所譽夫大塊載我以形勞我以生佚我以老息我以死故善吾生者乃所以善吾死也宣云純任自然所以善吾生也如是則死亦不苦矣案六語又見後列子天瑞篇人胥知生之樂未知生之苦知老之憊未知老之逸知死之惡未知死之息也夫藏舟於壑藏山於澤島也謂之固矣然而夜半有力者負之而走昧者不知也舟可負山可移宣云造化默運而藏者猶謂在其故處藏大小有宜猶有所遯若夫藏天下於天下而不得所遯是恆物之大情也藏無大小各有所宜然無不變之理宣云遯生於藏之過若悟天下之理非我所得私而因而付之天下則此理隨在與我共之又烏所遯哉此物理之實也案恆物之大情猶言常物之通理特犯人之形而猶喜之若人之形者萬化而未始有極也其爲樂可勝計邪犯與笵同見笵人形猶喜之若人之生無窮孰不自喜其身者故聖人將遊於物之所不得遯而皆存宣云聖人全體造化形有生死而此理已與天地同流故曰皆存善妖善老善始善終人猶效之又況萬物之所係而一化之所待乎釋文妖本又作夭成云壽夭老少都不介懷雖未能忘生死但復無所嫌惡猶足爲物師傅人放效之況混同萬物冥一變化爲物宗匠不亦宜乎夫道有情有信無爲無形宣云情者静之動也信者動之符也成云恬然寂寞無爲也視之不見無形也可傳而不可受郭云古今傳而宅之莫能受而有之可得而不可見成云方寸獨悟可得也離於形色不可見也自本自根宣云道爲事物根本更無有爲道之根本者自本自根耳未有天

地自古以固存成云老子云有物混成先天地生神鬼神帝下文堪坏馮夷等鬼也豨韋伏羲等帝也其神皆道神之生天生地成云老子云天得一以清地得一以寧在太極之先而不爲高在六極之下而不爲深陰陽未判是爲太極天地四方謂之六極成云道在太極之先不爲高遠在六合之下不爲深邃先天地生而不爲久長於上古而不爲老釋文長丁丈反案此語又見後豨韋氏得之以挈天地豨韋即豕韋蓋古帝王也成云挈又作契言能混同萬物符合二儀伏戲氏得之以襲氣母成云襲合也氣母元氣之母爲得至道故能畫八卦演六爻調陰陽合元氣維斗得之終古不忒成云北斗爲衆星綱維故曰維斗得至道故維持天地歷終始無差忒日月得之終古不息堪坏得之以襲崐崘釋文崔坏作邳司馬云堪坏神名人面獸形淮南作欽負成云崐崘山神名襲入也馮夷得之以遊大川司馬云清泠傳曰馮夷華陰潼鄉隄首人也服八石得水仙是爲河伯一云以八月庚子浴於河溺死肩吾得之以處大山司馬云山神不死至孔子時成云得道處東岳爲太山之神黄帝得之以登雲天崔云黄帝得道而上天也顓頊得之以處玄宫李云顓頊高陽氏玄宫北方宫也月令曰其帝顓頊其神玄冥成云得道爲北方之帝玄者北方之色故處於玄宫禺强得之立乎北極釋文海外經云北方禺强黑身手足乘兩龍郭璞以爲水神人面鳥身簡文云北海神也一名禺京是黄帝之孫也西王母得之坐乎少廣莫知其始莫知其終釋文山海經西王母狀如人狗尾蓬頭戴勝善嘯居海水之涯漢武内傳云西王母與上元夫人降帝美容貌神仙人也崔云少廣山名或云西方空界之名彭祖得之上及有虞下及五伯崔云彭祖壽七百歲或以爲仙不死成云上自有虞下及殷周凡八百年傅説得之以相武丁奄有天下乘東維騎箕尾而比於列星司馬云東維箕斗之間天漢津之東維也星經傅説一星在尾上崔云傅説死其精神乘東維託龍尾乃列宿釋文崔本此下更有其生無父母死登假三年而形遯此言神之無能名者也案下引七事以明之

第四十四課 重耳出亡

《左傳正義》

晉公子重耳之及於難也晉人伐諸蒲城事在五年○難乃旦反蒲城人欲戰重耳不可曰保君父之命而享其生禄享受也保猶恃也[疏]享其生禄○正義曰人以禄生故謂之生禄於是乎得人以禄致衆有人而校罪莫大焉校報也○校音教吾其奔也遂奔狄從者狐偃趙衰衰趙夙弟○衰初危反顛頡魏武子武子魏犨○頡户結反犨尺由反○司空季子胥臣臼季也時狐毛賈佗皆從而獨舉此五人賢而有大功○臼其九反佗徒何反[疏]胥臣至大功○正義曰胥氏也臣名也晉有臼邑蓋食采於臼邑字季子而爲司空之官故名氏互見也不言狐毛賈佗而獨舉此五人者賢而有大功故也顛頡歸晉尋即被戮而言大功者當爲從亡之時有大功也晉語稱公子長事賈佗佗非不賢蓋傳文意之所在便即言之未必五人皆賢於賈佗狄人伐廧咎如廧咎如赤狄之别種也隗姓○廧在良反咎古刀反隗五罪反下文皆同[疏]注廧咎至隗姓○正義曰成二年晉郤克衛孫良夫伐廧咎如傳曰討赤狄之餘焉彼言赤狄之餘知是赤狄之别種也女曰叔隗季隗知爲隗姓也獲其二女叔隗季隗納諸公子公子取季隗生伯儵叔劉以叔隗妻趙衰生盾盾趙宣子○儵直由反妻七計反下同盾徒本反將適齊謂季隗曰待我二十五年不來而後嫁對曰我二十五年矣又如是而嫁則就木焉言將死入木不復成嫁請待子處狄十二年而行以五年奔狄至十六年而去○請待子絶句過衛衛文公不禮焉出於五鹿五鹿衛地今衛縣西北有地名五鹿陽平元城縣東亦有五鹿乞食於野人野人與之塊公子怒欲鞭之子犯曰天賜也得土有國之祥故以爲天賜○塊苦對反又苦怪反稽首受而載之[疏]乞食至載之○正義曰晉語云過五鹿乞食於野人野人舉塊以與之公子怒將鞭之子犯曰天賜也民以土服又何求焉天事必象十二年必

獲此土二三子志之歲在壽星及鶉尾其有此土乎天以命矣復於壽星獲於諸侯天之道也由是始之有此其以戊申乎所以申土也再拜稽首受而載之及齊齊桓公妻之有馬二十乘四馬爲乘八十匹也○乘繩證反注及下皆同公子安之從者以爲不可將行謀於桑下齊桓既卒知孝公不可恃故○蠶妾在其上以告姜氏姜氏殺之姜氏重耳妻恐孝公怒其去故殺妾以滅口[疏]及齊至殺之○正義曰晉語云齊侯妻之甚善焉有馬二十乘將死於齊而已曰民生安樂孰知其他桓公卒孝公即位諸侯叛齊子犯知齊之不可以動而知文公之安齊有終焉之心欲行而患之與從者謀於桑下蠶妾在焉莫知其在也妾告姜氏姜氏殺之而謂公子曰子有四方之志其聞之者吾殺之矣公子曰無之姜曰行也懷與安實敗名公子不可姜與子犯謀醉而遣之醒以戈逐子犯無去志故怒○敗必邁反醒星頂反 [疏]醒以戈逐子犯○正義曰晉語云逐子犯曰若無所濟吾食舅氏肉其知饜乎舅犯走且對曰若無所濟吾未知死所誰能與豺狼争食若克有成公子無亦晉之柔嘉是以甘食偃之肉腥臊將焉用之遂行及曹曹共公聞其駢脅欲觀其裸浴薄而觀之薄迫也駢脅合脅○共音恭聞其駢幹絶句駢薄賢反脅許業反説文云駢脅並也廣雅云脅幹謂之肋通俗云腋下謂之脅欲觀如字絶句一讀至裸字絶句裸力果反又户化反浴音欲薄如字國語云薄簾也幹古旦反[疏]及曹至觀之○正義曰斷其裸以上爲句裸謂赤體無衣也駢脅非裸不見故欲觀其裸伺其浴乃逼迫以觀之晉語云曹共公聞其駢脅欲觀其狀止其舍諜其將浴設微薄而觀之孔晁云諜候也微蔽也○注薄迫也駢脅合幹○正義曰薄者逼近之意故爲迫也説文云駢脅並幹也肋脅骨也廣雅云脅幹謂之肋孔晁云聞公子脅幹是一骨故欲觀之通俗文曰腋下謂之脅如此諸説則脅是腋下之名其骨謂之肋幹是肋之别名駢訓比也骨相比迫若一骨然僖負羈之妻曰吾觀晉公子之從者皆足以相國若以相若遂以爲傅相○羈紀宜反相息亮反下及注同夫子必反其國反其國必得志於諸侯得志於諸侯而誅無禮曹其首也子盍蚤自貳焉自貳自别異於曹○盍户臘反蚤音早别彼列反乃饋盤飧寘璧焉臣無竟

外之交故用盤藏璧飧中不欲令人見○饋其貴反遺也飧音孫說文云餔也字林云水澆飯也寘之豉反竟音境令力呈反公子受飧反璧及宋宋襄公贈之以馬二十乘贈送也及鄭鄭文公亦不禮焉叔詹諫曰臣聞天之所啓[疏]天之所啓○正義曰啓開也凡是天開道者非人所能及欲令鄭伯禮之人弗及也啓開也晉公子有三焉天其或者[疏]天其或者○正義曰天意不可必知或言或者謂天意或當然也將建諸君其禮焉男女同姓其生不蕃蕃息也○蕃音煩注同[疏]男女至不蕃○正義曰禮取妻不取同姓辟違禮而取故其生子不能蕃息昌盛也晉語曰同姓不昏懼不殖也又曰異姓則異德異德則異類異類雖近男女相及以生民也同姓則同德同德則同心同心則同志同志雖遠男女不相及畏黷故也黷則生怨怨亂育災災育滅姓是故取辟同姓畏亂災也周禮不得取同姓彼遂演說其意耳未必取同姓者皆滅姓也晉公子姬出也而至于今一也犬戎狐姬之子故曰姬出離外之患出奔在外而天下不靖晉國殆將啓之二也有三士足以上人而從之三也國語狐偃趙衰賈佗三人皆卿才○從如字一音才用反[疏]注國語至卿才○正義曰晉語云僖負羈言於曹伯曰晉公子生十七年而亡卿才三人從之可謂賢乎宋公孫固言於襄公曰晉公子好善不厭父事狐偃師事趙衰而長事賈佗此三人者實左右之公子居則下之動則諮焉僖負羈言有卿才公孫固說其名氏知是一物故并引之晉鄭同儕儕等也○儕士皆反其過子弟固將禮焉況天之所啓乎弗聽及楚楚子饗之曰公子若反晉國則何以報不穀對曰子女玉帛則君有之羽毛齒革則君地生焉其波及晉國者君之餘也其何以報君曰雖然何以報我對曰若以君之靈得反晉國晉楚治兵遇於中原其辟君三舍若不獲命三退不得楚止命也○過王古禾反其左執鞭弭右屬櫜鞬以與君周旋弭弓末無緣者櫜以受箭鞬以受弓屬著也周旋相追逐也○弭莫爾反爾雅云弓有緣者謂之弓無緣者謂之弭屬音燭注同櫜古刀反受箭器鞬九言反弓衣緣悅絹反[疏]注弭弓至逐也○正義曰釋器云弓有緣者謂之弓無緣者謂之弭李巡曰骨飾兩頭曰弓不以骨飾兩頭曰弭孫炎曰緣謂繳

束而漆之弭謂不以繳束骨飾兩頭者也二説雖反俱以弭爲弓末也詩云載櫜弓矢則弓矢所藏俱名櫜也昭元年傳伍舉請垂櫜而入注云示無弓則櫜亦受弓之物方言云弓藏謂之韃此櫜韃二物必一弓一矢以韃是受弓故云櫜以受箭因對文而分之耳孔晁云馬鞭及弓分在兩手欲辟右帶櫜韃之文故云左執子玉請殺之畏其志大楚子曰晉公子廣而儉志廣而體儉文而有禮其從者肅而寬肅敬也忠而能力[疏]廣而至能力〇正義曰廣大者失於奢僭故美其能儉也文華者失於傲慢故美其能有禮也能敬者失於褊急故美其能寬容也忠誠者未必有力故美其能勤也此四者每兩事相反而美其能兼有之晉侯無親外内惡之晉侯惠公也〇惡烏路反吾聞姬姓唐叔之後其後衰者也其將由晉公子乎天將興之誰能廢之違天必有大咎乃送諸秦秦伯納女五人懷嬴與焉懷嬴子圉妻子圉謚懷公故號爲懷嬴〇咎其九反與焉音預奉匜沃盥既而揮之匜沃盥器也揮湔也〇奉芳勇反匜以支反一音以紙反説文云似羹魁柄中有道可注水盥古緩反揮許韋反湔音薦王音贊一音箭又音牋[疏]注匜沃至湔也〇正義曰説文云匜似羹魁柄中有道可以注水盥澡手也從臼水臨皿然則匜者盛水器也盥謂洗手也沃謂澆水也懷嬴奉匜盛水爲公子澆水令公子洗手既而以濕手揮之使水湔污其衣故云揮湔也怒曰秦晉匹也何以卑我匹敵也公子懼降服而囚去上服自拘囚以謝之〇去起吕反拘音俱[疏]注去上至謝之〇正義曰晉語説此事云公子欲辭司空季子子犯子餘勸取之乃歸女而納幣且逆孔晁云歸懷嬴更以貴妾禮迎之也服虔云申意於楚子伸於知己降服於懷嬴屈於不知己他日公享之子犯曰吾不如衰之文也有文辭也〇衰初危反下同請使衰從公子賦河水河水逸詩義取河水朝宗于海海喻秦公賦六月六月詩小雅道尹吉甫佐宣王征伐喻公子還晉必能匡王國古者禮會因古詩以見意故言賦詩斷章也其全稱詩篇者多取首章之義他皆放此〇見賢遍反斷端緩反[疏]注六月至放此〇正義曰杜言全引詩篇者多取首章之義劉炫規過云案春秋賦詩有雖舉篇名不取首章之義者故襄二十七年公孫段賦桑扈趙孟曰匪交匪敖乃是卒章又昭

元年云令尹賦大明之首章既特言首章明知舉篇名者不是首章今删定知不然者以文四年賦湛露云天子當陽又文十三年文子賦四月是皆取首章若取餘章者傳皆指言其事則賦載馳之四章緑衣之卒章是也所以令尹特言大明首章者令尹意特取首章明德故傳指言首章與餘别也杜言多取首章言多則非是揔皆如此劉以春秋賦詩有不取首章以規杜氏非也趙衰曰重耳拜賜公子降拜稽首公降一級而辭焉下階一級辭公子稽首○級音急衰曰君稱所以佐天子者命重耳重耳敢不拜詩首章言匡王國次章言佐天子故趙衰因通言之爲明年秦伯納之張本

第四十五課　山　虞

《周禮注疏》

山虞掌山林之政令物爲之厲而爲之守禁物爲之厲每物有蕃界也爲之守禁爲守者設禁令也守者謂其地之民占伐林木者也鄭司農云厲遮列守之○爲守者于僞反下爲久同[疏]山虞掌至守禁○釋曰案下文林自有衡官掌之今山虞兼云林者彼林是竹木生平地者林衡掌之此山林並云者自是山内之林即山虞兼掌之○注物爲至守之○釋曰但山内林木金玉錫石禽獸所有不同每物各有藩界設禁亦不同云守者謂其地之民占伐林木者也者案下澤虞職云使其地之人守其財物以時入之于玉府頒其餘于萬民彼是其地之民占取澤物者守之明此山虞所守亦然是以此下文亦令萬民時斬材有期日明是守山林之人也仲冬斬陽木仲夏斬陰木鄭司農云陽木春夏生者陰木秋冬生者若松柏之屬玄謂陽木生山南者陰木生山北者冬斬陽夏斬陰堅濡調○濡戚如兖反又音柔[疏]注鄭司至濡調○釋曰先鄭云陽木春夏生者陰木秋冬生者若松柏之屬後鄭不從以爲山南爲陽木北爲陰木者案月令十一月日短至伐木取竹箭竹箭秋冬生不用仲夏斬之故知先鄭之義非也凡服耜斬季材以時入之季猶穉也服與耜宜用穉材尚柔忍也服牝服車之材○忍音刃[疏]凡服至入之○釋曰服謂牝服即車平較皆有鑿孔以軨子貫之故謂之牝服也耜謂耒耜隨曲長六尺六寸車人所造者二木皆須堅刃故斬季材少木爲之云時入者以其須堅故須依上文仲冬仲夏之時也令萬民時斬材有期日時斬材斬材之時也有期日入出有日數爲久盡物[疏]令萬至期日○釋曰案禮記王制云草木零落然後入山林彼據萬民伐木之時謂十月之中此云萬民時斬材亦謂十月時○注時至盡物○釋曰鄭云時斬材斬材之時也者正在十月也云有期日入出有日數爲久盡物者經直云有期日鄭云有日數蓋當有日數多少但無文不知幾日爲限也凡邦工入山林而掄

材不禁掄猶擇也不禁者山林國之有不拘日也○掄魯門反又音倫拘音俱本亦作佝音同[疏]凡邦至不禁○釋曰上文云仲冬斬陽木仲夏斬陰木彼據堅刃之極時但國家須材不要在仲冬仲夏故此邦工入山林不禁又不言時節須即取足之故也○注掄猶至日也○釋曰此對萬民不得非時入入又有日數春秋之斬木不入禁非冬夏之時不得入所禁之中斬木也斬四野之木可[疏]注非冬至木可○釋曰上經云邦工入山林不禁此又云春秋之斬木不入禁與上違者上文據國家使工取擇木故非冬夏亦得入山林此據萬民取木故十月入山春秋之斬木不入禁故鄭云斬四野之木可雖斬四野木至於三月不得伐桑柘故月令季春云無伐桑柘彼注愛蠶食也凡竊木者有刑罰竊盜也[疏]凡竊至刑罰○釋曰此謂非萬民入山之時而民盜山林之木與之以刑罰若祭山林則爲主而脩除且蹕爲主主辨護之也脩除治道路場壇○壇徒丹反或音禪[疏]若祭至且蹕○釋曰此山林在畿内王國四方各依四時而祭云則爲主者謂主當祭事者也而脩除者謂埽除糞灑云且蹕者且復蹕止行人也○注爲主至場壇○釋曰云爲主主辨護之也者案中候握河紀堯受河圖云帝立壇磬折西向禹進迎舜契陪位稷辨護注云辨護者供時用相禮儀則此云辨護者亦謂共時用相禮儀者也云脩除治道路場壇者案守祧職云其廟則有司脩除之鄭云有司恒主脩除謂埽除糞灑場謂墠即除地之處壇神位之所也若大田獵則萊山田之野及弊田植虞旗于中致禽而珥焉萊除其草萊也弊田田者止也植猶樹也田上樹旗令獲者皆致其禽而校其耳以知獲數也山虞有旗以其主山得畫熊虎其仞數則短也鄭司農云珥者取禽左耳以效功也大司馬職曰獲者取左耳○植時力反又音值珥如志反又音耳[疏]若大至珥焉○釋曰言大田獵者謂王親行若田在山則山虞芟萊草木於可陳之處故云萊山田之野又及弊田植虞旗于中使民得禽牲者望見之致禽於其所而珥焉珥當爲衈謂輸禽者割取左耳以效功也○注萊除至左耳○釋曰云萊除其草萊也者謂於防南擬教戰之處芟去草萊南北二百五十步東西步數雖未聞廣狹可容六軍三三而居一偏耳云山虞有旗以其主山得畫熊虎其仞數則短也者案司常云師都

建旗大夫建物此山虞是士不建物而建旗者以其主山山多熊虎故得有旗禮緯旌旗之杠天子九仞諸侯七仞大夫五仞士三仞若軍吏是卿大夫則杠長五仞今山虞是士雖有熊虎爲旗仞數則短宜三仞必取左耳者以其聽鄉任左故皆取左耳也

附録：文選注釋體例

爲了使文選注釋格式保持統一，並用統一的程式化用語提示其中相關的知識點，特制訂本體例。

一、選文出處的注釋體例

標題一律加注，包括以下内容：

1. 選文出處。用語爲“本篇選（節選）自……”，並對原出文獻作簡要介紹，一般不超過200字。一部文獻選取多篇，則後幾篇只標明文獻出處，不再作介紹。

2. 作者。生卒年月按照以下格式標注：賈誼（前201—前169）。

3. 課文標題如係後人或編者所加，需予以説明。用語爲“本篇選自……題目爲後加”或“本篇選自……題目爲編者所加”。

4. 因存在版本差異問題，選文中的用字應以某一代表性版本爲準，一般應優先使用中華書局的標點本。

二、注釋點的選擇

1. 與理解課文有關的字、詞及語法現象，其難度應以高中畢業生的文言文程度爲參照，凡高中生已經掌握的字、詞、句，或略注，或不注。

2. 配合音韻學習需要把握的知識點，例如，同源詞、借字、韻文用韻涉及的古音等，均設注點闡釋。例如：

逆：迎接。上古漢語“迎”（疑紐陽部），“逆”（疑紐鐸部）。《説文》：“逆，迎也……關東曰逆，關西曰迎。”

3. 涉及古代文化常識需與課文聯繫進行闡釋的，或直接闡釋，或引用成説進行闡釋。例如：

奠：祭，向鬼神獻上祭品。漿：一種帶酸味的飲料。《周禮·天官·酒正》："辨四飲之物，一曰清，二曰醫，三曰漿，四曰酏。"

亂：詩、賦結束時概括主題的結尾，也是音樂的收尾。漢代王逸《楚辭章句》："亂，理也。所以發理詞指總撮其要也。"宋代洪興祖《楚辭補注》："凡作篇章既成，撮其大要以爲亂辭也。亂者，總理一賦之終重者，情志未申，更作賦也。"

曲縣：周禮，諸侯之樂，除南面以外，室内其他三面懸掛樂器，形如曲，故謂之曲縣。縣，後作"懸"。《周禮·春官·小胥》："正樂縣之位：王宫縣，諸侯軒縣，卿大夫判縣，士特縣。"鄭衆注："宫縣，四面縣。軒縣，去其一面。判縣，又去其一面。特縣，又去其一面。四面象宫室四面有牆，故謂之宫縣。軒縣三面，其形曲，故《春秋傳》曰：請曲縣、繁纓以朝，諸侯禮也。"

4. 課文中的典故（包括事典和語典）影響閱讀理解者，均加注説明典源和典義。

5. 課文中直接引用文獻原文者，應注明引文出處。格式爲"語出《……》"。

6. 文中涉及的古地名需注明今在何地，今天已不存在的注明故址。如：

垓（gāi）下：地名，在今安徽靈壁縣東南。

7. 容易附會現代漢語引起誤解的詞句，設注點加以説明。例如：

無生民心：雙賓語，不要讓民衆産生貳心。生，動詞使動用法，使……産生。（不要把"民心"誤解爲定中詞組）

不義不暱：因果或條件複句，君不義則民不親近（不要誤解爲聯合詞組）。

8. 有異說者，可以判斷照改原文的，説明改動的原因與根據；無定論而存其説的，客觀反映相關的説法。例如：

在武王孫子：原爲“在武丁孫子。武丁孫子，武王靡不勝”。按王念孫之説，“武丁”爲武王之誤。下“武王”則爲“武丁”。據王説改。

放勳：堯的號。曰：趙岐注本作“日”，焦循《孟子正義》也認爲“以作日爲是”，意思是説，堯每天都在做以下的工作。“聖人之憂民如此，而暇耕乎”正承此而言。此可備一説。

三、注釋單位和注釋語目

1. 注釋單位的選擇要明確。注句子、注短語，還是注詞，要根據需要而定。注釋單位的選擇要儘量照顧語言單位的完整性，句子過長可用首出的幾字作爲標記。

2. 注釋的語目應完整地出現在最前面，語目後一律用冒號。可以設分注點，分注點的内容不能超出語目的範圍。分注點後用逗號，每個分注點之間用分號或句號。如：

没（mò）：終，盡。

道可道：前一個“道”是老子哲學的專有名詞，指宇宙萬物的本體。後一個“道”是動詞，是言説的意思。

先王以明罰飭法：語出《周易·噬嗑》之彖辭。明，修明，彰明。飭，整頓，整飭。

“常無”“常有”兩句：各家因標點不同而釋義有別。河上公、王弼舊注皆以“常無欲”“常有欲”斷句，司馬光、王安石則以“常無”“常有”斷句，俞樾《諸子平議》：“司馬溫公、王荆公並於‘無’字、‘有’字終句，當從之。下云‘此兩者同出而異名，同謂之玄’，正承

‘有’‘無’二義而言。若以‘無欲’‘有欲’連讀，既‘有欲’矣，豈得謂之‘玄’？”

四、音注的格式和用語

1. 難字讀音、破音字讀音、古代人名地名等特殊讀音，用括弧注在字後，聯綿詞與疊字詞在一個括弧内連注兩音。例如：

雎（jū）鳩

與（yù）爲公介

大（tài）史

窈窕（yǎotiǎo）

畏隹（wèicuī）

琭琭（lùlù）

2. 以音別義或別類的注音，先注詞義與詞類，後注音，用語爲："讀作……"例如：

飲：讓……飲酒。動詞使動用法，讀作yìn。

食：給……東西吃。動詞使動用法，讀作sì。

3. 借字破讀，先注本字，然後注音，用語爲："×（本字）的借字，改讀……"例如：

蒿："耗"的借字，改讀hào，耗竭。

論："倫"的借字，改讀lún，倫理。

4. 以上三種注音均用拼音方案，注現代普通話音。

五、字注的格式和用語

1. 用本字注借字，不涉及讀音問題。本字確定的，用語："×（本字）的借字”或“借字，本字作×”。本字不確定的，或有不同説法皆通的，存兩説；以第一説爲主要推薦。例如：

汎：“氾”的借字，廣泛、普遍。

肇：“兆”的借字，兆域即疆域。一説“肇”爲“肁”的借字，開闢。

2. 分化字注源字。先注義項，後説明分化字或後出本字，用語：“後寫作×”“後作×”或“後分化爲×”等，不用“古今字”概念。例如：

何：承受，擔任。後分化作“荷”。

田：打獵，後分化爲“畋”。

3. 通行字（正字）注異體字。用語：“×的異體字。”如僅有古代通行字，而找不到現代通行字，也用“同×”或“又寫作×”。例如：

氓（méng）：“甿”的異體字，這裏指外來的流民。

糦（chì）：“饎”的異體字。黍稷等用作祭祀的祭品。

六、詞注的格式和用語

1. 實詞（詞組）一般採用語義注釋，即注該詞的語言意義。需加注文意注釋，即語境中的言語意義時，放在語義注釋後，用語一般採用“這裏（本篇）的意思是……”，“這裏（本篇）指的是……”。例如：

紛紛然：頻繁的樣子，指經常。這裏形容許行與各種工匠（百工）進行交换的頻繁。

不與（yù）：不參與，這裏指不居功，不據爲己有。

2. 基礎理論部分未重點講的虚詞，其用法首次出現時加注釋。通論雖已重點講到，但比較典型，或較難理解的虚詞，也加注。注釋虚詞採用詞性、作用（功能）、如何翻譯三者並注的辦法。用語是：“×詞，在本句中作……（起……作用），可譯作……”體系與講解應與通論保持一致。例如：

則：連詞，表示承接，可譯爲“於是”“就”。

夫（fú）：句首語氣詞。

焉：兼詞，相當於“於是”。

諸：“之乎”的合音。

3. 本義一律加注。分析字形儘量採用《説文解字》（簡稱《説文》）的説法，如《説文》不能説明問題，再引用古文字。例如：

氾：水漫溢。《説文·水部》：“氾，濫也。”此處用本義。

本：樹根。《説文·木部》：“本，木下曰本。从木，一在其下。”此處用本義。

4. 説明引申義需要加注本義的，先講本義，再講引申義。例如：

任：本義爲負擔。段玉裁《説文解字注》：“凡儋何曰任。”這裏指行李。

5. 詞類活用現象一般出注釋，先指明詞類活用的類型，然後釋義。用語是“×，動詞使動用法”“×，形容詞（名詞）用作動詞”“×，形容詞（名詞）使動用法”“×，形容詞（名詞）意動用法”。例如：

輕：形容詞意動用法，認爲……輕。

如果這個詞本用時的詞義需要解釋，應注爲：

恥：名詞意動用法，把……當作羞恥。

七、句注的格式和用語

1. 特殊句式需要特别强調的，詳細講解語法結構，語法體系和講解方法與通論保持一致。必要時可以輔之以詞義注釋，使句義明確。例如：

莫己若：賓語前置，否定句中代詞“己”作賓語，置於動詞“若”前。意思是没有誰比得上自己。

戎狄是膺，荆舒是懲：語出《詩經・魯頌・閟宫》。“戎狄”“荆舒”分别作動詞“膺”“懲”的前置賓語，用代詞“是”復指。戎狄，西戎和北狄，是西方和北方的少數民族。膺，當，引申爲伐擊。懲，懲創責罰而使之驚懼。

2. 不易理解的句子和詞組，先加語法説明，再説明其實際語義。或先説明句義，再分析其中的語法結構。例如：

以所事孔子事之：所，助詞。在這裏與“事孔子”組成所字詞組，表示一種方式。全句的意思是説，子夏等人想用侍奉孔子的方式來侍奉有若。

老吾老：以自己的老人爲老人，指尊敬自己的老人。前一個“老”爲名詞意動用法。幼吾幼：愛護自己的小孩。前一個“幼”爲名詞意動用法。

修訂版後記

這本教材由北京師範大學文學院古代漢語研究所集體編寫。多年来，北京师范大学的古代汉语课遵循陸宗達、蕭璋、俞敏、曹述敬四位前辈师长的教學理念和一貫主張，不斷與兄弟院校交流，本著繼承傳統，學習先進的精神，在教學實踐中提高，成爲國家精品課程，也形成了自己的風格。這本教材是我們集體的研究成果和教學經驗的匯集。

爲了更好地與時俱進，吸收前沿的教學成果和總結教學經驗，2018年起我們開始擬定2012版古代漢語教材的修改方案，期間不斷研討、調整，期間又遇到三年疫情，最終歷經五年奮戰，終使教材修訂版面世。教材修訂過程中，古代漢語研究所的老師們分工協作，群策群力，齊元濤、淩麗君兩位所長做了主要的協調工作。作者署名序齒排列。

在教材編寫、修訂的過程中，我們吸收了張之强先生主編的《古代漢語》以及北師大此後多版教材的優長，並在内容、體例和編排形式上做了較多的改易，對張之强先生及此前各版作者，表示感謝。

除此之外，學科點的學生在教材修訂過程中，參與了校對、材料收集等工作，一併致謝。

王　寧

2023年3月15日